● 한국어능력시험

TOPIK II
읽기 전략 MASTER

Reading 阅读

시대에듀

INFORMATION

시험 안내 贴士

TOPIK은 누구에게, 왜 필요한가요?

한국어를 모국어로 하지 않는 재외동포 및 외국인으로서

1 한국어 학습자 및 국내 대학 유학 희망자

2 국내외 한국 기업체 및 공공 기관 취업 희망자

3 외국 학교에 재학 중이거나 졸업한 재외국민

학업
- 정부 초청 외국인 장학생 프로그램 진학 및 학사 관리
- 외국인 및 재외동포의 국내 대학 또는 대학원 입학 및 졸업 요건
- 국외 대학의 한국어 관련 학과 학점 및 졸업 요건

취업
- 국내외 기업체 및 공공기관 취업
- 외국인의 한국어교원 자격 심사 (국립국어원) 지원 서류

이민
- 영주권, 취업 등 체류비자 획득
- 사회통합프로그램 이수 인정 (TOPIK 취득 등급에 따라 해당 단계에 배정)

✦ 시험 일정(2025년 기준)

❶ 해외는 한국과 시험 일정이 다를 수 있으니, 반드시 현지 접수 기관으로 문의 바랍니다.
❷ 시험 일정이 변경될 수도 있으니, 반드시 시행처 홈페이지(topik.go.kr)를 확인하시기 바랍니다.

회차	접수 기간	시험일	성적 발표일	시행 지역
PBT 제98회	24.12.10.(화)~12.16.(월)	25.01.19.(일)	25.02.27.(목)	한국
PBT 제99회	25.02.11.(화)~02.17.(월)	25.04.13.(일)	25.05.30.(금)	한국·해외
PBT 제100회	25.03.11.(화)~03.17.(월)	25.05.11.(일)	25.06.26.(목)	한국·해외
PBT 제101회	25.05.13.(화)~05.19.(월)	25.07.13.(일)	25.08.21.(목)	한국·해외
PBT 제102회	25.08.05.(화)~08.11.(월)	25.10.19.(일)	25.12.11.(목)	한국·해외
PBT 제103회	25.09.02.(화)~09.08.(월)	25.11.16.(일)	25.12.23.(화)	한국·해외
IBT 제5회	24.12.17.(화)~12.23.(월)	25.02.22.(토)	25.03.14.(금)	한국·해외
IBT 제6회	25.01.14.(화)~01.20.(월)	25.03.22.(토)	25.04.11.(금)	한국·해외
IBT 제7회	25.04.15.(화)~04.21.(월)	25.06.14.(토)	25.07.04.(금)	한국·해외
IBT 제8회	25.07.15.(화)~07.21.(월)	25.09.13.(토)	25.10.02.(목)	한국·해외
IBT 제9회	25.08.26.(화)~09.01.(월)	25.10.25.(토)	25.11.14.(금)	한국·해외
IBT 제10회	25.09.23.(화)~09.29.(월)	25.11.29.(토)	25.12.19.(금)	한국·해외
말하기 제7회	25.01.14.(화)~01.20.(월)	25.03.22.(토)	25.04.14.(월)	한국
말하기 제8회	25.04.15.(화)~04.21.(월)	25.06.14.(토)	25.07.07.(월)	한국
말하기 제9회	25.08.26.(화)~09.01.(월)	25.10.25.(토)	25.11.17.(월)	한국

한국어능력시험 TOPIK II

TOPIK, 어떻게 진행되나요?

✦ 준비물

❶ 필수: 수험표, 신분증(규정된 신분증 이외의 의료보험증, 주민등록등본, 각종 자격증과 학생증은 인정하지 않음. 세부 사항은 시행처 홈페이지 확인)

❷ 선택: 수정테이프(그 외의 필기구는 시험 당일 배부되는 컴퓨터용 검은색 사인펜만 사용 가능), 아날로그 손목시계 (휴대폰, 스마트 워치 등 모든 전자기기는 사용 불가)

✦ 일정

※ 일정은 시행 국가 및 시험 당일 고사장 사정에 따라 아래 내용과 다를 수 있습니다.

TOPIK I - 오전 09:20까지 반드시 입실 완료

시간	영역	고사장 진행 상황
09:20~09:50(30분)	–	답안지 작성 안내, 본인 확인, 휴대폰 및 전자기기 제출
09:50~10:00(10분)	–	문제지 배부, 듣기 시험 방송
10:00~10:40(40분)	듣기	–
10:40~11:40(60분)	읽기	–

TOPIK II - 오후 12:20까지 반드시 입실 완료

시간	영역		고사장 진행 상황
12:20~12:50(30분)	–		답안지 작성 안내, 1차 본인 확인, 휴대폰 및 전자기기 제출
12:50~13:00(10분)	–		문제지 배부, 듣기 시험 방송
13:00~14:00(60분)	1교시	듣기	(듣기 시험 정상 종료 시) 듣기 답안지 회수
14:00~14:50(50분)		쓰기	–
14:50~15:10(20분)	–		쉬는 시간(고사장 건물 밖으로는 나갈 수 없음)
15:10~15:20(10분)	–		답안지 작성 안내, 2차 본인 확인
15:20~16:30(70분)	2교시	읽기	–

✦ 주의 사항

❶ 입실 시간이 지나면 고사장 건물 안으로 절대 들어갈 수 없습니다.

❷ 시험 중, 책상 위에는 신분증 외에 어떠한 물품도 놓을 수 없습니다. 반입 금지 물품(휴대폰, 이어폰, 전자사전, 스마트 워치, MP3 등 모든 전자기기)을 소지한 경우 반드시 감독관에게 제출해야 합니다.

❸ 듣기 평가 시 문제를 들으며 마킹을 해야 하고, 듣기 평가 종료 후 별도의 마킹 시간은 없습니다. 특히 TOPIK II 1교시 듣기 평가 시에는 듣기만, 쓰기 평가 시에는 쓰기만 풀어야 합니다. 이를 어길 경우 부정행위로 처리됩니다.

INFORMATION

시험 안내

TOPIK, 어떻게 구성되나요?

✦ 시험 구성

구분	영역 및 시간	유형	문항 수	배점	총점
TOPIK I	듣기 40분	선다형	30문항	100점	200점
	읽기 60분	선다형	40문항	100점	
TOPIK II	듣기 60분	선다형	50문항	100점	300점
	쓰기 50분	서답형	4문항	100점	
	읽기 70분	선다형	50문항	100점	

✦ 듣기

문항 번호		배점	지문	유형
01~03번	01번	2점	대화	담화 상황과 추론하여 일치하는 그림 고르기
	02번	2점		
	03번	2점	뉴스	세부 내용 파악하여 일치하는 도표 고르기
04~08번	04번	2점	대화	이어질 말 파악하기
	05번	2점		
	06번	2점		
	07번	2점		
	08번	2점		
09~12번	09번	2점	대화	대화 참여자의 이어질 행동 추론하기
	10번	2점		
	11번	2점		
	12번	2점		
13~16번	13번	2점	대화	세부 내용 파악하여 일치하는 내용 고르기
	14번	2점	안내/공지	
	15번	2점	뉴스/보도	
	16번	2점	인터뷰	
17~20번	17번	2점	대화	중심 생각 추론하기
	18번	2점		
	19번	2점		
	20번	2점	인터뷰	
21~22번	21번	2점	대화	중심 생각 추론하기
	22번	2점		세부 내용 파악하여 일치하는 내용 고르기
23~24번	23번	2점	대화	담화 상황 추론하기
	24번	2점		세부 내용 파악하여 일치하는 내용 고르기
25~26번	25번	2점	인터뷰	중심 생각 추론하기
	26번	2점		세부 내용 파악하여 일치하는 내용 고르기

문항 번호		배점	지문	유형
27~28번	27번	2점	대화	화자의 의도나 목적 추론하기
	28번	2점		세부 내용 파악하여 일치하는 내용 고르기
29~30번	29번	2점	인터뷰	참여자에 대해 추론하기
	30번	2점		세부 내용 파악하여 일치하는 내용 고르기
31~32번	31번	2점	토론	중심 생각 추론하기
	32번	2점		화자의 태도나 말하는 방식 추론하기
33~34번	33번	2점	강연	화제 파악하기
	34번	2점		세부 내용 파악하여 일치하는 내용 고르기
35~36번	35번	2점	공식적인 인사말	담화 상황 추론하기
	36번	2점		세부 내용 파악하여 일치하는 내용 고르기
37~38번	37번	2점	교양 프로그램	중심 생각 추론하기
	38번	2점		세부 내용 파악하여 일치하는 내용 고르기
39~40번	39번	2점	대담	담화 전후의 내용 추론하기
	40번	2점		세부 내용 파악하여 일치하는 내용 고르기
41~42번	41번	2점	강연	중심 내용 추론하기
	42번	2점		세부 내용 파악하여 일치하는 내용 고르기
43~44번	43번	2점	다큐멘터리	화제 파악하기
	44번	2점		세부 내용 파악하여 일치하는 내용 고르기
45~46번	45번	2점	강연	세부 내용 파악하여 일치하는 내용 고르기
	46번	2점		화자의 태도나 말하는 방식 추론하기
47~48번	47번	2점	대담	세부 내용 파악하여 일치하는 내용 고르기
	48번	2점		화자의 태도나 말하는 방식 추론하기
49~50번	49번	2점	강연	세부 내용 파악하여 일치하는 내용 고르기
	50번	2점		화자의 태도나 말하는 방식 추론하기

◆ 쓰기

문항 번호		배점	지문	유형
51~52번	51번	10점	실용문	빈칸에 알맞은 말 써서 문장 완성하기
	52번	10점	설명문	
53번	53번	30점	도표, 그래프 등	자료를 설명하는 200~300자의 글 쓰기
54번	54번	50점	사회적 이슈	주제에 대해 600~700자의 글 쓰기

◆ 읽기

문항 번호		배점	지문	유형
01~02번	01번	2점	짧은 서술문	문맥 파악하여 빈칸에 알맞은 말 고르기
	02번	2점		
03~04번	03번	2점	짧은 서술문	문맥 파악하여 의미가 비슷한 말 고르기
	04번	2점		

INFORMATION

시험 안내

	05번	2점	광고	화제 고르기
05~08번	06번	2점	광고	
	07번	2점		
	08번	2점	안내문	
	09번	2점	안내문	세부 내용 파악하여 일치하는 내용 고르기
09~12번	10번	2점	도표	
	11번	2점	기사문	
	12번	2점		
	13번	2점		
13~15번	14번	2점	간단한 글	알맞은 순서로 배열한 것 고르기
	15번	2점		
	16번	2점		
16~18번	17번	2점	글	문맥 파악하여 빈칸에 알맞은 말 고르기
	18번	2점		
19~20번	19번	2점	글	문맥 파악하여 빈칸에 알맞은 말 고르기
	20번	2점		중심 내용 추론하기
21~22번	21번	2점	글	문맥 파악하여 빈칸에 알맞은 말 고르기
	22번	2점		세부 내용 파악하여 일치하는 내용 고르기
23~24번	23번	2점	수필	인물의 태도나 심정 추론하기
	24번	2점		세부 내용 파악하여 일치하는 내용 고르기
	25번	2점		
25~27번	26번	2점	신문 기사의 제목	중심 내용 추론하기
	27번	2점		
	28번	2점		
28~31번	29번	2점	글	문맥 파악하여 빈칸에 알맞은 말 고르기
	30번	2점		
	31번	2점		
	32번	2점		
32~34번	33번	2점	글	세부 내용 파악하여 일치하는 내용 고르기
	34번	2점		
	35번	2점		
35~38번	36번	2점	글	중심 내용 추론하기
	37번	2점		
	38번	2점		
	39번	2점	글	
39~41번	40번	2점		문장이 들어갈 위치 고르기
	41번	2점	서평/감상문	
42~43번	42번	2점	소설	인물의 태도나 심정 추론하기
	43번	2점		세부 내용 파악하여 일치하는 내용 고르기
44~45번	44번	2점	글	문맥 파악하여 빈칸에 알맞은 말 고르기
	45번	2점		중심 내용 추론하기
46~47번	46번	2점	논설문	필자의 태도 추론하기
	47번	2점		세부 내용 파악하여 일치하는 내용 고르기
	48번	2점		필자의 의도나 목적 추론하기
48~50번	49번	2점	논설문	문맥 파악하여 빈칸에 알맞은 말 고르기
	50번	2점		세부 내용 파악하여 일치하는 내용 고르기

※ 문항별 유형은 시행처와 출제자의 의도에 따라 조금씩 달라질 수 있습니다.

한국어능력시험 TOPIK II

TOPIK, 어떻게 평가하나요?

등급 결정			평가 기준
TOPIK I (200점 만점)	1급	80점 이상	• '자기 소개하기, 물건 사기, 음식 주문하기' 등 생존에 필요한 기초적인 언어 기능을 수행할 수 있으며 '자기 자신, 가족, 취미, 날씨' 등 매우 사적이고 친숙한 화제에 관련된 내용을 이해하고 표현할 수 있다. • 약 800개의 기초 어휘와 기본 문법에 대한 이해를 바탕으로 간단한 문장을 생성할 수 있다. • 간단한 생활문과 실용문을 이해하고, 구성할 수 있다.
	2급	140점 이상	• '전화하기, 부탁하기' 등의 일상생활에 필요한 기능과 '우체국, 은행' 등의 공공시설 이용에 필요한 기능을 수행할 수 있다. • 약 1,500~2,000개의 어휘를 이용하여 사적이고 친숙한 화제에 관해 문단 단위로 이해하고 사용할 수 있다. • 공식적 상황과 비공식적 상황에서의 언어를 구분해 사용할 수 있다.
TOPIK II (300점 만점)	3급	120점 이상	• 일상생활을 영위하는 데 별 어려움을 느끼지 않으며, 다양한 공공시설의 이용과 사회적 관계 유지에 필요한 기초적 언어 기능을 수행할 수 있다. • 친숙하고 구체적인 소재는 물론, 자신에게 익숙한 사회적 소재를 문단 단위로 표현하거나 이해할 수 있다. • 문어와 구어의 기본적인 특성을 구분해서 이해하고 사용할 수 있다.
	4급	150점 이상	• 공공시설 이용과 사회적 관계 유지에 필요한 언어 기능을 수행할 수 있으며, 일반적인 업무 수행에 필요한 기능을 어느 정도 수행할 수 있다. • '뉴스, 신문 기사' 중 비교적 평이한 내용을 이해할 수 있다. 일반적인 사회적·추상적 소재를 비교적 정확하고 유창하게 이해하고, 사용할 수 있다. • 자주 사용되는 관용적 표현과 대표적인 한국 문화에 대한 이해를 바탕으로 사회적·문화적인 내용을 이해하고 사용할 수 있다.
	5급	190점 이상	• 전문 분야에서의 연구나 업무 수행에 필요한 언어 기능을 어느 정도 수행할 수 있다. • '정치, 경제, 사회, 문화' 전반에 걸쳐 친숙하지 않은 소재에 관해서도 이해하고 사용할 수 있다. • 공식적·비공식적 맥락과 구어적·문어적 맥락에 따라 언어를 적절히 구분해 사용할 수 있다.
	6급	230점 이상	• 전문 분야에서의 연구나 업무 수행에 필요한 언어 기능을 비교적 정확하고 유창하게 수행할 수 있다. • '정치, 경제, 사회, 문화' 전반에 걸쳐 친숙하지 않은 주제에 관해서도 이해하고 사용할 수 있다. • 원어민 화자의 수준에는 이르지 못하나 기능 수행이나 의미 표현에는 어려움을 겪지 않는다.

HOW TO USE

이 책의 활용법 使用方法

10가지 읽기 전략, 이런 상황에 적용하세요!

이 책에 나오는 10가지 읽기 전략은 학습자의 상황에 맞추어 공부하면 더욱 효과적이에요.
상황별로 집중 공략하면 좋은 10가지 읽기 전략! 한번 살펴볼까요?

Q 문제를 풀 때 시간이 부족하다면?

A 읽기 전략 '[1] 글의 구조, [3] 연결하는 말'을 공부하세요. 글의 흐름과 구조를 배울 수 있어, 글을 빠르게 읽을 수 있을 거예요.

Q 모르는 단어가 많아서 문제를 풀기 힘들다면?

A 읽기 전략 '[7] 유사 어휘, [9] 필수 어휘'를 공부하세요. 예문을 통해 어휘의 뜻을 이해할 수 있어, 어휘를 더 쉽게 암기할 수 있을 거예요.

Q 중급 문법을 정리하고 싶다면?

A 읽기 전략 '[7] 유사 문법, [8] 필수 문법'을 공부하세요. 문법 실력이 높아질수록, 글의 의미를 정확히 이해할 수 있을 거예요.

Q 문제를 읽고 답을 찾기 어렵다면?

A 읽기 전략 '[2] 키워드, [4] 빈칸 앞뒤, [5] 태도 표현, [6] 이유 · 목적 표현, [10] 여러 전략'을 공부하세요. 문제 풀이 비법을 집중적으로 공부하면 정답 찾기가 더 쉬워질 거예요.

한국어능력시험 TOPIK Ⅱ

10가지 읽기 전략, 이런 문제에 적용하세요!

이 책에서 배울 10가지 읽기 전략은 TOPIK 읽기 문제의 모든 유형에 적용해 볼 수 있어요.
문제 유형에 따라 쏙쏙 뽑아 보는 10가지 읽기 전략! 한번 확인해 볼까요?

	문제 유형	읽기 전략
1	빈칸에 알맞은 문법 고르기	[8] 필수 문법 ⋯→ 54쪽
2	의미가 비슷한 말 고르기	[7] 유사 문법 ⋯→ 31쪽
3	화제 고르기	[2] 키워드 ⋯→ 9쪽
4	일치하는 내용 고르기	[7] 유사 어휘 ⋯→ 31쪽 or [9] 필수 어휘 [6] 이유·목적 표현
5	알맞은 순서로 배열한 것 고르기	[1] 글의 구조 ⋯→ 3쪽
6	빈칸에 알맞은 말 고르기	[4] 빈칸 앞뒤 ⋯→ 18쪽 or [2] 키워드 [3] 연결하는 말
7	중심 내용 고르기	[1] 글의 구조 ⋯→ 3쪽 or [2] 키워드 [3] 연결하는 말 [7] 유사 어휘 [10] 여러 전략
8	인물의 태도·심정 고르기	[9] 필수 어휘 ⋯→ 61쪽
9	문장이 들어갈 위치 고르기	[1] 글의 구조 ⋯→ 3쪽 or [3] 연결하는 말 [4] 빈칸 앞뒤
10	필자의 태도·의도·목적 고르기	[5] 태도 표현 ⋯→ 22쪽 or [1] 글의 구조 [3] 연결하는 말 [7] 유사 어휘

STRUCTURES

이 책의 구성 构成

기초 다지기　10가지 읽기 방법만 알면 토픽 지문을 쉽게 읽을 수 있어요!

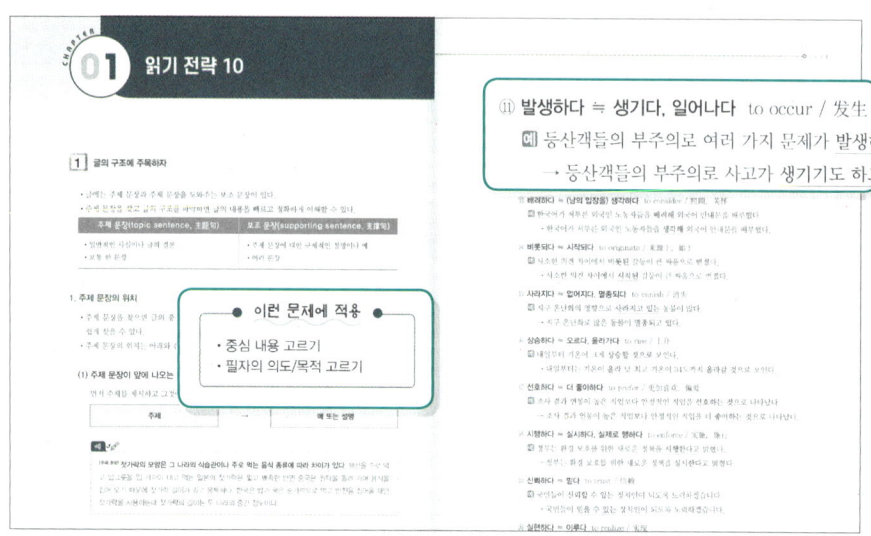

TOPIK 문제를 푸는 데 유용한 읽기 전략을 알려 드립니다. 풍부한 예문으로 기본적인 독해 능력을 키워 보세요.

제60회 기출문제 중 읽기 전략별 대표 문항을 선별하였습니다. 연습 문제까지 꼼꼼히 풀다 보면 어느새 응용력도 쌓여 있을 거예요.

시험에 자주 나오는 문법과 어휘를 유형별·주제별로 정리하였습니다. 퀴즈도 풀어 보면서 모르는 말이 없는지 확인해 보세요.

한국어능력시험 TOPIK II

실력 올리기
실제 시험처럼 풀면서 실전 감각을 키우고 약점을 보완할 수 있어요!

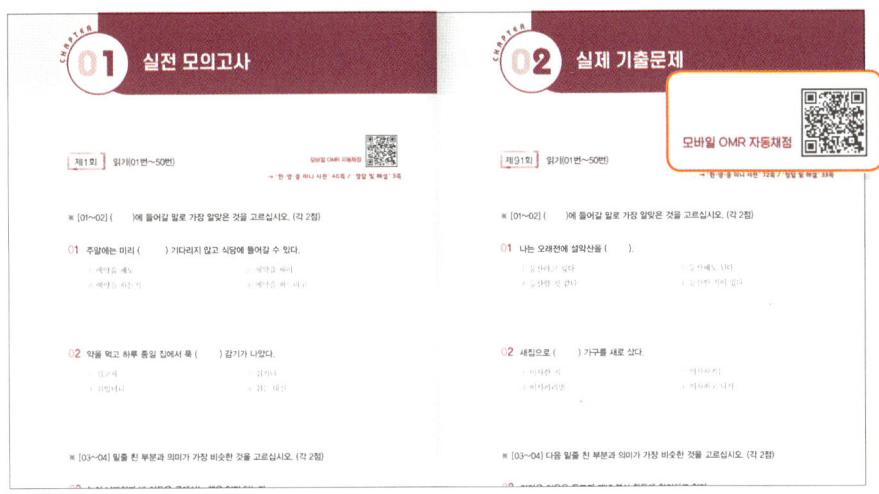

TOPIK II 읽기 영역 모의고사 3회분과 기출문제 3회분을 수록하였습니다. 시간에 맞춰 풀어 보면 실전 감각을 키울 수 있을 거예요. '모바일 OMR 자동채점 서비스'를 이용하면 더욱 쉽고 빠르게 점수와 정답을 확인할 수도 있어요.

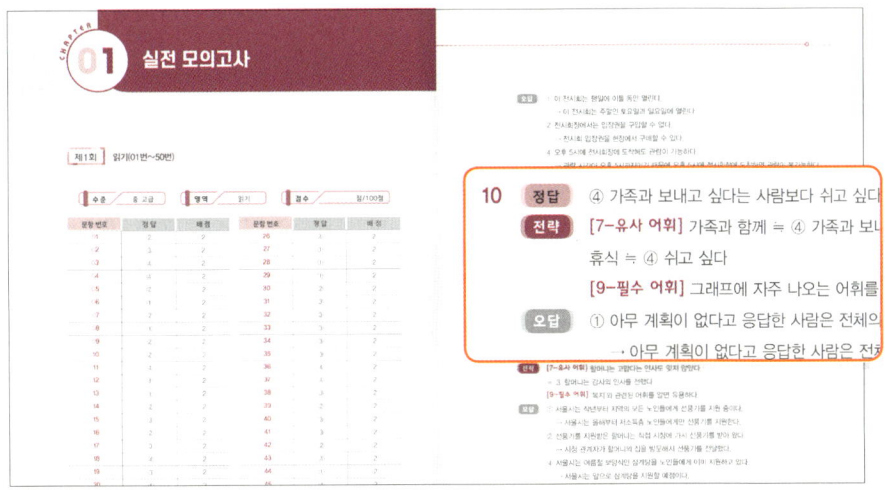

문항별로 적용되는 읽기 전략을 제시하였습니다. 해설만 봐도 자신의 약점을 파악하고 관련 내용을 복습할 수 있어요.

특별 구성
휴대하기 간편한 '한·영·중 미니 사전'으로 언제 어디서든 한국어 공부를 할 수 있어요!

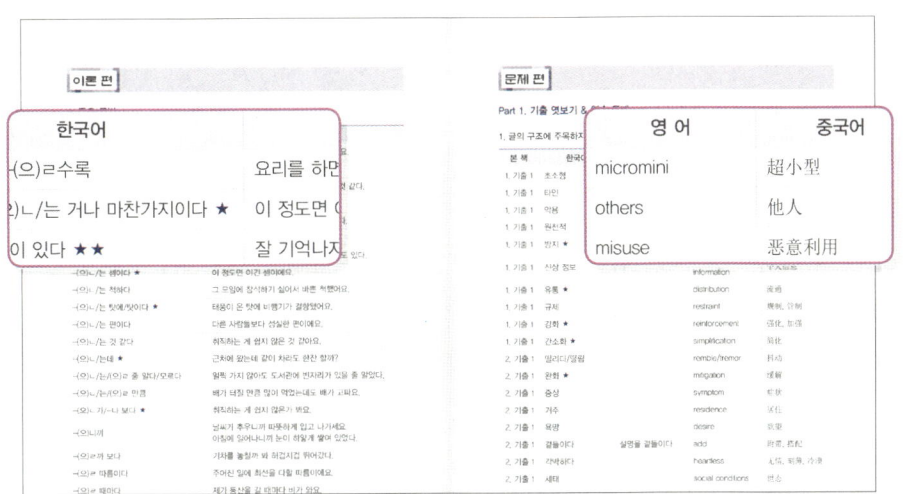

'기초 다지기'와 '실력 올리기'에 나온 중요 문법과 어휘를 모두 모았습니다. 영어와 중국어로 번역되어 있어 이해하기도 쉬울 거예요.

CONTENTS

이 책의 목차 录目

PART 1 기초 다지기

Ch 1. 읽기 전략 10
    1. 글의 구조에 주목하자. · 3
    2. 키워드(Key word)에 주목하자. · 9
    3. 연결하는 말에 주목하자. · 13
    4. 빈칸 앞뒤에 주목하자. · 18
    5. 태도를 나타내는 표현에 주목하자. · 22
    6. 이유와 목적 표현에 주목하자. · 26
    7. 유사 문법과 어휘: 바꿔 쓸 수 있는 표현을 알아 두자. · 31
    8. 필수 문법: 시험에 꼭 나오는 문법을 알아 두자. · 54
    9. 필수 어휘: 시험에 꼭 나오는 어휘를 알아 두자. · 61
    10. 여러 전략을 동시에 사용하자. · 112

Ch 2. 답안 작성 연습
    1. OMR 답안지 작성 요령 및 올바른 마킹 방법 · 115
    2. OMR 답안지 · 117

PART 2 실력 올리기

Ch 1. 실전 모의고사
    제1회 읽기 · 131
    제2회 읽기 · 153
    제3회 읽기 · 175

Ch 2. 실제 기출문제
    제91회 읽기 · 197
    제83회 읽기 · 219
    제64회 읽기 · 241

PART 3 정답 및 해설

Ch 1. 실전 모의고사
    제1회 읽기 · 3
    제2회 읽기 · 13
    제3회 읽기 · 23

Ch 2. 실제 기출문제
    제91회 읽기 · 33
    제83회 읽기 · 43
    제64회 읽기 · 53

한 · 영 · 중 미니 사전

이론 편 · 2
문제 편 · 29

PART 01

기초 다지기

■ 등급별로 살펴보는 TOPIK 중요 주제

등급	주제
1급	개인 신상(이름, 전화번호, 가족, 국적, 고향), 주거와 환경(장소, 숙소, 방, 생활 편의 시설), 일상생활(가정생활, 학교생활), 쇼핑(쇼핑 시설, 식품, 가격), 음료(음식, 음료, 외식), 공공 서비스(우편, 은행, 병원, 약국), 여가와 오락(휴일, 취미·관심, 영화·공연, 전시회·박물관), 대인관계(친구·동료 관계, 초대, 방문, 편지), 건강(신체, 질병), 기후(날씨, 계절), 여행(관광지), 교통(길, 교통수단)
2급	개인 신상(이름, 전화번호, 가족, 국적, 고향, 성격, 외모), 주거와 환경(장소, 숙소, 방, 가구·침구, 주거비, 생활 편의 시설, 지역), 일상생활(가정생활, 학교생활), 쇼핑(쇼핑 시설, 식품, 의복, 가정용품, 가격), 식음료(음식, 음료, 배달, 외식), 공공 서비스(우편, 은행, 병원, 약국, 경찰서), 여가와 오락(휴일, 취미·관심, 영화·공연, 전시회·박물관), 대인관계(친구·동료 관계, 초대, 방문, 편지, 모임), 건강(신체, 위생, 질병, 치료), 기후(날씨, 계절), 여행(관광지, 일정, 짐, 숙소), 교통(위치, 거리, 길, 교통수단)
3급	개인 신상(성격, 외모, 연애, 결혼, 직업), 주거와 환경(숙소, 방, 가구·침구, 주거비, 생활 편의 시설, 지역, 지리, 동식물), 일상생활(가정생활, 학교생활), 쇼핑(쇼핑 시설, 식품, 의복, 가정용품), 식음료(음식, 배달, 외식), 공공 서비스(우편, 전화, 은행, 병원, 경찰서), 여가와 오락(휴일, 취미·관심, 라디오·텔레비전, 영화·공연, 전시회·박물관), 일과 직업(취업, 직장생활), 대인관계(친구·동료·선후배 관계, 초대, 방문, 편지, 모임), 건강(신체, 위생, 질병, 치료, 보험), 기후(날씨, 계절), 여행(관광지, 일정, 짐, 숙소), 교통(교통수단), 교육(진로)
4급	개인 신상(성격, 외모, 연애, 결혼, 직업), 주거와 환경(숙소, 방, 가구·침구, 주거비, 지역, 지리, 동식물), 일상생활(가정생활, 학교생활), 쇼핑(쇼핑 시설, 식품, 의복, 가정용품), 식음료(음식), 공공서비스(은행, 경찰서), 여가와 오락(휴일, 취미·관심, 라디오·텔레비전, 영화·공연, 전시회·박물관, 독서, 스포츠), 일과 직업(취업, 직장 생활, 업무), 대인관계(친구·동료·선후배 관계, 초대, 방문, 편지, 모임), 건강(신체, 위생, 질병, 치료, 보험), 기후(날씨, 계절), 여행(관광지, 일정, 짐, 숙소), 교통(교통 수단, 운송, 택배), 교육(학교 교육, 교과목, 진로)
5급	개인 신상(직업, 종교), 주거와 환경(숙소, 방, 가구·침구, 주거비, 지역, 지리, 동식물), 여가와 오락(라디오·텔레비전, 독서, 스포츠), 일과 직업(취업, 직장 생활, 업무), 건강(위생, 질병, 치료, 보험), 기후(날씨, 계절), 여행(관광지, 일정, 짐, 숙소), 교육(학교 교육, 교과목, 진로), 사회(정치, 경제, 범죄, 제도, 여론, 국제 관계), 예술(문학, 음악, 미술), 전문분야(언어학, 과학, 심리학, 철학)
6급	개인 신상(종교), 주거와 환경(지리), 여가와 오락(독서, 스포츠), 일과 직업(취업, 업무), 건강(위생, 질병, 치료, 보험), 사회(정치, 경제, 범죄, 제도, 여론, 국제 관계), 예술(문학, 음악, 미술), 전문분야(언어학, 과학, 심리학, 철학)

CHAPTER 01 읽기 전략 10

1 글의 구조에 주목하자

- 글에는 주제 문장과 주제 문장을 도와주는 보조 문장이 있다.
- 주제 문장을 찾고 글의 구조를 파악하면 글의 내용을 빠르고 정확하게 이해할 수 있다.

주제 문장(topic sentence, 主題句)	보조 문장(supporting sentence, 支撐句)
• 일반적인 사실이나 글의 결론 • 보통 한 문장	• 주제 문장에 대한 구체적인 설명이나 예 • 여러 문장

1. 주제 문장의 위치

- 주제 문장을 찾으면 글의 중심 내용이나 글을 쓴 의도와 목적을 쉽게 찾을 수 있다.
- 주제 문장의 위치는 아래와 같이 세 가지로 나눌 수 있다.

● 이런 문제에 적용 ●
- 중심 내용 고르기
- 필자의 의도/목적 고르기

(1) 주제 문장이 앞에 나오는 경우

먼저 주제를 제시하고 그것에 대한 예나 자세한 설명을 나중에 제시한다.

| 주제 | → | 예 또는 설명 |

예

[주제 문장] **젓가락의 모양은 그 나라의 식습관이나 주로 먹는 음식 종류에 따라 차이가 있다.** 생선을 주로 먹고 밥그릇을 입 가까이 대고 먹는 일본의 젓가락은 짧고 뾰족한 반면 중국은 원탁을 돌려 가며 음식을 집어 오기 때문에 젓가락 길이가 길고 뭉툭하다. 한국은 밥과 국은 숟가락으로 먹고 반찬을 집어올 때만 젓가락을 사용하는데 젓가락의 길이는 두 나라의 중간 정도이다.

(2) 주제 문장이 뒤에 나오는 경우

- 먼저 도입하는 내용이나 예, 설명 등을 쓴 후 마지막에 주제를 제시한다.
- 내용을 정리하는 표현이나 역접 표현 뒤에 글의 주제가 나온다.
  예 즉, 이처럼, 그러나, 반면에

| 예 또는 설명 | → | 주제 |

예

세계 곳곳에서 일어나는 기상 이변을 보면서 지구 온난화 문제를 걱정하는 사람이 많아지고 있다. 그러나 지구 온난화를 막기 위한 대책과 노력이 필요하다는 것을 알면서도 행동으로 이어지지 않는 경우가 많다. 자가용보다는 대중교통을 이용하고 전기를 절약하고 물을 아끼는 것 등 우리가 할 수 있는 일은 얼마든지 있다. [주제 문장] <u>즉, 생활 속에서 할 수 있는 작은 일부터 실천하는 것이 지구 온난화 문제 해결의 시작이다.</u>

(3) 주제 문장이 앞과 뒤에 나오는 경우

- 먼저 주제를 간단히 제시한 후 그에 대한 예를 들거나 설명을 한다.
- 글의 끝에 다시 한번 더 주제를 반복해서 제시한다.

| 주제 | → | 예 또는 설명 | → | 주제 |

예

[주제 문장] <u>성공적인 창업을 위해서는 충분한 준비가 필요하다.</u> 가장 먼저 할 일은 창업할 분야를 조사하고 파악하는 것이다. 성공 사례를 분석하거나 창업 전문가의 조언을 구하는 것도 좋다. 그리고 현장에서 경험을 쌓은 후 창업을 해야 창업 후에 발생할 수 있는 문제에도 대비할 수 있다. [주제 문장] <u>창업을 할 때 적어도 6개월 이상의 준비 기간을 두고 정보를 얻고 경험을 쌓으며 철저히 준비하는 것이 성공 가능성을 높일 수 있는 방법이다.</u>

 기출 엿보기

01 다음 글의 주제로 가장 알맞은 것을 고르십시오. 60회 35번

> 초소형 카메라는 의료용 및 산업용으로 만들어져 각 현장에서 유용하게 사용되고 있다. 그러나 원래의 목적에 맞지 않게 타인의 신체를 몰래 촬영하는 용도로 악용되는 사례가 늘고 있다. 이러한 악용을 원천적으로 방지하기 위해서는 신상 정보를 등록해야만 카메라의 판매 및 유통이 가능하도록 법적 규제를 강화할 필요가 있다.

① 의료용 및 산업용 초소형 카메라의 사용처를 확대해야 한다.
② 초소형 카메라가 더 유용하게 사용될 수 있도록 개발해야 한다.
③ 초소형 카메라가 악용되는 것을 막기 위한 대책이 마련되어야 한다.
④ 원활한 판매 및 유통을 위해 초소형 카메라의 등록 과정을 간소화해야 한다.

풀이 이 글은 '초소용 카메라'에 대한 글인데 초소형 카메라를 악용하는 사례와 그에 대한 해결책을 제시하고 있다. 주제가 마지막에 위치하는 구조로 마지막 부분에 제시된 해결책인 '이러한 악용을 원천적으로 방지하기 위해서는 법적 규제를 강화할 필요가 있다.'가 글의 주제이다. 선택지 ①~④ 중 이와 같은 내용을 찾아야 한다.

정답 ③

2. 도입 문장과 문장들의 관계

- 단락(paragraph, 段落): 단락의 일반적인 구조를 알고 있으면 문장의 순서나 위치를 쉽게 알 수 있다.
- 도입 문장(introductory statement[sentence], 开头句): 보통 단락을 시작할 때는 독자들의 관심과 흥미를 유발하는 도입 문장을 쓴다.

● 이런 문제에 적용 ●
- 알맞은 순서로 배열한 것 고르기
- 문장이 들어갈 위치 고르기

(1) '알맞은 순서로 배열한 것 고르기' 문제를 풀 때

4개 문장의 순서를 배열할 때는 먼저 도입 문장을 찾은 후 문장들의 논리적 의미 관계를 생각하면 된다.

| 도입 문장 찾기 | → | 나머지 문장들의 의미 관계 생각하기 |

(2) '문장이 들어갈 위치 고르기' 문제를 풀 때

단락의 구조를 이해하는 것이 중요하다. 먼저 〈보기〉의 내용을 확인하고 글에 있는 문장들의 의미 관계를 파악해서 글에서 〈보기〉 문장이 들어가기에 알맞은 위치를 찾아야 한다.

| 〈보기〉 내용 확인 | → | 글에 있는 문장들의 의미 관계 생각하기 |

 기출 엿보기

01 다음을 순서대로 맞게 배열한 것을 고르십시오. 60회 15번

(가) 쉬어도 떨림이 계속된다면 마그네슘이 부족해서일 수도 있다.
(나) 눈 밑 떨림의 주된 원인은 피로이므로 푹 쉬면 증상은 완화된다.
(다) 이런 사람들은 마그네슘이 풍부한 견과류나 바나나를 먹으면 좋다.
(라) 누구나 한 번쯤은 눈 밑이 떨리는 경험을 해 본 적이 있을 것이다.

① (나)-(다)-(라)-(가)
② (나)-(라)-(다)-(가)
③ (라)-(가)-(다)-(나)
④ (라)-(나)-(가)-(다)

풀이 단락의 구조에 주목해서 답을 찾아보자. 먼저 도입 문장을 찾아야 한다. 도입 문장은 글의 화제인 '눈 밑 떨림'에 대해서 자연스럽게 소개하고 있는 (라)이다. 그리고 (가)와 (나)에 눈 밑 떨림 현상에 대한 원인이 제시되어 있으므로 (라) 다음 문장으로 이 두 문장 중 하나를 고르면 된다. (가)의 '쉬어도'와 (나)의 '쉬면'을 통해서 (나)가 (가)의 앞에 제시되어야 한다는 것을 알 수 있다. 그리고 (다)는 (가)에 대해서 더 자세하게 설명하고 있으므로 (가)와 (다)는 앞뒤로 연결되는 것이 자연스럽다.

정답 ④

02 다음 글에서 〈보기〉의 문장이 들어가기에 가장 알맞은 곳을 고르십시오. 60회 40번

『박철수의 거주 박물지』는 건축학자가 서울을 중심으로 한 거주 문화사를 소개한 책이다. (㉠) 아파트가 어떻게 중산층의 표준 욕망이 됐는가, 장독이 왜 아파트에서 사라졌는가와 같은 물음들을 도면과 신문 기사를 곁들여 풀어내는 식이다. (㉡) 그 과정에서 이웃과 정을 나누는 일 없이 각박하게 살아온 지난 수십 년의 세태를 지적하는 것도 놓치지 않고 있다. (㉢) 이웃과 정답게 살아가는 모습을 그려내고자 하는 미래의 건축학도에게 추천하고 싶다. (㉣)

보기

무엇보다 독자들이 더 흥미롭게 읽을 수 있도록 문답의 형식으로 구성된 것이 돋보인다.

① ㉠　　② ㉡　　③ ㉢　　④ ㉣

풀이 단락의 구조에 주목해서 〈보기〉의 위치를 찾아보자. 이 글은 책을 소개하고 추천하는 내용인데 〈보기〉에서는 이 책의 구성 방식인 '문답의 형식'에 대해서 소개하고 있다. 따라서 〈보기〉가 들어갈 곳은 '문답의 형식을 어떻게 사용하였는지'에 대해 구체적으로 예를 든 문장의 앞인 ㉠이다.

정답 ①

TEST 연습 문제

1. 글의 구조에 주목하자

01 다음 글의 주제로 가장 알맞은 것을 고르십시오.

> 독서 습관을 기르는 것은 생각보다 쉽지 않다. 하루에 조금씩이라도 책을 읽는 습관을 기르기 위해서는 우선 피곤하고 귀찮아도 책을 펼쳐야 하고 습관이 될 때까지 꾸준히 실천해야 하기 때문이다. 누구나 처음에는 매일 책을 읽으려고 하겠지만 시간이 지나면 의지가 약해지기 마련이다. 자신의 의지만으로 책 읽는 습관을 만드는 것이 어렵다면 자주 머무는 곳마다 책을 두어서 언제든지 읽을 수 있게 하는 것이 좋다.

① 독서 습관을 만드는 데에는 생각보다 긴 시간이 걸린다.
② 의지를 가지고 꾸준히 노력하면 좋은 습관을 기를 수 있다.
③ 시간이 지나면서 의지가 약해지는 것은 자연스러운 일이다.
④ 독서 습관을 기르기 위해서는 실천하기 쉬운 환경을 만들어야 한다.

02 다음을 순서대로 맞게 배열한 것을 고르십시오.

> (가) 콜레라는 오염된 물이 주된 발병 원인인 무서운 전염병이다.
> (나) 2000년대 이후 한국에서 사라진 줄 알았던 콜레라가 다시 발생했다.
> (다) 기온이 매년 상승하면서 세균도 빠른 속도로 증가하고 있기 때문이다.
> (라) 하지만 최근 발병한 콜레라는 지구 온난화로 인한 폭염이 가장 큰 원인이다.

① (가)-(나)-(다)-(라) ② (가)-(다)-(나)-(라)
③ (나)-(가)-(다)-(라) ④ (나)-(가)-(라)-(다)

03 다음 글에서 〈보기〉의 문장이 들어가기에 가장 알맞은 곳을 고르십시오.

> 백화점 안의 시설은 고객의 구매를 유도해서 판매율을 높이려는 의도가 반영된 것이다. (㉠) 백화점에는 창문을 설치하지 않고 시계를 걸지 않는다. (㉡) 또한 1층에는 화장실이 없는데 사람들이 2층까지 올라가면서 매장을 둘러보고 자연스럽게 진열된 상품들을 구경하는 효과를 노린 것이다. (㉢) 백화점에서 엘리베이터보다 에스컬레이터를 찾는 것이 쉬운 것도 같은 이유이다. (㉣)

보기

이것은 백화점에 들어온 사람들이 시간의 흐름을 알 수 없도록 하기 위해서이다.

① ㉠
② ㉡
③ ㉢
④ ㉣

정답 및 해설

01 이 글은 주제가 마지막에 위치하는 구조이다. 그러므로 글의 마지막에 제시한 '자주 머무는 곳마다 책을 두어서 언제든지 읽을 수 있게 하는 것이 좋다.'가 글의 주제이다. 선택지 ①~④ 중 이와 같은 내용을 찾아야 한다.

정답 ④

02 도입 문장은 이 글의 화제인 '콜레라'의 최근 발병 소식에 대해서 알리고 있는 (나)이다. 그리고 (가)와 (라)에 콜레라의 발병 원인이 나와 있으므로 (나)의 다음 문장으로 (가)와 (라) 중 하나를 고르면 된다. (가)는 '주된 원인'을, (라)는 '최근 원인'을 소개하고 있는데 일반적인 원인인 (가)가 먼저 나오는 것이 자연스럽다. 그리고 (다)는 (라)에 대해서 부가적인 설명을 하고 있으므로 (라)와 (다)가 차례로 연결되어야 한다.

정답 ④

03 단락의 구조에 주목해서 〈보기〉의 위치를 찾아보자. 처음에는 '백화점 시설에는 판매율을 높이려는 의도가 반영되어 있다.'는 주제를 제시했고 그 뒤에는 주제와 관련된 예를 들었다. 〈보기〉는 '고객들이 시간의 흐름을 알 수 없게 하려는 의도'에 대한 내용이므로 '백화점에 창문과 시계가 없다.'는 내용 뒤인 ㉡에 들어가야 한다.

정답 ②

2 키워드(keyword)에 주목하자

- 키워드는 핵심어, 글의 중심이 되는 단어이며 글을 이해하는 데 중요한 역할을 한다.
- 키워드를 찾으면 화제나 빈칸에 들어갈 말을 쉽게 찾을 수 있다.
- 반복적으로 나오는 키워드에 주목하면 중심 내용을 찾을 수 있다.

> **이런 문제에 적용**
> - 화제 고르기
> - 빈칸에 알맞은 말 고르기
> - 중심 내용 고르기

기출 엿보기

01 다음은 무엇에 대한 글인지 고르십시오. <small>60회 6번</small>

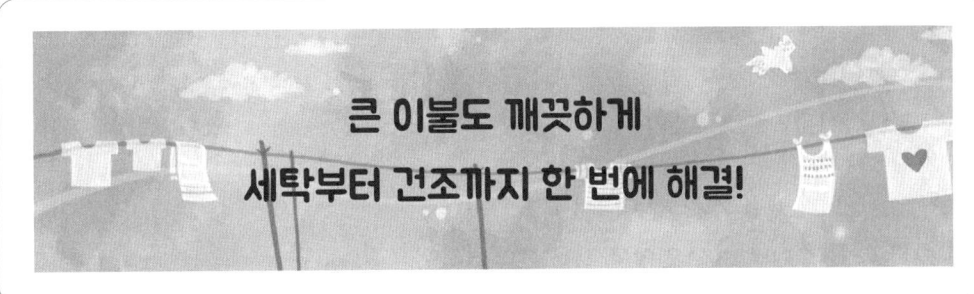

① 우체국　　　　　② 여행사
③ 편의점　　　　　④ 빨래방

풀이 광고, 안내문, 경고문 등을 읽고 무엇에 대한 글인지 파악하는 문제이다. 주어진 광고문 속에는 '이불', '세탁', '건조'와 같은 키워드들이 있다. 이 단어들과 공통적으로 관계가 있는 것을 생각하면서 선택지 ①~④ 중 답을 고르면 된다.

정답 ④

02 다음을 읽고 ( )에 들어갈 내용으로 가장 알맞은 것을 고르십시오.　　　60회 29번

> "지구가 아파요!"라는 문구가 새겨진 티셔츠나 잘려 나간 나무가 그려진 가방 등을 구매하는 사람들이 증가하고 있다. 사람들은 그 상품이 (　　　) 때문에 구매를 한다. 그들은 구매한 물건을 일상에서 사용함으로써 사회 문제에 대한 입장을 표현한다. 그리고 주변 사람들이 그 상품을 보고 거기에 담긴 메시지에 관심을 갖도록 한다.

① 세련되게 디자인되었기
② 천연 소재로 만들어졌기
③ 본인의 체형을 보완해 주기
④ 자신의 가치관을 드러낼 수 있기

풀이 '입장', '메시지', '표현' 등 빈칸 뒤에 있는 키워드의 의미를 파악해서 선택지 ①~④ 중 이와 관련된 내용을 답으로 고르면 된다.

정답 ④

03 다음 글의 주제로 가장 알맞은 것을 고르십시오.　　　60회 38번

> 분자 요리는 과학을 응용해 기존 식재료가 갖는 물리적인 제약에서 벗어나 새로운 형태와 식감의 음식을 만드는 요리법이다. 노란 망고 주스와 하얀 우유로 계란 모양의 요리를 만드는 것이 한 예이다. 분자 요리는 식재료 고유의 맛과 향은 유지한 채 기존에는 볼 수 없었던 요리를 선보일 수 있다는 점에서 새로운 요리 문화를 이끌 것으로 기대하고 있다. 독특한 음식에 대한 설렘과 즐거움을 제공한다는 점도 이러한 기대감을 키운다.

① 분자 요리가 과학의 연구 영역을 더 넓히고 있다.
② 독특한 음식에 대한 소비자들의 요구가 늘고 있다.
③ 식재료가 갖는 제약 탓에 요리법 개발이 정체되고 있다.
④ 새로운 요리 문화를 이끌 요리법으로 분자 요리가 주목받고 있다.

풀이 이 글의 화제는 '분자 요리'이며 이어지는 설명에서 '새로운'이 반복적으로 나오고 있으므로 이것이 글의 핵심적인 키워드라고 할 수 있다. 선택지 ①~④ 중 이와 관련된 내용을 답으로 고르면 된다.

정답 ④

TEST 연습 문제

2. 키워드(keyword)에 주목하자

01 다음은 무엇에 대한 글인지 고르십시오.

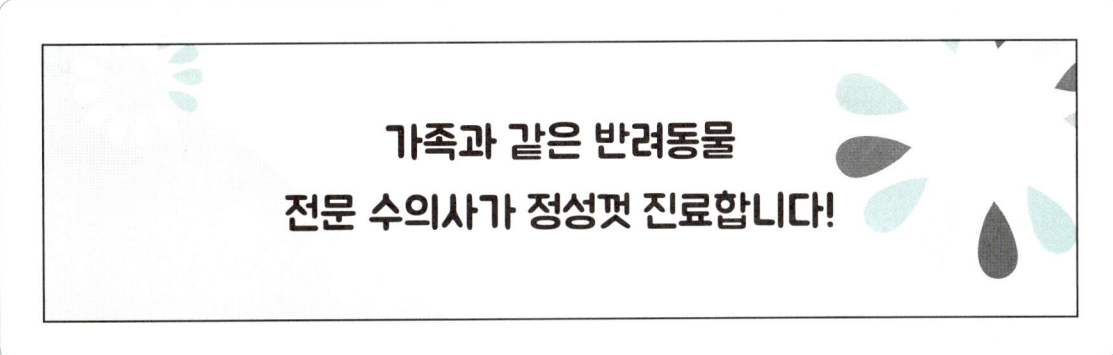

가족과 같은 반려동물
전문 수의사가 정성껏 진료합니다!

① 동물원 ② 보건소
③ 애견 카페 ④ 동물 병원

02 다음을 읽고 (   )에 들어갈 내용으로 가장 알맞은 것을 고르십시오.

최근 젊은 세대들 사이에서 여러 사람들과 함께 사는 셰어 하우스의 인기가 높다. 셰어 하우스에는 침실과 같은 독립된 공간과 주방, 거실, 화장실 등의 공용 공간이 있다. 그런데 셰어 하우스의 방 중에서 2인실이나 4인실보다 1인실의 선호도가 특히 높은 것은 요즘의 젊은 세대가 (   ) 것을 보여준다. 셰어 하우스는 사람들과 함께 살면서 외롭지 않게 지내고 싶지만 독립적인 생활도 포기할 수 없는 요즘 세대에게 잘 맞는 주거 형태이다.

① 외로움을 별로 느끼지 않는다는
② 방의 크기에 신경 쓰지 않는다는
③ 개인적인 공간을 중요하게 생각한다는
④ 여러 명이 모여 사는 것을 싫어한다는

03 다음 글의 주제로 가장 알맞은 것을 고르십시오.

> 평범한 요리의 재료로만 생각되던 버섯이 최근 다양한 변신을 하고 있다. 건강에 대한 관심이 높아지면서 건강에 좋은 버섯을 재료로 한 여러 가지 제품이 출시되었다. 버섯으로 만든 10가지 맛의 스낵이 큰 인기를 얻고 있으며 버섯을 활용한 초콜릿도 반응이 뜨겁다. 또한 다이어트 식품을 제조하는 회사들은 버섯이 열량이 낮고 식감이 고기와 비슷하다는 점에 주목해서 고기를 대체할 수 있는 재료로 버섯을 활용할 수 있는 방법을 연구 중이다.

① 버섯의 활용 범위가 확대되고 있다.
② 최근 버섯의 판매량이 급증하고 있다.
③ 버섯의 다양한 효능이 주목 받고 있다.
④ 버섯은 다이어트 식품으로 인기가 있다.

정답 및 해설

01 이 광고의 키워드는 '반려동물', '수의사', '진료하다'이다. 선택지 ①~④ 중에서 이 키워드와 관계있는 장소를 고르면 된다.

정답 ④

02 '1인실', '독립적' 등 빈칸 앞뒤에 있는 키워드의 의미를 파악해서 선택지 ①~④ 중 이와 관련된 내용을 답으로 고르면 된다.

정답 ③

03 '버섯'과 '활용'이 반복적으로 나오고 있으므로 이것이 글의 핵심적인 키워드라고 할 수 있다. 선택지 ①~④ 중 이와 관련된 내용을 답으로 선택하면 된다.

정답 ①

3 연결하는 말에 주목하자

연결하는 말은 문장들의 관계나 글의 중심 내용을 파악할 때 중요한 역할을 한다.

> **● 이런 문제에 적용 ●**
> - 중심 내용 고르기
> - 필자의 목적/의도 고르기
> - 빈칸에 알맞은 말 고르기
> - 문장이 들어갈 위치 고르기
> - 일치하는 내용 고르기

(1) '중심 내용 고르기'와 '필자의 목적/의도 고르기' 문제를 풀 때

역접 표현 바로 뒤에 필자가 강조하는 내용이 오기 때문에 역접 표현에 주목할 필요가 있다.
예 그러나, 한편, 하지만, 그런데, 반면에

| 역접 표현 | + | 필자가 강조하는 중심 내용 |

(2) '빈칸에 알맞은 말 고르기', '문장이 들어갈 위치 고르기', '일치하는 내용 고르기' 문제를 풀 때

연결하는 말을 잘 확인하면 글의 내용을 쉽게 파악하고 답을 찾을 수 있다. 자주 사용하는 연결하는 말에는 다음과 같은 것이 있다.

① 예시(example, 例证): 앞 내용을 설명하거나 주장하기 위해 예를 들 때 사용한다.
  예 예를 들어, 그 예로, 예를 들면

② 첨가(addition, 并列, 递进): 앞 내용과 관계있는 이야기를 추가할 때 사용한다.
  예 그리고, 또, 또한, 게다가, 뿐만 아니라

③ 역접(adversative, 转折): 앞 내용과 반대되는 내용이 올 때 사용하며 주로 이 내용은 주제와 관련이 있다.
  예 그러나, 한편, 하지만, 그런데, 반면에

④ 인과(cause and effect, causality, 因果): 원인과 이유를 나타낼 때 사용한다. 특히 글의 마지막에 이런 표현이 나오면 그 뒤에 주제가 이어진다.
  예 따라서, 결국, 그래서, 이렇듯, 그러므로

예

> 스마트폰의 등장은 인간의 삶을 편리하고 풍요롭게 만들었다. **예를 들어** 원하는 정보가 있을 때 우리는 스마트폰으로 쉽고 빠르게 정보를 얻을 수 있다. **또한** 스마트폰 하나로 영화나 드라마, 노래까지 즐길 수 있게 되었다. **그러나** 스마트폰이 우리에게 긍정적인 영향만 준 것은 아니다. 스마트폰 중독으로 일상생활이 힘들어지는 사람이 점점 늘고 있다. **따라서** 자신이 스마트폰을 지나치게 사용하지 않는지 확인하고 현명하게 사용하도록 노력해야 한다.

 기출 엿보기

01 다음을 읽고 (   )에 들어갈 내용으로 가장 알맞은 것을 고르십시오.   60회 31번

> 보통 수학에서는 개념이 먼저 정립되고 기호가 등장한다. 그러나 수가 끝없이 커지는 상태를 가리키는 무한대의 경우에는 정반대이다. 무한대는 (   ) 후에도 한동안 개념이 정립되지 못했다. 왜냐하면 당시의 학자들은 무한대를 인간의 능력으로 파악할 수 없다고 여겼기 때문이다. 그래서 수학계에서 무한대를 정의하는 것은 오랫동안 시도되지 않았다.

① 기호가 만들어진
② 의미가 여러 번 바뀐
③ 학계에서 활발히 연구된
④ 반대되는 이론이 등장한

풀이 글에 나오는 '그러나', '왜냐하면', '그래서'를 통해 글의 흐름을 예상할 수 있다. 빈칸 앞에는 '그러나'가 있으므로 그 앞에 나온 '개념이 먼저 정립되고 기호가 등장한다(개념→기호).'와 반대되는 내용(기호→개념)이 그 뒤에 이어져야 한다. 빈칸 뒤에 이유를 나타내는 '왜냐하면'이 있으므로 빈칸이 있는 문장과 그 이유가 어울리는지 확인하면서 선택지 ①~④ 중 답을 고르면 된다.

정답 ①

02 다음 글에서 〈보기〉의 문장이 들어가기에 가장 알맞은 곳을 고르십시오.   60회 39번

> 도시의 거리는 온통 상점으로 가득 차 있다. (㉠) 하지만 상점은 거리에 활력을 불어넣어 걷고 싶은 거리를 만드는 데 중요한 역할을 한다. (㉡) 상점은 단순히 물건을 파는 공간이 아니라 보행자들에게 볼거리와 잔재미를 끊임없이 제공하는 거대한 미술관이 되어 준다. (㉢) 또 밤거리를 밝히는 가로등이며 보안등이자 거리의 청결함과 쾌적함을 지켜 주는 파수꾼이 되기도 한다. (㉣)

보기

상업적 공간으로 채워진 거리를 보며 눈살을 찌푸리는 이들도 많다.

① ㉠   ② ㉡
③ ㉢   ④ ㉣

풀이 〈보기〉의 위치를 알기 위해서는 먼저 〈보기〉에 '연결하는 말'이 있는지 확인해야 한다. 〈보기〉에 연결하는 말이 없다면 지문에서 그것을 찾아야 한다. 이런 과정을 통해서 내용 연결이 자연스럽지 않은 곳을 찾아 〈보기〉를 넣어야 한다.

┌ 상점의 부정적인 면 ┐		┌ 상점의 긍정적인 면 ┐	
㉠	하지만	또	

역접을 나타내는 '하지만'의 뒤에 첨가를 나타내는 '또'가 이어져서 '상점의 긍정적인 면'을 설명하고 있다. 따라서 '상점의 부정적인 면'을 설명한 〈보기〉의 위치는 '하지만'의 앞인 ㉠이 된다.

정답 ①

03 다음 글의 주제로 가장 알맞은 것을 고르십시오.

> 정보의 양이 폭발적으로 증가하면서 핵심만 집어낸 요약형 정보를 찾는 사람들이 늘고 있다. 필요한 지식을 쉽고 빠르게 얻을 수 있기 때문이다. 그러나 짧게 정돈된 지식만을 취하다 보면 사물을 오랫동안 관찰하고 분석하는 능력이 떨어지거나 정보를 비판적으로 처리할 수 있는 능력이 무뎌질 수 있다.

① 요약형 정보는 가장 효율적인 정보 습득 방식이다.
② 요약형 정보는 사람들의 사고력 저하를 초래할 수 있다.
③ 사람들이 습득해야 할 지식의 양이 크게 증가하고 있다.
④ 짧게 정돈된 지식 덕분에 정보 처리 시간을 줄일 수 있다.

풀이 '그러나'의 뒷부분에 주목해 보자. 역접을 나타내는 말 뒤에는 주로 주제와 관련 있는 내용이 오기 때문이다. '그러나' 다음에는 '짧게 정돈된 지식만을 취하다 보면 사물을 관찰하고 분석하는 능력이 떨어지거나 정보를 비판적으로 처리할 수 있는 능력이 무뎌질 수 있다.'라는 내용이 이어진다. 그러므로 선택지 ①~④ 중 이와 관련된 내용을 고르면 된다.

정답 ②

TEST 연습 문제
3. 연결하는 말에 주목하자

01 다음을 읽고 ( )에 들어갈 내용으로 가장 알맞은 것을 고르십시오.

> 전통 가옥의 형태는 그 지역의 지형과 기후의 특성을 반영하고 있다. 한국의 북쪽 지방은 겨울철에 추위가 심하기 때문에 산이 차가운 바람을 막아 주는 위치에 집을 지었다. 그리고 (   ) 방을 두 줄로 배열하였다. 이에 비해 남쪽 지방의 집은 무더운 여름을 시원하게 지내는 데에 유리하도록 길게 주거 공간을 여러 건물로 분산시켜서 통풍이 잘 되도록 하였다.

① 바람이 잘 통하도록
② 추위를 막을 수 있도록
③ 공간 활용에 유리하도록
④ 집 안에서 산을 볼 수 있도록

02 다음 글에서 〈보기〉의 문장이 들어가기에 가장 알맞은 곳을 고르십시오.

> 한국의 출산율은 세계적으로 낮은 수준이다. (㉠) 임산부 무료 검사, 출산 지원금을 비롯해 출산 후에 이용할 수 있는 산후 도우미 지원 제도도 있다. (㉡) 그러나 육아와 일을 병행하기가 어려워서 여전히 아이를 갖는 것을 망설이는 부부들이 많다. (㉢) 출산율을 높이기 위해서는 육아 휴직 제도를 개선하고 직장 내 보육 시설 설치를 확대하는 등 아이를 낳은 후에도 일을 계속할 수 있는 환경을 조성해야 한다. (㉣)

보기
그래서 출산을 장려하고 임산부를 지원하기 위한 다양한 정책들이 시행되고 있다.

① ㉠
② ㉡
③ ㉢
④ ㉣

03 다음 글의 주제로 가장 알맞은 것을 고르십시오.

> 자외선으로부터 눈을 보호하기 위해 선글라스를 쓴다. 그런데 맑고 햇빛이 강한 날에는 자외선 지수가 높지만 흐린 날에는 자외선 지수가 낮다고 생각해서 선글라스를 쓰지 않는 사람이 많다. 그러나 흐린 날에도 구름에 가려지지 않은 태양에서 나온 자외선이 반사되어서 자외선 지수가 높아질 수 있다. 그래서 조금 흐린 날에도 눈 건강을 생각해서 선글라스를 챙기는 것이 좋다.

① 날씨는 자외선 지수에 영향을 미치지 않는다.
② 구름의 양이 적으면 자외선 지수가 높아진다.
③ 햇빛이 강한 날에는 반드시 선글라스를 써야 한다.
④ 눈을 보호하려면 흐린 날에도 선글라스를 써야 한다.

정답 및 해설

01 첨가를 나타내는 '그리고'의 앞 문장에 주목해 보자. 앞 문장에 '한국의 북쪽 지방은 산이 차가운 바람을 막아 주는 위치에 집을 짓는다.'는 내용이 제시되어 있다. 그 후에 '그리고'를 사용해서 '방을 두 줄로 배열했다'는 설명을 추가했다. 그러므로 '방을 두 줄로 배열한 목적'도 '집의 위치 설정의 목적(차가운 바람을 막아 주는 것)'과 비슷하다는 것을 알 수 있다.

정답 ②

02 앞말이 뒷말의 원인과 이유임을 나타내는 '그래서'로 〈보기〉가 시작되는 것에 주목하자. 〈보기〉는 '출산 장려 정책이 시행되고 있다.'는 내용이므로 그 이유인 '한국의 출산율이 낮다.'는 말이 앞에 와야 한다. 또 〈보기〉의 뒤에는 '출산 장려 정책의 예(임산부 무료 검사, 출산 지원금, 산후 도우미 지원 제도)'가 이어지는 것이 자연스러우므로 〈보기〉는 ㉠에 들어가야 한다.

정답 ①

03 인과 관계를 나타내는 '그래서'가 글의 마지막에 나오면 그 뒤에 이어지는 내용이 주제인 경우가 많다. 즉 '조금 흐린 날에도 눈 건강을 생각해서 선글라스를 챙기는 것이 좋다.'가 글의 주제이므로 선택지 ①~④ 중 이와 관련된 내용을 고르면 된다.

정답 ④

4 빈칸 앞뒤에 주목하자

'빈칸에 알맞은 말을 고르는 문제'를 풀 때는 빈칸의 앞뒤에 어떤 내용이 나오는지에 주목해야 한다. 빈칸의 내용은 빈칸 주변의 내용과 관련된 것일 수밖에 없기 때문이다.

호응 표현과 지시어를 알아 둔다면 빈칸에 들어갈 내용을 쉽게 찾을 수 있을 것이다.

● 이런 문제에 적용 ●
· 빈칸에 알맞은 말 고르기

1. 호응 표현

표 현	예
만약 −(으)면[−ㄴ/는다면]	만약 규제를 완화한다면 관련 범죄의 증가로 이어질 것이다.
반드시 − 아/어야 한다	투표를 하러 갈 때에는 반드시 신분증을 가지고 가야 한다.
그리 − 지 않다	올 하반기에도 집값이 떨어질 가능성은 그리 높지 않아 보인다.
마치 − 와/과 같이	기차의 창문 밖으로 보이는 풍경은 마치 한 폭의 그림과 같이 아름답고 평화로웠다.
비록 − 지만[−(으)ㄹ지라도]	비록 실패할지라도 좌절하지 않고 다시 도전하겠다.
과연 −(으)ㄹ까?	과연 그 사람의 말을 믿어도 될까?
차라리 −ㄴ/는 게 낫다	스트레스를 받으면서 운동을 하느니 차라리 안 하는 게 낫다.
어쩌면 −(으)ㄹ지도 모른다	어쩌면 나중에 지금의 선택에 대해서 후회하게 될지도 모른다.
점점 − 고 있다[−아/어지다]	지구의 빙하가 녹아서 해수면이 점점 올라가고 있다.
역시 (예상한 대로) ↔ 오히려 (예상과 다르게)	· 역시 예상한 대로 그 영화는 개봉하자마자 큰 인기를 얻고 있다. · 집값이 떨어질 것이라 생각했지만 오히려 크게 올랐다.

2. 지시어

빈칸 주변에 지시어가 있다면 지시어의 의미를 파악해야 한다. 지시어가 의미하는 것이 빈칸의 내용인 경우가 많기 때문이다. 자주 사용되는 지시어는 아래와 같다.

> 이   이렇게   이런 / 이러한   이처럼 / 이와 같이
> 그   그렇게   그런 / 그러한   그처럼 / 그와 같이

예

> 한국은 빠른 속도로 고령화되고 있으며 평균 수명도 점점 높아지고 있다. 퇴직 후 소득이 없이 지내야 하는 기간이 늘면서 **빈곤 노인층이 증가**하고 있다. 하지만 정부는 **이에 대한** 대책을 마련하지 못하고 있다.
>
> ※ '이에 대한'의 지시어 '이'가 가리키는 것은 앞 문장에 있는 '빈곤 노인층의 증가'이다.

기출 엿보기

01 (   )에 들어갈 가장 알맞은 것을 고르십시오.   60회 19번

> 시각 장애인의 안내견은 주인과 있을 때 행인에게 관심을 두지 않는다. (   ) 안내견이 주인을 남겨 두고 행인에게 다가간다면 이는 주인이 위험에 처해 있다는 뜻이다. 안내견은 주인에게 문제가 발생하면 곧장 주변 사람에게 달려가 도움을 요청하도록 훈련을 받기 때문이다. 안내견이 행인의 주위를 맴돌면 안내견을 따라가 주인의 상태를 확인하고 구조 센터에 연락해야 한다.

① 비록   ② 물론
③ 만약   ④ 과연

풀이 빈칸이 있는 문장의 중간에 '-ㄴ/는다면(다가간다면)'이라는 표현이 있는데 앞뒤 내용을 살펴보았을 때 이 표현과 잘 어울리는 단어는 '만약'이다.

정답 ③

02 (   )에 들어갈 가장 알맞은 것을 고르십시오.

60회 30번

> 깨어져도 파편이 튀지 않는 안전유리는 한 과학자가 실험실 선반에서 떨어진 유리병에 주목하면서 발명되었다. 산산조각 난 다른 유리병과 달리 금이 간 채 형태를 유지하고 있는 유리병이 있었다. 이 병은 안에 담긴 용액이 마르면서 유리 표면에 생긴 막이 유리 조각을 붙잡고 있었다. 이 점에 착안하여 (   ) 안전유리를 제작하게 되었다.

① 파편 조각을 붙인
② 유리에 막을 입힌
③ 유리를 여러 장 겹친
④ 깨지지 않는 재료를 사용한

풀이 빈칸 앞에 '이 점에 착안하여'라는 말이 있는데 '이 점'이 의미하는 것이 무엇인지에 주목해야 한다. 그것은 '이 점' 앞에 나오는 문장에서 찾을 수 있다. 그 문장에는 '유리', '막'과 같은 단어들이 포함되어 있는데 선택지 ①~④ 중 이와 관련된 내용을 고르면 된다.

정답 ②

TEST 연습 문제 • 4. 빈칸 앞뒤에 주목하자

01 ( )에 들어갈 가장 알맞은 것을 고르십시오.

> 일과 삶의 균형을 중시하는 문화가 확산되면서 새롭게 뜨고 있는 사업들이 있다. 바로 학원과 헬스클럽이다. 최근 직장인을 대상으로 하는 음악 학원이나 미술 학원, 작은 규모의 스포츠 시설이 늘고 있다. 퇴근 후에 술 한잔하러 가는 대신 취미 활동을 통해 여가 시간을 제대로 활용하려는 직장인들의 문화가 ( ) 대세가 되고 있기 때문이다.

① 점점　　　　　　　　　　② 그리
③ 마치　　　　　　　　　　④ 반드시

02 ( )에 들어갈 가장 알맞은 것을 고르십시오.

> 한국에서는 나이를 계산하거나 말하는 방법이 좀 복잡한 편이다. 먼저 태어나자마자 1살이 되고 해가 바뀌면 2살이 되는 계산법이 있는데 일상생활에서 나이를 묻는 질문에 대답할 때 보통 이 계산법이 사용된다. 또는 0살로 태어나서 생일 때마다 1살씩 먹는 것으로 계산하는 방법도 있다. 이렇게 계산한 나이를 흔히 '만 나이'라고 하며 공문서를 작성할 때 주로 사용한다. 이런 이유로 한국에서는 나이를 물어보면 '21살인데 만으로는 아직 19살이다.'라는 ( ) 대답이 나오기도 한다.

① 하나로 통일된　　　　　　② 복잡하고 번거로운
③ 만 나이를 선호하는　　　　④ 태어난 해를 기준으로 한

정답 및 해설

01 빈칸 뒤에 '-고 있다'라는 표현이 있는데 이와 잘 어울리는 단어는 '점점'이다.

정답 ①

02 빈칸 앞에 '이런 이유로'라는 말이 나오는데 '이런'이 의미하는 것이 무엇인지에 주목해야 한다. '이런'은 앞에 나온 '한국에서 나이를 계산하는 방법은 복잡하다.'는 문장과 그 뒤에 이어지는 전체적인 내용을 의미하므로 선택지 ①~④ 중 이와 관련된 내용을 고르면 된다.

정답 ②

5 태도를 나타내는 표현에 주목하자

필자의 태도를 나타내는 표현에 주목하면 글의 중심 내용이나 필자의 목적/의도 등을 쉽게 찾을 수 있을 뿐만 아니라 이와 관련된 문제를 푸는 데 도움이 된다.

● 이런 문제에 적용 ●
- 필자의 목적/의도 고르기
- 필자의 태도 고르기
- 중심 내용 고르기

1. 필요성을 강조할 때

표현	예
-아/어야 한다	개인 정보 유출로 인한 피해를 막을 수 있도록 제도를 강화해야 한다.
-(으)ㄹ 필요가 있다	환경을 보호할 수 있도록 제도를 강화할 필요가 있다.
(-에) 못지않게 -는 것이 중요하다	기술 개발 못지않게 그로 인한 부작용을 줄일 수 있는 대책을 마련하는 것이 중요하다.
-이/가 시급하다	청년 실업 문제를 해결할 수 있는 대책 마련이 시급하다.

2. 다른 측면을 강조할 때

표현	예
-(으)ㄴ/는 것만은 아니다 ≒ -만 -(으)ㄴ/는 것은 아니다	• 과학 기술의 발전이 인류에게 긍정적인 영향을 주는 것만은 아니다. ≒ 과학 기술의 발전이 인류에게 긍정적인 영향만 주는 것은 아니다. • 유전자 변형 식품 개발이 부정적인 측면만 있는 것은 아니다.

3. 부정적으로 볼 때

표현	예
-(으)ㄹ지 의문이다	이러한 방안이 환경 오염을 줄이는 데 도움이 될지 의문이다.
-다 보면 -는 수가 있다	부모의 결정만 따르다 보면 아이 혼자서는 아무것도 못하게 되는 수가 있다.

4. 긍정적으로 볼 때

표현	예
–다는 점에서 –(으)ㄹ 것으로 기대된다	정부의 도시 재생 사업은 더 많은 관광객을 유치할 수 있다는 점에서 지역 경제 발전에 도움이 될 것으로 기대된다.
–다는 점에서 고무적인 일이다	저소득층 가정을 위한 교육비 지원은 계층 간 교육 기회의 격차를 해소할 수 있다는 점에서 고무적인 일이다.

⊕ **Plus one**

이런 단어는 부정적인 태도!	우려, 염려, 비판, 지적, 경고
이런 단어는 긍정적인 태도!	인정, 지지

 기출 엿보기

※ [1~2] 다음을 읽고 물음에 답하십시오.   60회 48번, 50번

> 4차 산업은 그 분야가 다양하지만 연구 개발이 핵심 원동력이라는 점에서 공통점을 갖고 있다. 이러한 점을 고려하여 정부는 신성장 산업에 대한 세제 지원을 확대하기로 했다. 미래형 자동차, 바이오 산업 등 신성장 기술에 해당하는 연구를 할 경우 세금을 대폭 낮춰 준다는 점에서 고무적인 일이다. 하지만 현재의 지원 조건이라면 몇몇 대기업에만 유리한 지원이 될 수 있다. 해당 기술을 전담으로 담당하는 연구 부서를 두어야 하고 원천 기술이 국내에 있는 경우에만 지원이 가능하기 때문이다. 혜택이 큰 만큼 일정한 제약을 두려는 정부의 입장을 이해하지 못하는 것은 아니다. 그러나 이번 정책의 목적이 단지 연구 개발 지원에 있는 것이 아니라 연구 개발을 유도하고 독려하고자 하는 것이라면 해당 조건을 완화하거나 단계적으로 적용할 필요가 있다.

01 위 글을 쓴 목적으로 알맞은 것을 고르십시오.

① 투자 정책이 야기할 혼란을 경고하려고
② 세제 지원 조건의 문제점을 지적하려고
③ 연구 개발에 적절한 분야를 소개하려고
④ 신성장 산업 연구의 중요성을 강조하려고

02 밑줄 친 부분에 나타난 필자의 태도로 알맞은 것을 고르십시오.

① 기술 발전이 산업 구조 변화에 미칠 영향을 인정하고 있다.
② 세제 지원의 변화가 투자 감소로 이어질 것을 우려하고 있다.
③ 세금 정책이 연구 개발에 미치는 부정적 영향을 비판하고 있다.
④ 신성장 기술에 대한 세제 지원 정책을 긍정적으로 평가하고 있다.

01
풀이 이 글은 정부의 신성장 산업에 대한 세금 면제 혜택에 관한 내용이며 글을 쓴 목적은 마지막 부분에서 알 수 있다. 마지막 부분에서 필자가 사용한 표현에 주목해 보자. '해당 조건을 완화하거나 단계적으로 적용할 필요가 있다.'라는 문장에서 '-(으)ㄹ 필요가 있다'는 강조 표현을 사용하였다. 따라서 선택지 ①~④ 중 '세제 지원 조건의 개선 필요성'과 관련된 것이 답이 된다.

정답 ②

02
풀이 밑줄 친 부분에서 필자의 태도를 알 수 있는 표현을 찾아보자. 밑줄 친 부분에 '-다는 점에서 고무적인 일이다'라는 긍정적인 태도를 나타내는 표현이 있으므로 선택지 ①~④ 중 '신성장 산업 지원'을 긍정적으로 본 것이 답이 된다.

정답 ④

TEST 연습 문제
5. 태도를 나타내는 표현에 주목하자

※ [1~2] 다음을 읽고 물음에 답하십시오.

'직장 내 괴롭힘 금지법'은 직장에서의 지위를 악용해서 남에게 고통을 주는 행위를 금지하는 법이다. 이 법이 시행된다는 소식에 많은 직장인들이 관심을 보였다. <u>이런 법은 자신의 행동이 괴롭힘에 해당하지 않는지 돌아보는 계기가 된다는 점에서 서로 존중하는 직장 문화를 만드는 데 도움이 될 것으로 기대된다.</u> 그러나 괴롭힘의 기준이 불분명해서 조직 구성원 사이의 새로운 갈등의 원인이 될 수 있다는 의견도 있다. 직장에 소속된 입장에서 괴롭힘을 당해도 신고하기가 쉽지 않으며 체계적인 처벌 규정 없이 각 직장에서 자율적으로 해결해야 하는 사례도 많다는 것이 한계점으로 지적된다. 이 법이 조직 문화 개선에 효과적으로 작용하기 위해서는 이러한 점을 보완할 필요가 있다.

01 위 글을 쓴 목적으로 알맞은 것을 고르십시오.

① 직장 내 괴롭힘 금지법의 보완을 요구하기 위해
② 직장 문화가 개선되어야 하는 이유를 강조하기 위해
③ 직장 내 괴롭힘 금지법 시행에 대해서 예고하기 위해
④ 직장 내 괴롭힘 금지법이 미치는 영향을 설명하기 위해

02 밑줄 친 부분에 나타난 필자의 태도로 알맞은 것을 고르십시오.

① 법의 시행 효과를 긍정적으로 예상하고 있다.
② 괴롭힘을 당하는 사례가 많다는 것에 공감하고 있다.
③ 직장에서 사람들의 행동이 위축될 것을 우려하고 있다.
④ 법의 시행보다는 인식 개선이 필요하다고 주장하고 있다.

정답 및 해설

01 마지막 부분에 필자가 사용한 표현에 주목해 보자. '이러한 점을 보완할 필요가 있다.'라는 문장에서 '-(으)ㄹ 필요가 있다'라는 표현을 사용해 '관련 규정 보완의 필요성'을 강조하고 있으므로 선택지 ①~④ 중 이와 관련된 내용을 고르면 된다.

정답 ①

02 밑줄 친 부분에서 필자의 태도를 알 수 있는 표현을 찾아보자. 밑줄 친 부분에 '-다는 점에서 -(으)ㄹ 것으로 기대된다'라는 긍정적인 태도를 나타내는 표현이 있다. 따라서 '직장 내 괴롭힘 금지법'의 긍정적인 효과와 관련된 내용을 선택지 ①~④ 중 고르면 된다.

정답 ①

6　이유와 목적 표현에 주목하자

이유와 목적을 나타내는 표현들은 글에 매우 자주 나오기 때문에 꼭 알아야 한다. 특히 '일치하는 내용을 고르는 문제'의 정답이 이유나 목적과 관련된 경우가 많다.

> **● 이런 문제에 적용 ●**
> • 일치하는 내용 고르기

1. 이유를 나타내는 표현

표현	예
–아/어서 ≒ 그래서	대학 입시 제도가 자주 <u>바뀌어서</u> 학생들은 시험을 준비할 때 혼란스럽다고 한다. ≒ 대학 입시 제도가 자주 바뀐다. <u>그래서</u> 학생들은 시험을 준비할 때 혼란스럽다고 한다.
–(으)로 인해서 ≒ 이로 인해서	인공지능 기술의 발달<u>로 인해서</u> 미래에는 로봇이 인간의 노동력을 대신할 거라고 전망하는 사람들이 많다. ≒ 인공지능 기술이 발달하고 있다. <u>이로 인해서</u> 미래에는 로봇이 인간의 노동력을 대신할 거라고 전망하는 사람들이 많다.
–기 때문에 ≒ 이 때문에 ≒ –(으)ㄴ/는 이유는 –기 때문이다	지구 온난화로 생태계가 급격히 변하고 <u>있기 때문에</u> 전에 없었던 신종 전염병이 세계 곳곳에 나타나고 있다. ≒ 지구 온난화로 생태계가 급격히 변하고 있다. <u>이 때문에</u> 전에 없었던 신종 전염병이 세계 곳곳에 나타나고 있다. ≒ 전에 없었던 신종 전염병이 세계 곳곳에 <u>나타나고 있는</u> 이유는 지구 온난화로 생태계가 급격히 변하고 <u>있기 때문이다</u>.
–는 까닭에 ≒ 이런 까닭에	매년 대도시의 집값이 폭등하고 <u>있는 까닭에</u> 시민들의 주택 마련은 점점 어려워지고 있다. ≒ 매년 대도시의 집값이 폭등하고 있다. <u>이런 까닭에</u> 시민들의 주택 마련은 점점 어려워지고 있다.

2. 목적을 나타내는 표현

표현	예
-기 위해(서)	기후 변화 문제를 해결하기 위해서 각국은 탄소 배출을 규제하기로 했다.
-고자	국내외 주요 IT 기업의 대표들이 4차 산업 혁명 시대를 이끌 기술 개발 및 협력 방안에 대해서 논의하고자 한자리에 모였다.
-(으)려고	사람들은 건강하게 살려고 운동도 하고 음식도 신경 써서 먹는다.
-도록	화재 발생시, 신속하게 불을 끌 수 있도록 건물 안에 소화기를 반드시 비치해 놓아야 한다.
-게	구급차가 지나갈 수 있게 다른 차들이 길을 비켜 주었다.

기출 엿보기

01 다음 글의 내용과 같은 것을 고르십시오.　　　　　　　　　　　　　60회 11번

> 인주시의 한 고등학교는 올해부터 여름 교복으로 티셔츠와 반바지를 입고 있다. 기존 정장형 교복은 활동할 때 불편하다는 학생들의 의견이 많았기 때문이다. 몸이 편해지니 학생들은 다양한 활동에 적극적으로 참여하기 시작했고 공부에도 더 집중할 수 있어서 학습 효율이 올라갔다. 새 교복은 기존 교복보다 가격이 저렴해서 학부모에게도 인기다.

① 학부모들은 정장형 교복을 더 좋아한다.
② 새 교복은 정장형 교복보다 가격이 비싸다.
③ 기존 교복에 비해 새 교복은 활동할 때 불편하다.
④ 학교는 학생들의 의견을 받아들여서 교복을 바꿨다.

풀이 이유나 목적을 나타내는 표현이 정답과 관련된 경우가 많다. 이 지문에서는 이유를 나타내는 표현 '-기 때문이다'를 사용한 '학생들의 의견이 많았기 때문이다'라는 내용에 주목해 보자. 선택지 ①~④ 중 이와 관련된 내용을 고르면 된다.

정답 ④

02 다음을 읽고 내용이 같은 것을 고르십시오.　　　　　　　　　　　60회 34번

> 19세기 중반까지는 태양의 위치를 기준으로 시간을 정해서 지역마다 시간이 달랐다. 이는 철도 이용이 활발해지면서 문제가 되었다. 철도 회사는 본사가 있는 지역의 시간을 기준으로 열차를 운행했다. 그래서 승객은 다른 지역에서 온 열차를 탈 때마다 자기 지역의 시간과 열차 시간이 달라 불편을 겪었다. 이를 해결하고자 캐나다의 한 철도 기사가 지구의 경도를 기준으로 하는 표준시를 제안하였고 이것이 현재의 표준시가 되었다.

① 표준시 도입의 필요성은 철도 분야에서 제기되었다.
② 예전에는 철도 회사가 지역의 기준 시간을 결정했다.
③ 캐나다에서는 19세기 이전부터 표준시를 사용해 왔다.
④ 철도 승객들은 표준시의 적용으로 불편을 겪게 되었다.

풀이 이유나 목적을 나타내는 표현이 정답과 관련된 경우가 많다. 이 지문에는 목적을 나타내는 표현 '-고자'를 사용한 '이를 해결하고자'라는 내용이 나오고 그 다음에 '철도 기사가 지구의 경도를 기준으로 하는 표준시를 제안하였고'라는 내용이 이어진다. 선택지 ①~④ 중 이와 관련된 내용을 고르면 된다.

정답 ①

TEST 연습 문제

6. 이유와 목적 표현에 주목하자

01 다음을 읽고 내용이 같은 것을 고르십시오.

> 수족구병이란 손, 발, 입 안에 수포성 발진이 발생하는 질환으로 주로 0~6세의 소아들에게 나타난다. 수족구병은 장 바이러스로 인해 발생하며 침, 체액 또는 배설물의 직접 접촉에 의해 감염된다. 열, 감기, 식욕 부진 등의 증상이 함께 나타날 수 있고 보통 자연적으로 회복되나 드물게 뇌막염 등의 합병증이 발생할 수도 있다. 전염성이 커서 아이가 수족구병에 걸리면 어린이집이나 유치원에 보내지 말고 외출을 자제시켜야 한다. 그리고 아이의 기저귀를 간 후에는 최소 30초 이상 손을 씻는 것이 좋다.

① 열, 감기, 뇌막염이 수족구병의 주요 증상이다.
② 수족구병은 청소년 및 성인에게 주로 발생하는 질환이다.
③ 수족구병은 장 바이러스에 의해서 생기며 전염성 질환이다.
④ 수족구병에 걸린 아이를 어린이집이나 유치원에 맡겨도 된다.

02 다음을 읽고 내용이 같은 것을 고르십시오.

> 매년 4월 22일은 세계적인 환경 기념일인 지구의 날이다. 지구의 날 행사는 1970년 4월 22일, 환경 오염의 심각성을 널리 알리고 지구 환경을 보호하고자 미국에서 처음 개최되었다. 이렇게 미국에서 시작된 지구의 날은 이제 세계적인 행사가 되어서 많은 나라들이 매년 이날을 기념하고 있다. 한국에서도 지구의 날이 되면 전시회, 콘서트, 토론회 등 지구의 소중함을 알리고 환경 문제에 대한 관심을 높이기 위한 다채로운 행사를 벌이고 있는데 그 중에서도 가장 중요한 행사는 22일 저녁 8시부터 10분 간 불을 끄는 것이다. 이 소등 행사는 뜨거운 지구에게 잠시 쉬는 시간을 선물한다는 의미가 있다.

① 한국에서 가장 중요한 지구의 날 행사는 지구 콘서트이다.
② 지구의 날은 전쟁과 폭력 행위를 중단하고 지구의 평화를 실천하는 날이다.
③ 지구 환경을 지키기 위한 목적으로 지구의 날 행사가 미국에서 처음 시작되었다.
④ 세계 여러 나라들이 참여한 가운데 1970년 4월 22일에 지구의 날 행사가 열렸다.

─ 정답 및 해설 ─

01 이 지문에서는 이유를 나타내는 표현에 주목해 보자. 이유 표현 '–아/어서'를 사용한 '장 바이러스로 인해서'와 '전염성이 커서'라는 내용이 있다. 선택지 ①~④ 중 이와 관련된 내용을 고르면 된다.

정답 ③

02 이 지문에서는 목적을 나타내는 표현에 주목해 보자. 목적 표현 '–고자'를 사용한 '지구 환경을 보호하고자'라는 내용이 있다. 선택지 ①~④ 중 이와 관련된 내용을 고르면 된다.

정답 ③

7 유사 문법과 유사 어휘: 바꿔 쓸 수 있는 표현을 알아 두자

바꿔 쓸 수 있는 문법이나 어휘를 알아 두는 것은 거의 모든 유형의 읽기 문제를 풀 때 사용할 수 있는 아주 유용한 전략이다.

1. 유사 문법

'의미가 비슷한 말을 고르는 문제'를 풀기 위해서는 비슷한 의미를 가진 다양한 문법을 알아 두는 것이 좋다. 지금까지 시험에 나온 '기출 문법'과 앞으로 시험에 나올 가능성이 있는 '출제 예상 문법'을 알아 두자.

● 이런 문제에 적용 ●
- 의미가 비슷한 말 고르기

(1) 필수 기출 문법 10

① **목적**: V-기 위해(서)

예 한국어를 더 잘하기 위해서 매일 한국어로 된 신문 기사를 읽고 있어요.

유사 문법	예
V-(으)려고	한국어를 더 잘하려고 매일 한국어로 된 신문 기사를 읽고 있어요.
V-고자	한국어를 더 잘하고자 매일 한국어로 된 신문 기사를 읽고 있어요.
V-도록	한국어를 더 잘할 수 있도록 매일 한국어로 된 신문 기사를 읽고 있어요.
V-게(끔)	한국어를 더 잘하게끔 매일 한국어로 된 신문 기사를 읽고 있어요.

② **원인**: V-는 바람에

예 태풍이 오는 바람에 비행기가 결항됐어요.

유사 문법	예
A/V-(으)ㄴ/는 탓에	태풍이 오는 탓에 비행기가 결항됐어요.
A/V-(으)ㄴ/는 통에	태풍이 오는 통에 비행기가 결항됐어요.
A/V-아/어 가지고	태풍이 와 가지고 비행기가 결항됐어요.

예 오는 길에 뭐를 좀 사는 바람에 늦었어요.

유사 문법	예
V-느라고	오는 길에 뭐를 좀 사느라고 늦었어요.
V-다가	오는 길에 뭐를 좀 사다가 늦었어요.

③ **추측**: A/V-(으)ㄴ/는 것 같다

예 요즘 취직하는 게 쉽지 않은 것 같아요.

유사 문법	예
A-(으)ㄴ가/V-나 보다	요즘 취직하는 게 쉽지 않은가 봐요.
A/V-(으)ㄴ/는 모양이다	요즘 취직하는 게 쉽지 않은 모양이에요.
A/V-(으)ㄴ/는 듯하다	요즘 취직하는 게 쉽지 않은 듯해요.

④ **정도**: A/V-(으)ㄹ 정도로

예 배가 터질 정도로 많이 먹었는데 아직도 배가 고파요.

유사 문법	예
A/V-(으)ㄹ 만큼	배가 터질 만큼 많이 먹었는데 아직도 배가 고파요.
A/V-도록	배가 터지도록 많이 먹었는데 아직도 배가 고파요.

정도: A/V-(으)ㄹ 정도이다

예 네가 너무 보고 싶어서 미칠 정도이다.

유사 문법	예
A/V-(으)ㄹ 지경이다	네가 너무 보고 싶어서 미칠 지경이다.

⑤ **결과**: A/V-(으)ㄴ/는 셈이다

예 강팀과 싸워서 비겼으니까 이 정도면 이긴 셈이에요.

유사 문법	예
(거의) A/V-(으)ㄴ/는 거나 마찬가지이다	강팀과 싸워서 비겼으니까 이 정도면 이긴 거나 마찬가지예요.

연습 문제

※ 밑줄 친 부분과 의미가 가장 비슷한 것을 고르십시오.

01 축구장에 가서 목이 <u>터지도록</u> 열심히 응원했다.

① 터질 만큼　　　　　　　　　② 터져 가지고

02 아이들이 <u>떠드는 바람에</u> 안내 방송을 제대로 못 들었다.

① 떠들 정도로　　　　　　　　　② 떠드는 통에

03 요즘은 전자책을 이용해서 책을 읽는 사람도 <u>많은 것 같다</u>.

① 많은 셈이다　　　　　　　　　② 많은 모양이다

04 졸업 전에 경험을 <u>쌓기 위해서</u> 회사에서 아르바이트를 했다.

① 쌓고자　　　　　　　　　　　② 쌓은 탓에

05 이번 주에 8만 원을 썼으니까 하루에 만 원 이상 <u>쓴 셈이다</u>.

① 쓸 지경이다　　　　　　　　　② 쓴 거나 마찬가지이다

> **정답**
> 01 ①　02 ②　03 ②　04 ①　05 ②

⑥ **조건**: V-기에 달려 있다

　예 공부는 자기가 <u>하기에 달려 있다</u>.

유사 문법	예
A-(으)냐/V-느냐에 달려 있다	공부는 자기가 <u>어떻게 하느냐에 달려 있다</u>.
V-기 나름이다	공부는 자기가 <u>하기 나름이다</u>.

⑦ **조건**: A/V-기만 하면

　예 제가 등산을 <u>가기만 하면</u> 항상 비가 와요.

유사 문법	예
A/V-(으)ㄹ 때마다	제가 등산을 <u>갈 때마다</u> 비가 와요.

⑧ **거짓으로 꾸민 상태**: A/V-(으)ㄴ/는 척하다

　예 그 모임에 참석하기 싫어서 <u>바쁜 척했어요</u>.

유사 문법	예
A/V-(으)ㄴ/는 체하다	그 모임에 참석하기 싫어서 <u>바쁜 체했어요</u>.

⑨ **강조**: N일 뿐이다

예 나이는 숫자일 뿐이에요.

유사 문법	예
N에 불과하다	나이는 단지 숫자에 불과해요.

강조: A/V-(으)ㄹ 뿐이다

예 주어진 일에 최선을 다할 뿐이에요.

유사 문법	예
A/V-(으)ㄹ 따름이다	주어진 일에 최선을 다할 따름이에요.

⑩ **소용없음**: A/V-아/어 봤자

예 너무 늦었어요. 지금은 가 봤자 소용없어요.

유사 문법	예
A-다고 해도, V-ㄴ/는다고 해도	너무 늦었어요. 지금은 간다고 해도 소용없어요.
A/V-더라도	너무 늦었어요. 지금은 가더라도 소용없어요.
A/V-(으)나 마나	너무 늦었어요. 지금은 가나 마나 소용없어요.

연습 문제

※ 밑줄 친 부분과 의미가 가장 비슷한 것을 고르십시오.

01 모든 일은 자기가 생각하기에 달려 있다.

① 생각할 뿐이다　　　　　　② 생각하기 나름이다

02 오빠한테 부탁해 봤자 도와주지 않을 것이다.

① 부탁하려고　　　　　　② 부탁해 보나마나

03 동생이 자꾸 놀아 달라고 해서 자는 척했다.

① 자는 체했다　　　　　　② 자는 듯했다

04 친구는 나를 만나기만 하면 같이 농구를 하자고 한다.

① 만나더라도　　　　　　② 만날 때마다

05 학기가 끝나서 같은 반 친구들과 헤어지는 것이 <u>아쉬울 뿐이다.</u>

① 아쉬울 따름이다   ② 아쉬운 모양이다

정답
01 ②　02 ②　03 ①　04 ②　05 ①

(2) 출제 예상 유사 문법 20

① 당연함

유사 문법	예
A/V-기/게 마련이다	모든 일에는 양면이 <u>있기 마련이에요</u>.
A-(으)ㄴ/V-는 법이다	모든 일에는 양면이 <u>있는 법이에요</u>.

② 원인, 이유

유사 문법	예
A/V-길래	<u>세일을 하길래</u> 구두를 충동구매 해 버렸다.
A-(으)ㄴ/V-는 것을 보고	<u>세일하는 것을 보고</u> 구두를 충동구매 해 버렸다.

③ 비교, 선택

유사 문법	예
V-느니 (차라리)	그 사람과 함께 <u>일하느니 차라리</u> 혼자 일하는 편을 택하겠어요.
V-는 대신에	그 사람과 함께 <u>일하는 대신에</u> 혼자 일하는 편을 택하겠어요.
V-는 것보다	그 사람과 함께 <u>일하는 것보다</u> 혼자 일하는 편을 택하겠어요.

④ 선택

유사 문법	예
A/V-든지 A/V-든지	배달 음식을 <u>시키든지</u> 빨리 외식하러 <u>나가든지</u> 합시다.
A/V-거나 A/V-거나	배달 음식을 <u>시키거나</u> 빨리 외식하러 <u>나가거나</u> 합시다.

⑤ **조건**

유사 문법	예
V-다 보면	꾸준히 노력하다 보면 성공할 수 있어요.
V-는 한	꾸준히 노력하는 한 성공할 수 있어요.

연습 문제

※ 밑줄 친 부분과 의미가 가장 비슷한 것을 고르십시오.

01 계속 도전하는 한 기회를 잡을 수 있을 것이다.

① 도전해서는　　　　　　　　　② 도전하다 보면

02 급하다고 서두르면 실수하는 법이다.

① 실수할 지경이다　　　　　　　② 실수하기 마련이다

03 친구의 표정이 안 좋길래 무슨 일이 있냐고 물었다.

① 안 좋다고 해도　　　　　　　② 안 좋은 것을 보고

04 궁금한 것이 있으면 전화하든지 이메일을 보내든지 하세요.

① 전화할까 이메일을 보낼까　　② 전화하거나 이메일을 보내거나

05 적성에 안 맞는 공부를 하는 대신 다시 대학 입학 시험을 보겠다.

① 하느니　　　　　　　　　　　② 하도록

정답

01 ②　02 ②　03 ②　04 ②　05 ①

⑥ **이미 알고 있는 것과 같음**

유사 문법	예
V-다시피	보시다시피 해마다 관광객이 증가하고 있습니다.
V-는 것과 같이	보시는 것과 같이 해마다 관광객이 증가하고 있습니다.
V-는 바와 같이	보시는 바와 같이 해마다 관광객이 증가하고 있습니다.

⑦ **변화**

유사 문법	예
A/V-더니	한국어를 배우는 게 처음에는 쉽더니 시간이 지날수록 어려워졌어요.
A/V-았/었는데	한국어를 배우는 게 처음에는 쉬웠는데 시간이 지날수록 어려워졌어요.

⑧ **원인**

유사 문법	예
V-더니	제 친구는 취직 준비를 열심히 하더니 결국 원하는 회사에 입사했어요.
V-아/어서	제 친구는 취직 준비를 열심히 해서 결국 원하는 회사에 입사했어요.

⑨ **추가**

유사 문법	예
A/V-(으)ㄴ/는 데다가	그 식당은 음식이 맛있는 데다가 가격도 저렴해요.
A/V-(으)ㄹ 뿐만 아니라	그 식당은 음식이 맛있을 뿐만 아니라 가격도 저렴해요.
A/V-(으)ㄹ뿐더러	그 식당은 음식이 맛있을뿐더러 가격도 저렴해요.

⑩ 반대

유사 문법	예
A/V-(으)ㄴ/는 반면에	도시 개발로 얻는 이익이 <u>있는 반면에</u> 문제점도 있다.
A/V-(으)나	도시 개발로 얻는 이익이 <u>있으나</u> 문제점도 있다.
A-(으)ㄴ/V-는가 하면	도시 개발로 얻는 이익이 <u>있는가 하면</u> 문제점도 있다.

연습 문제

※ 밑줄 친 부분과 의미가 가장 비슷한 것을 고르십시오.

01 그 가수는 가창력이 <u>뛰어난 데다가</u> 춤도 잘 춘다.

① 뛰어날뿐더러   ② 뛰어나 가지고

02 남편이 며칠 동안 야근을 <u>하더니</u> 병이 나고 말았다.

① 해서   ② 하는 한

03 지난주까지는 <u>따뜻했는데</u> 이번 주에 갑자기 추워졌다.

① 따뜻하더니   ② 따뜻할 뿐만 아니라

04 <u>아시다시피</u> 요즘은 온라인으로 물건을 구입하는 소비자가 많습니다.

① 알기만 하면   ② 아시는 바와 같이

05 어떤 전문가들은 내년에 경제가 회복될 것이라고 <u>전망하는 반면</u> 어떤 전문가들은 불황이 계속될 것이라고 전망한다.

① 전망하나 마나   ② 전망하는가 하면

정답

01 ①   02 ①   03 ①   04 ②   05 ②

⑪ 강조하여 부정

유사 문법	예
N은/는커녕	일이 많아서 친구들은커녕 가족들 얼굴을 볼 시간도 없다.
N은/는 말할 것도 없고	일이 많아서 친구들은 말할 것도 없고 가족들 얼굴을 볼 시간도 없다.

⑫ 계획, 의도

유사 문법	예
V-(으)려던 참이다	그렇지 않아도 연락하려던 참이었어요.
막 V-(으)려고 하다	그렇지 않아도 막 연락하려고 했어요.

⑬ 의도를 가정함

유사 문법	예
V-(으)려면	한글에 대해 알아보려면 한글 박물관에 가 보세요.
V-고 싶으면	한글에 대해 알아보고 싶으면 한글 박물관에 가 보세요.
V-(으)려거든	한글에 대해 알아보려거든 한글 박물관에 가 보세요.

⑭ 아쉬움, 후회

유사 문법	예
V-(으)ㄹ걸 (그랬다)	조금 더 신중하게 결정할걸 (그랬어).
V-았/었어야 했는데	조금 더 신중하게 결정했어야 했는데.
V-았/었으면 좋았을 텐데	조금 더 신중하게 결정했으면 좋았을 텐데.

⑮ 걱정, 추측

유사 문법	예
A/V-(으)ㄹ까 봐(서)	오후에 비가 올까 봐서 우산을 가지고 왔어요.
A/V-(으)ㄹ 것 같아서	오후에 비가 올 것 같아서 우산을 가지고 왔어요.

연습 문제

※ 밑줄 친 부분과 의미가 가장 비슷한 것을 고르십시오.

01 시간이 없어서 <u>예습은커녕</u> 숙제도 다 못한 적이 많다.

① 예습을 하는 대신에 ② 예습은 말할 것도 없고

02 식사하러 <u>나가려던 참이었어요</u>.

① 나가려고 했어요 ② 나갈 걸 그랬어요

03 이동 시간을 <u>줄이려거든</u> 비행기를 타고 가세요.

① 줄이려면 ② 줄이다 보면

04 박물관 이용 시간을 <u>확인하고 왔어야 했는데</u>.

① 확인하고 올걸 ② 확인하고 왔나 봐

05 주말이라 길이 <u>막힐까 봐</u> 일찍 출발했다.

① 막히는 통에 ② 막힐 것 같아서

정답

01 ② 02 ① 03 ① 04 ① 05 ②

⑯ **확신**

유사 문법	예
A/V-(으)ㄹ 리가 없다	그 사람이 약속을 <u>잊어버릴 리가 없어요</u>.
A/V-(으)ㄹ N이/가 아니다	그 사람은 약속을 <u>잊어버릴 사람이 아니에요</u>.

⑰ **선택**

유사 문법	예
V-(으)ㄹ지 V-(으)ㄹ지	졸업하면 취직을 <u>할지</u> 대학원에 <u>진학할지</u> 고민 중이다.
V-(으)ㄹ까 V-(으)ㄹ까	졸업하면 취직을 <u>할까</u> 대학원에 <u>진학할까</u> 고민 중이다.

⑱ 예상

유사 문법	예
A/V-(으)ㄹ 줄 알다	일찍 가지 않아도 도서관에 빈자리가 있을 줄 알았다.
A/V-(으)ㄹ 거라고 생각하다	일찍 가지 않아도 도서관에 빈자리가 있을 거라고 생각했다.
A/V-(으)려니 생각하다	일찍 가지 않아도 도서관에 빈자리가 있으려니 생각했다.

⑲ 필수 조건

유사 문법	예
A/V-지 않으면 안 되다	마라톤 대회에 참가하려면 오늘까지 신청하지 않으면 안 된다.
A/V-아/어야 되다/하다	마라톤 대회에 참가하려면 오늘까지 신청해야 된다.

⑳ 직후의 행동 1

유사 문법	예
V-자마자	공항에 도착하자마자 전화할게요.
V-는 대로	공항에 도착하는 대로 전화할게요.

직후의 행동 2

유사 문법	예
V-자마자	시험이 끝나자마자 학생들이 교실 밖으로 나갔다.
V-기가 무섭게	시험이 끝나기가 무섭게 학생들이 교실 밖으로 나갔다.

연습 문제

※ 밑줄 친 부분과 의미가 가장 비슷한 것을 고르십시오.

01 사장님이 우리에게 거짓말을 할 리가 없다.

① 거짓말을 하기 마련이다　　　　② 거짓말을 할 사람이 아니다

02 내가 유학을 가겠다고 하면 부모님이 반대하실 줄 알았다.

① 반대하시려던 참이었다　　　　② 반대하실 거라고 생각했다

03 태풍이 온다고 해서 여행을 갈지 예약을 취소할지 생각 중이다.

① 여행을 갈까 예약을 취소할까　　② 여행을 가거나 예약을 취소하거나

04 토론을 잘하기 위해서는 상대방의 말에 집중하지 않으면 안 된다.

① 집중해야 한다　　② 집중할 따름이다

05 대학교를 졸업하자마자 회사를 차릴 거예요.

① 졸업하더니　　② 졸업하는 대로

정답

01 ②　02 ②　03 ①　04 ①　05 ②

기출 엿보기

01 다음 밑줄 친 부분과 의미가 비슷한 것을 고르십시오.　　60회 3번

동생은 차를 <u>타기만 하면</u> 멀미를 한다.

① 탈 만해서　　② 타는 탓에
③ 탈 때마다　　④ 타는 동안

풀이 '–기만 하면'의 의미는 '어떤 상황이 생기거나 혹은 어떤 행동을 한다면 (항상 그렇다)'이다. 이것과 비슷한 문법은 선택지 ③의 '-(으)ㄹ 때마다'이다.

정답 ③

2. 유사 어휘

지문의 내용은 '유사한 표현'으로 바꾼 후 선택지 ①~④로 제시하는 경우가 많다. 따라서 '비슷한 의미'를 가진 다양한 어휘를 알아 두면 '일치하는 내용을 고르는 문제', '신문 기사 제목을 읽고 중심 내용을 고르는 문제', '문장이 들어갈 위치를 고르는 문제' 등 거의 모든 읽기 문제를 풀 때 도움이 된다.

이런 문제에 적용
- 일치하는 내용 고르기
- 신문 기사 제목 읽고 중심 내용 고르기
- 문장이 들어갈 위치 고르기
- 필자의 의도/목적 고르기

⊕ Plus one

이렇게 바꿀 수 있어요!

유 형	지문의 내용	선택지
의미를 설명하는 표현으로 바꾼 것	항균 물질	세균에 저항할 수 있는 물질
고유어를 한자어로 바꾼 것	출산율이 떨어지다	출산율이 하락(下落)하다
비슷한 표현으로 바꾼 것	순수 문학이 사라지다	순수 문학이 위기를 맞다

(1) 비슷한 동사 40

◉ **한눈에 보기**　　　　　　　　　　　　　　　→ '한·영·중 미니 사전' 5~6쪽

- ☑ 감소하다 ≒ 적어지다, 줄어들다
- ☐ 개최되다 ≒ 열리다
- ☐ 겪다 ≒ 경험하다
- ☐ 관람하다 ≒ 감상하다, 즐기다
- ☐ 기원하다 ≒ 바라다
- ☐ 노력하다 ≒ 애를 쓰다
- ☐ 담당하다 ≒ 맡다
- ☐ 마련하다 ≒ 창출하다, 만들다
- ☐ 모색하다 ≒ 찾아보다
- ☐ 반복하다 ≒ 되풀이하다
- ☐ 발생하다 ≒ 생기다, 일어나다
- ☐ 방지하다 ≒ 막다, 예방하다
- ☐ 배려하다 ≒ (남의 입장을) 생각하다
- ☐ 비롯되다 ≒ 시작되다
- ☐ 사라지다 ≒ 없어지다, 멸종되다
- ☐ 상승하다 ≒ 오르다, 올라가다
- ☐ 선호하다 ≒ 더 좋아하다
- ☐ 시행하다 ≒ 실시하다, 실제로 행하다
- ☐ 신뢰하다 ≒ 믿다
- ☐ 실현하다 ≒ 이루다

- ☐ 악화되다 ≒ 나빠지다
- ☐ 염려하다 ≒ 걱정하다
- ☐ 운영하다 ≒ 경영하다
- ☐ 인내하다 ≒ 참다, 견디다
- ☐ 인상되다 ≒ (값이) 오르다
- ☐ 인하되다 ≒ (값이) 내리다
- ☐ 장식하다 ≒ 꾸미다
- ☐ 절약하다 ≒ 아끼다
- ☐ 제공하다 ≒ 주다
- ☐ 제안하다 ≒ 의견을 내놓다
- ☐ 제외하다 ≒ 빼다
- ☐ 제출하다 ≒ 내다
- ☐ 주도하다 ≒ 이끌다
- ☐ 증가하다 ≒ 많아지다, 늘어나다
- ☐ 지출하다 ≒ 들다, 쓰다
- ☐ 집중하다 ≒ 몰두하다
- ☐ 하락하다 ≒ 내리다, 내려가다, 떨어지다
- ☐ 해결하다 ≒ 풀다, 해소하다
- ☐ 향상되다 ≒ 좋아지다
- ☐ 휴식을 취하다 ≒ 쉬다

① **감소하다 ≒ 적어지다, 줄어들다** to decrease / 减少
   예 흡연 인구가 점차 <u>감소하고</u> 있다.
   → 남성 흡연자의 수가 <u>줄어들고</u> 있으며 여성 흡연자의 수도 <u>적어지고</u> 있다.

② **개최되다 ≒ 열리다** to be held, to be hosted / 举办
   예 10월에는 부산에서 영화제가 <u>개최된다</u>.
   → 10월에는 부산에서 영화제가 <u>열린다</u>.

③ **겪다 ≒ 경험하다** to experience / 经历
   예 자신이 살면서 <u>겪은</u> 일들이 소설의 소재가 되는 경우가 있다.
   → 자신이 살면서 <u>경험한</u> 일들이 소설의 소재가 되는 경우가 있다.

④ **관람하다 ≒ 감상하다, 즐기다** to watch / 观看, 参观
   예 이곳에서 전시회와 음악회를 <u>관람할</u> 수 있다.
   → 이곳에서 그림도 <u>감상할</u> 수 있고 음악도 <u>즐길</u> 수 있다.

⑤ **기원하다 ≒ 바라다** to wish / 祈愿, 希望
   예 가족들의 건강과 행복을 <u>기원하는</u> 기도를 했다.
   → 가족들의 건강과 행복을 <u>바라는</u> 기도를 했다.

⑥ **노력하다 ≒ 애를 쓰다** to try, to strive / 努力
   예 그는 국가 대표로 선발되기 위해 누구보다 <u>노력했다</u>.
   → 그는 국가 대표로 선발되기 위해 누구보다 <u>애를 썼다</u>.

⑦ **담당하다 ≒ 맡다** to be in charge / 担当, 担任, 负责
   예 이번 회의에서 통역을 <u>담당해</u> 유창한 한국어 실력을 보였다.
   → 이번 회의에서 통역을 <u>맡아</u> 유창한 한국어 실력을 보였다.

⑧ **마련하다 ≒ 창출하다, 만들다** to establish / 提供
   예 지역 경제 활성화를 위해 총 1,800개의 일자리를 <u>마련하겠다고</u> 밝혔다.
   → 지역 경제 활성화를 위해 총 1,800개의 일자리를 <u>창출하겠다고</u> 밝혔다.

⑨ **모색하다 ≒ 찾아보다** to seek / 探索, 寻找, 谋求
   예 저출산 문제를 해결할 수 있는 방법을 <u>모색해야</u> 한다.
   → 저출산 문제를 해결할 수 있는 방법을 <u>찾아봐야</u> 한다.

⑩ **반복하다 ≒ 되풀이하다** to repeat / 反复
   예 같은 실수를 <u>반복하지</u> 않는 것이 중요하다.
   → 같은 실수를 <u>되풀이하지</u> 않는 것이 중요하다.

⑪ **발생하다** ≒ **생기다, 일어나다** to occur / 发生
  예 등산객들의 부주의로 여러 가지 문제가 발생하기도 한다.
    → 등산객들의 부주의로 사고가 생기기도 하고 화재가 일어나기도 한다.

⑫ **방지하다** ≒ **막다, 예방하다** to prevent / 防止
  예 태풍 피해를 방지하기 위해서 철저한 대비가 필요하다.
    → 태풍으로 인한 피해를 막을 수 있도록 철저히 대비해야 한다.

⑬ **배려하다** ≒ **(남의 입장을) 생각하다** to consider / 照顾, 关怀
  예 한국어가 서투른 외국인 노동자들을 배려해 외국어 안내문을 배부했다.
    → 한국어가 서투른 외국인 노동자들을 생각해 외국어 안내문을 배부했다.

⑭ **비롯되다** ≒ **시작되다** to originate / 来源于, 始于
  예 사소한 의견 차이에서 비롯된 갈등이 큰 싸움으로 번졌다.
    → 사소한 의견 차이에서 시작된 갈등이 큰 싸움으로 번졌다.

⑮ **사라지다** ≒ **없어지다, 멸종되다** to vanish / 消失
  예 지구 온난화의 영향으로 사라지고 있는 동물이 많다.
    → 지구 온난화로 많은 동물이 멸종되고 있다.

⑯ **상승하다** ≒ **오르다, 올라가다** to rise / 上升
  예 내일부터 기온이 크게 상승할 것으로 보인다.
    → 내일부터는 기온이 올라 낮 최고 기온이 34도까지 올라갈 것으로 보인다.

⑰ **선호하다** ≒ **더 좋아하다** to prefer / 更加喜欢, 偏爱
  예 조사 결과 연봉이 높은 직업보다 안정적인 직업을 선호하는 것으로 나타났다.
    → 조사 결과 연봉이 높은 직업보다 안정적인 직업을 더 좋아하는 것으로 나타났다.

⑱ **시행하다** ≒ **실시하다, 실제로 행하다** to enforce / 实施, 施行
  예 정부는 환경 보호를 위한 새로운 정책을 시행한다고 밝혔다.
    → 정부는 환경 보호를 위한 새로운 정책을 실시한다고 밝혔다.

⑲ **신뢰하다** ≒ **믿다** to trust / 信赖
  예 국민들이 신뢰할 수 있는 정치인이 되도록 노력하겠습니다.
    → 국민들이 믿을 수 있는 정치인이 되도록 노력하겠습니다.

⑳ **실현하다** ≒ **이루다** to realize / 实现
  예 성악가라는 꿈을 실현하기 위해 유럽으로 떠났다.
    → 성악가라는 꿈을 이루기 위해 유럽으로 떠났다.

㉑ **악화되다** ≒ **나빠지다** to worsen / 恶化
  예 건강이 악화되어 결국 회사를 그만두게 되었다.
    → 건강이 나빠져서 결국 회사를 그만두게 되었다.

㉒ **염려하다** ≒ **걱정하다** to be concerned / 担心, 担忧
  예 어머니는 내가 옷을 얇게 입어서 감기에 걸리지 않을까 염려하셨다.
    → 어머니는 내가 옷을 얇게 입어서 감기에 걸리지 않을까 걱정하셨다.

㉓ **운영하다** ≒ **경영하다** to manage / 运营
  예 회사를 운영하다 보면 중요한 결정을 해야 할 때가 많다.
    → 회사를 경영하다 보면 중요한 결정을 해야 할 때가 많다.

㉔ **인내하다** ≒ **참다, 견디다** to endure / 忍耐
  예 그는 힘든 훈련을 인내한 끝에 올림픽에서 금메달을 땄다.
    → 그는 힘든 훈련을 참고 견딘 끝에 올림픽에서 금메달을 땄다.

㉕ **인상되다** ≒ **(값이) 오르다** to be raised / 上调
  예 다음 달부터 공공요금이 인상된다는 뉴스를 들었다.
    → 다음 달부터 공공요금이 오른다는 뉴스를 들었다.

㉖ **인하되다** ≒ **(값이) 내리다** to be reduced / 下调
  예 최근 물가가 인하되어 서민들의 부담이 줄게 되었다.
    → 최근 물가가 내려 서민들의 부담이 줄게 되었다.

㉗ **장식하다** ≒ **꾸미다** to decorate / 装饰
  예 혼자 살게 되면 내 취향대로 집을 장식하고 싶다.
    → 혼자 살게 되면 내 취향대로 집을 꾸미고 싶다.

㉘ **절약하다** ≒ **아끼다** to save / 节约, 节省
  예 숙소를 예약하고 여행을 가면 시간과 돈을 절약할 수 있다.
    → 숙소를 예약하고 여행을 가면 시간과 돈을 아낄 수 있다.

㉙ **제공하다** ≒ **주다** to provide / 提供
  예 행사 참석자 전원에게는 기념품과 점심을 제공한다.
    → 행사 참석자 전원에게는 기념품과 점심을 준다.

㉚ **제안하다** ≒ **의견을 내놓다** to suggest / 建议
  예 양국의 무역 분쟁을 해결하기 위해 회담을 하자고 제안했다.
    → 양국의 무역 분쟁을 해결하기 위해 회담을 하자는 의견을 내놓았다.

㉛ **제외하다** ≒ **빼다** to exclude / 排除, 除外
   예 내일부터 제주도를 제외한 전국 대부분의 지역이 태풍의 영향권에 들 것으로 보인다.
   → 내일부터 제주도를 뺀 전국 대부분의 지역이 태풍의 영향권에 들 것으로 보인다.

㉜ **제출하다** ≒ **내다** to submit / 提交
   예 출장 보고서를 이번 주까지 작성해서 제출하도록 하세요.
   → 출장 보고서를 이번 주까지 작성해서 내도록 하세요.

㉝ **주도하다** ≒ **이끌다** to lead / 引领, 主导
   예 반도체 산업은 한국의 경제 성장을 주도하고 있다.
   → 반도체 산업은 한국의 경제 성장을 이끌고 있다.

㉞ **증가하다** ≒ **많아지다, 늘어나다** to increase / 增加
   예 정부의 노력에도 불구하고 청년 실업 인구가 계속 증가하고 있다.
   → 정부의 노력에도 불구하고 청년 실업 인구가 계속 늘고 있다.

㉟ **지출하다** ≒ **들다, 쓰다** to spend money / 支出
   예 얼마 전에 사무실을 이전했는데 이사 비용으로 50만 원 정도 지출했다.
   → 얼마 전에 사무실을 이전했는데 이사 비용으로 50만 원 정도 들었다.

㊱ **집중하다** ≒ **몰두하다** to concentrate / 集中, 埋头
   예 어떤 일에 집중하다 보면 다른 사람이 불러도 못 들을 때가 있다.
   → 어떤 일에 몰두하다 보면 다른 사람이 불러도 못 들을 때가 있다.

㊲ **하락하다** ≒ **내리다, 내려가다, 떨어지다** to fall / 下降
   예 환율이 하락하면 외화를 싼값에 살 수 있어서 저렴하게 해외여행을 즐길 수 있다.
   → 환율이 내려가면 외화를 싼값에 살 수 있어서 저렴하게 해외여행을 즐길 수 있다.

㊳ **해결하다** ≒ **풀다, 해소하다** to resolve / 解决
   예 신재생 에너지의 적극적인 활용을 통해서 에너지 부족 문제를 해결할 수 있을 것이다.
   → 신재생 에너지의 적극적인 활용을 통해서 에너지 부족난을 해소할 수 있을 것이다.

㊴ **향상되다** ≒ **좋아지다** to improve / 提高, 上升
   예 매일 꾸준히 30분씩 한국어를 연습하다 보니 한국어 실력이 향상되었다.
   → 매일 꾸준히 30분씩 한국어를 연습하다 보니 한국어 실력이 좋아졌다.

㊵ **휴식을 취하다** ≒ **쉬다** to rest / 休息
   예 삶의 질을 높이려면 휴식을 잘 취하는 것도 중요하다.
   → 삶의 질을 높이려면 잘 쉬는 것도 중요하다.

(2) 비슷한 형용사 20

한눈에 보기
→ '한·영·중 미니 사전' 5~6쪽

- ☑ 검소하다 ≒ 아껴 쓰다, 알뜰하다
- ☐ 곤란하다 ≒ 난처하다, 어렵다
- ☐ 까다롭다 ≒ (취향에) 맞추기가 어렵다
- ☐ 낯설다 ≒ 익숙하지 않다
- ☐ 낯익다 ≒ 전에 본 적이 있다, 익숙하다
- ☐ 동일하다 ≒ 같다
- ☐ 바람직하다 ≒ 좋다
- ☐ 부족하다 ≒ 모자라다, 충분하지 않다
- ☐ 분명하다 ≒ 뚜렷하다
- ☐ 불가피하다 ≒ 피할 수 없다

- ☐ 빈곤하다 ≒ 가난하다, 경제적 형편이 어렵다
- ☐ 우수하다 ≒ 뛰어나다
- ☐ 원만하다 ≒ 성격이나 관계가 좋다
- ☐ 저렴하다 ≒ 싸다
- ☐ 지루하다 ≒ 따분하다
- ☐ 풍부하다 ≒ 많다, 흔하다
- ☐ 한가하다 ≒ 시간적 여유가 있다
- ☐ 한산하다 ≒ 한적하다, 공간적 여유가 있다
- ☐ 해롭다 ≒ 나쁘다, 유해하다
- ☐ 희귀하다 ≒ 드물다

① **검소하다 ≒ 아껴 쓰다, 알뜰하다** to be thrifty / 朴素
  예 어머니께서는 늘 <u>검소한</u> 생활을 하신다.
   → 어머니께서는 뭐든지 <u>아껴 쓰시고</u> 살림도 <u>알뜰하게</u> 하신다.

② **곤란하다 ≒ 난처하다, 어렵다** to be in difficulty / 困难, 为难
  예 그 사람은 자꾸 나한테 대답하기 <u>곤란한</u> 질문만 한다.
   → 그 사람은 자꾸 나한테 대답하기 <u>난처한</u> 질문만 한다.

③ **까다롭다 ≒ (취향에) 맞추기가 어렵다** to be particular (about) / 苛刻
  예 우리 가족은 식성이 <u>까다로워서</u> 식사를 준비하는 것이 쉽지 않다.
   → 우리 가족의 식성은 <u>맞추기가 어려워서</u> 식사를 준비하는 것이 쉽지 않다.

④ **낯설다 ≒ 익숙하지 않다** to be unfamiliar (with) / 陌生
  예 이사 온 지 얼마 안 돼서 동네가 아직 <u>낯설다</u>.
   → 이사 온 지 얼마 안 돼서 동네가 아직 <u>익숙하지 않다</u>.

⑤ **낯익다 ≒ 전에 본 적이 있다, 익숙하다** to be familiar (with) / 熟悉
  예 저 사람의 이름은 잘 기억나지 않지만 얼굴은 <u>낯익다</u>.
   → 저 사람의 이름은 잘 기억나지 않지만 <u>전에 본 적이 있는</u> 것 같다.

⑥ **동일하다 ≒ 같다** to be the same / 相同
  예 <u>동일한</u> 조건이라면 지하철역에서 더 가까운 집을 선택할 것이다.
   → <u>같은</u> 조건이라면 지하철역에서 더 가까운 집을 선택할 것이다.

⑦ **바람직하다** ≒ **좋다** to be desirable / 值得肯定
  예 대화와 타협을 통해서 갈등을 해결하는 것이 <u>바람직하다</u>.
   → 대화와 타협을 통해서 갈등을 해결하는 것이 <u>좋다</u>.

⑧ **부족하다** ≒ **모자라다, 충분하지 않다** to be short (of) / 缺乏, 不足
  예 생각보다 손님들이 많이 오셔서 집들이 음식이 <u>부족했다</u>.
   → 생각보다 손님들이 많이 오셔서 집들이 음식이 <u>모자랐다</u>.

⑨ **분명하다** ≒ **뚜렷하다** to be clear / 分明
  예 그 사람은 <u>분명한</u> 인생의 목표가 있다.
   → 그 사람은 <u>뚜렷한</u> 인생의 목표가 있다.

⑩ **불가피하다** ≒ **피할 수 없다** to be inevitable / 不可避免
  예 그 사건에 대한 재수사가 <u>불가피할</u> 것 같다.
   → 그 사건에 대해서 재수사를 하는 것을 <u>피할 수 없을</u> 것 같다.

⑪ **빈곤하다** ≒ **가난하다, 경제적 형편이 어렵다** to be poor / 贫困
  예 <u>빈곤한</u> 노인 가구의 수가 늘어나고 있어 정부의 대책 마련이 시급하다.
   → <u>가난한</u> 노인 가구의 수가 늘어나고 있어 정부의 대책 마련이 시급하다.

⑫ **우수하다** ≒ **뛰어나다** to be excellent / 优秀
  예 올해 우리 회사에서 새로 출시한 공기 청정기는 성능이 아주 <u>우수하다</u>.
   → 올해 우리 회사에서 새로 출시한 공기 청정기는 성능이 아주 <u>뛰어나다</u>.

⑬ **원만하다** ≒ **성격이나 관계가 좋다** to be amicable / 随和
  예 재호 씨는 적극적이고 성격도 <u>원만해서</u> 동료로 함께 일하기 좋다.
   → 재호 씨는 적극적이고 성격도 <u>좋아서</u> 동료로 함께 일하기 좋다.

⑭ **저렴하다** ≒ **싸다** to be cheap / 便宜
  예 세일을 해서 사고 싶었던 등산 장비를 <u>저렴하게</u> 구입했다.
   → 세일을 해서 사고 싶었던 등산 장비를 <u>싸게</u> 구입했다.

⑮ **지루하다** ≒ **따분하다** to be bored / 无聊
  예 매일 반복되는 <u>지루한</u> 일상에서 벗어나고 싶다.
   → 매일 반복되는 <u>따분한</u> 일상에서 벗어나고 싶다.

⑯ **풍부하다** ≒ **많다, 흔하다** to be abundant / 丰富
  예 바다 속에는 <u>풍부한</u> 자원이 매장되어 있다.
   → 바다 속에는 <u>많은</u> 자원이 매장되어 있다.

⑰ **한가하다** ≒ **시간적 여유가 있다** to be free / 闲暇, 有空
  예 중요한 프로젝트가 지난주에 끝나서 이번 주에는 좀 한가하다.
    → 중요한 프로젝트가 지난주에 끝나서 이번 주에는 좀 시간적 여유가 있다.

⑱ **한산하다** ≒ **한적하다, 공간적 여유가 있다** to be slack, to be quite / 闲静
  예 출근 시간이 끝나자 도로가 한산해졌다.
    → 출근 시간이 끝나자 도로가 한적해졌다.

⑲ **해롭다** ≒ **나쁘다, 유해하다** to be harmful / 有害于
  예 휴대 전화를 지나치게 오래 사용하면 뇌 건강에 해롭다는 연구 결과가 나왔다.
    → 휴대 전화를 지나치게 오래 사용하면 뇌 건강에 나쁘다는 연구 결과가 나왔다.

⑳ **희귀하다** ≒ **드물다** to be rare / 罕见, 珍贵
  예 그 식물은 깊은 산 속에서만 자라는 희귀한 종이다.
    → 그 식물은 우리 주변에서 보기 드문 종이다.

기출 엿보기

01 다음 신문 기사의 제목을 가장 잘 설명한 것을 고르십시오.   60회 27번

> 제2공장 정상 가동, 반도체 공급 안정은 미지수

① 제2공장이 정상적으로 가동됨에 따라 반도체 공급이 안정되었다.
② 제2공장이 반도체 생산을 시작했지만 공급이 안정될지는 불확실하다.
③ 반도체가 안정적으로 공급되기 위해서는 제2공장의 가동이 필수적이다.
④ 반도체 공급이 안정적으로 이루어지면서 제2공장도 정상 가동될 수 있었다.

풀이 이 문제는 신문 기사 제목에 있는 단어들의 의미 관계를 파악해서 제목의 의미를 맞게 쓴 문장을 찾는 문제이다. 정답 속에는 주어진 단어가 그대로 포함되어 있거나 비슷한 어휘로 바뀌어 있다. 여기서는 '미지수'와 비슷한 어휘를 찾는 것이 중요하다. 선택지 ①~④ 중 '미지수'의 유사 어휘인 '불확실'이 포함된 것을 고르면 된다.

정답 ②

02 다음을 읽고 내용이 같은 것을 고르십시오.

60회 33번

> 눈물은 약 98%가 물로 이루어져 있다. 나머지 성분은 눈물을 흘리는 상황에 따라 달라진다. 먼지 같은 외부의 물리적 자극 때문에 흘리는 눈물에는 세균에 저항할 수 있는 단백질이 포함되어 있다. 슬플 때 흘리는 눈물에는 항균 물질뿐만 아니라 스트레스로 인해 체내에 쌓인 물질도 들어 있다. 그래서 슬플 때 울고 나면 신체에 해로운 물질이 몸 밖으로 나가 기분이 나아진 것 같은 느낌을 받는다.

① 눈물 속에 있는 단백질은 기분을 좋게 만든다.
② 슬퍼서 흘리는 눈물에는 항균 물질이 빠져 있다.
③ 슬플 때 흘리는 눈물 속에는 몸에 나쁜 물질이 포함되어 있다.
④ 물리적 자극으로 흘리는 눈물이 슬플 때의 눈물보다 성분이 더 다양하다.

풀이 마지막 두 문장에 '스트레스로 인해 체내에 쌓인 물질', '해로운 물질', '들어 있다'와 같은 표현이 있다. 선택지 ①~④ 중 이와 유사한 어휘인 '나쁜 물질'과 '포함되다'가 있는 것을 고르면 된다.

정답 ③

TEST 연습 문제 — 7. 유사 문법과 유사 어휘: 바꿔 쓸 수 있는 표현을 알아 두자

01 다음 밑줄 친 부분과 의미가 비슷한 것을 고르십시오.

> 좋아하지 않는 일을 <u>하느니</u> 차라리 일을 그만두고 다른 일을 찾아보는 게 어때?

① 하다가
② 하느라고
③ 하나 마나
④ 하는 것보다

02 다음 신문 기사의 제목을 가장 잘 설명한 것을 고르십시오.

> 한국 라면, 해외 시장 '대박'

① 한국 라면의 해외 판매가 갑자기 감소했다.
② 한국 라면이 해외 소비자들로부터 큰 인기를 얻었다.
③ 해외 시장에서 한국 라면의 가격이 빠르게 오르고 있다.
④ 해외에서 한국 라면을 홍보하기 위한 큰 행사가 열릴 예정이다.

03 다음을 읽고 내용이 같은 것을 고르십시오.

> 과거부터 한반도에 서식하던 반달가슴곰은 인간에 의한 무분별한 사냥이나 서식지 파괴 등으로 개체 수가 급격하게 줄어 멸종 위기에 처했다. 환경부는 지리산국립공원에서 멸종 위기에 처한 반달가슴곰을 복원하는 사업을 시작했다. 한반도 근처에서 서식하고 있는 유전적으로 동일한 반달가슴곰을 한반도에 데려와서 개체 수를 늘리고 이 반달가슴곰들이 한반도 내에서 안정적으로 서식할 수 있도록 도왔다. 복원 사업의 궁극적인 목표는 단지 곰 한 종류를 복원하는 것이 아니라 한반도의 산과 숲을 인간과 야생 동물이 공존할 수 있는 환경으로 만드는 것이었다.

① 반달가슴곰은 예전에 한반도에서 살지 않았다.
② 반달가슴곰은 한반도에서 사라질 위기에 놓였다.
③ 복원 사업을 위해 다른 지역에서 곰을 데려오지 않았다.
④ 반달가슴곰의 수가 급증해서 인간에게 많은 피해를 주고 있다.

정답 및 해설

01 '-느니'는 두 가지를 비교해서 '앞의 것보다 뒤에 제시된 것이 낫다.'는 것을 의미한다. 선택지 ①~④ 중 비교를 나타내는 '-는 것보다'가 이것과 유사한 문법이다.

정답 ④

02 '해외 시장'과 '대박'의 의미를 알고 유사 어휘를 파악하는 것이 중요하다. 선택지 ①~④ 중 비슷한 의미를 가진 '해외 소비자들로부터 큰 인기'가 포함된 것이 답이다.

정답 ②

03 지문 속에 '반달가슴곰은 멸종 위기에 처했다.'라는 내용이 있는데 선택지 ①~④ 중 '멸종 위기'와 '처했다'의 유사 어휘는 '사라질 위기'와 '놓였다'이다.

정답 ②

8 필수 문법: 시험에 꼭 나오는 문법을 알아 두자

문법을 알아야 시험에 나오는 지문의 의미를 잘 파악할 수 있으므로 필수 문법을 꼭 알아 두도록 하자. 특히 '빈칸에 알맞은 문법을 고르는 문제'를 풀기 위해서는 중급 수준 이상의 다양한 문법을 알아야 한다. 이런 유형에 자주 출제되는 문법은 다음과 같다.

이런 문제에 적용
- 빈칸에 알맞은 문법 고르기

① **A/V-거나** ~ or, whether ~ or (not) / 或者~或者~, 无论/不管~还是~ 〔기출〕
- **선택** 예 날씨가 좋으면 집 근처 공원에 가서 산책을 <u>하거나</u> 자전거를 탄다.
- **상관없음** 예 이번 경기에서 <u>이기거나 지거나</u> 상관없이 우리 팀은 결승전에 오른다.

② **V-게 되다** to become ~, to turn out ~ / (不由地)变成了(变化, 被动) 〔기출〕
- **상황의 변화** 예 아이를 낳은 후에 부모님의 마음을 더 잘 <u>알게 된</u> 것 같다.
- **외부에 의한 결정** 예 노사 간의 협상이 결렬되어 결국 파업을 <u>하게 되었다</u>.

③ **V-고 나다**
- **-고 나서** after ~ / ~以后, ~之后
  예 그 책을 다 <u>읽고 나서</u> 저에게 꼭 빌려주세요.
- **-고 나면** if it is done ~ (will) ~ / (如果)~以后
  예 몇 번 더 <u>만나고 나면</u> 철수 씨가 좋은 사람이라는 것을 깨닫게 될 거예요.
- **-고 나니까** after ~ (found out ~) / ~了(之/以)后, (我发现了/知道了)
  예 그 영화의 예고편을 <u>보고 나니까</u> 그 영화가 더 기대된다.

④ **V-고서** after ~ / ~以后, ~之后
  예 다이어트 중이었는데 야식을 <u>먹고서</u> 후회했다.

⑤ **V-기로 하다** to decide to do ~ / 决定(要)~ 〔기출〕
  예 무역 분쟁을 해결하기 위해서 두 나라는 곧 정상 회담을 <u>열기로 했다</u>.

연습 문제

※ 다음 중 앞뒤 말과 어울리는 말을 고르십시오.

01 먼저 손을 (씻어서 | 씻고 나서) 식사하세요.

02 나는 주말에는 보통 친구를 (만나거나 | 만나려고) 집에서 쉰다.

03 나는 3년 전에 한국 회사에 취직해서 한국에 (오고 있다 | 오게 됐다).

04 내일부터 건강을 위해서 저녁 식사 후에 매일 30분씩 (걷기로 했다 | 걷는 것 같다).

05 비가 (그치면 | 그치거나) 계속 (오지만 | 오거나) 상관없이 오후에 등산을 갈 생각이다.

06 중학교 때 환경에 대한 다큐멘터리 영화를 (보고서 | 보려고) 환경 문제에 관심을 가지게 되었다.

> **정답**
> 01 씻고 나서 02 만나거나 03 오게 됐다 04 걷기로 했다 05 그치거나, 오거나 06 보고서

⑥ V-느라(고) because ~ / 因为~ **기출**
　예 아이들을 씻기느라고 아직 저녁 식사도 못 했어요.

⑦ A/V-(으)ㄴ/는데 background information / 背景状况 **기출**
　예 너희 회사 근처에 왔는데 시간 되면 같이 차라도 한잔 할까?

⑧ V-다(가) while ~, in the middle of ~ / ~的途中, ~的时候 **기출**
　• 전환 예 운전하다가 졸려서 차를 세우고 잠시 휴식을 취했다.
　• 원인 예 앞을 제대로 안 보고 걷다가 넘어져서 다리가 부러졌다.

⑨ V-다(가) 보다
　• -다가 보면 if keep doing ~ (as a result) ~ / 如果持续~(某结果将会发生)
　　예 사람이 살다가 보면 다양한 사람들을 만나게 마련이다.
　• -다가 보니까 after kept doing ~ (as a result) ~ / 持续(做某件事)一段时间, 得出了结果
　　예 친구와 이야기하다 보니까 우울했던 기분이 좀 풀렸다.

⑩ A/V-ㄴ/는다면 if ~ / 如果~
　예 그 사람이 지금이라도 진심으로 사과한다면 사과를 받아줄 텐데요.

연습 문제

※ 다음 중 앞뒤 말과 어울리는 말을 고르십시오.

01 급하게 파를 (썰려고 | 썰다가) 손을 베었다.

02 좀 (추워서 | 추운데) 창문을 닫아 주시겠어요?

03 나는 어젯밤에 시험 공부를 (하느라고 | 했지만) 잠을 못 잤다.

04 복권에 (당첨된다면 | 당첨되거나) 어려운 사람들을 돕고 싶다.

05 한국어를 열심히 (연습하다 보니까 | 연습하다 보면) 잘하게 됐다.

06 유명한 식당에 가려고 순서를 (기다리다가 | 기다린다면) 시간이 없어서 그냥 다른 식당에서 먹었다.

정답
01 썰다가 02 추운데 03 하느라고 04 당첨된다면 05 연습하다 보니까 06 기다리다가

⑪ A/V-더니 (I saw that) ~ therefore ~, (I saw that) ~ but ~ / ~所以(原因), ~不过(变化)
- **원인** 예 동생은 밥을 급하게 먹더니 결국 체했다.
- **변화** 예 동생이 작년에는 여행을 자주 가더니 요즘은 집에만 있어요.

⑫ A/V-더라도 even if ~ / 即使~
예 좀 부족한 면이 있더라도 이해해 주세요.

⑬ A/V-도록 in order to do ~, be to the extent that ~ / 为了~, 到了~程度
- **목적** 예 손님들이 앉아서 기다릴 수 있도록 식당 앞에 의자를 두었다.
- **정도** 예 야구장에 가서 목이 터지도록 응원했더니 목이 쉬었다.
- **시간의 한계** 예 일이 많아서 2시가 넘도록 점심도 못 먹고 일했다.

⑭ A/V-든지 ~ or, regardless of ~ / 或者~, 无论/不管~都可以 **기출**
- **선택** 예 물어볼 것이 있으면 전화를 하든지 이메일을 보내든지 하세요.
- **상관없음** 예 우리 회사는 몇 시에 출근하든지 상관없어요.

⑮ A/V-아/어 가다[오다] will continue doing ~ [continued doing ~] / 现在的状态, 情况将会继续 [过去的状态, 情况到现在仍持续]
예 어릴 때는 아이가 나를 닮았다고 생각했는데 크면서 점점 아빠를 닮아 가요.
지난 10년 동안 과학 기술이 빠르게 발전해 왔다.

연습 문제

※ 다음 중 앞뒤 말과 어울리는 말을 고르십시오.

01 식사 준비가 다 (끝나기로 했어요 | 끝나 가요). 잠시만 기다리세요.

02 오늘 야근을 (하더라도 | 하다가) 이 보고서를 끝낼 수 없을 것이다.

03 구급차가 (지나더라도 | **지나갈 수 있도록**) 다른 차들이 비켜 주었다.

04 더우면 에어컨을 (**켜든지** | 켜고서) 창문을 (**열든지** | 열고서) 하세요.

05 미나 씨는 시험을 열심히 (준비하느라고 | **준비하더니**) 결국 시험에 합격했다.

정답

01 끝나 가요 02 하더라도 03 지나갈 수 있도록 04 켜든지, 열든지 05 준비하더니

⑯ **A/V-아/어도** even if ~ / 即使~ 기출
  예) 경기가 좋지 않아도 해외여행을 떠나는 사람은 계속 늘고 있다.

⑰ **A/V-아/어야** only if ~ / 要~, 只有~, 除非~(才~) 기출
  예) 여행지에 대해 알고 가야 더 많은 것을 즐길 수 있다.

⑱ **V-아/어 있다** to be in the state of ~ / 正在~着(状态持续) 기출
  예) 김 과장님의 책상 위에는 아이의 사진이 놓여 있다.

⑲ **V-았/었더니** I did ~ therefore ~ / 我做了后~所以
  예) 날씨가 추운데 밖에 오래 있었더니 감기에 걸리고 말았다.

⑳ **A-(으)ㄴ가 보다/V-나 보다** It seems that ~ / 看起来是那样, 看来是那样
  예) 오늘도 결석을 했네요. 유진 씨가 많이 아픈가 봐요.
     음악 소리가 들리는 걸 보니까 누가 저기서 공연을 하나 봐요.

연습 문제

※ 다음 중 앞뒤 말과 어울리는 말을 고르십시오.

01 옷장 안에 옷이 (걸었다 | 걸려 있다).

02 아무리 (피곤해도 | 피곤하지만) 학교에 가야 한다.

03 여권이 (있더니 | 있어야) 해외여행을 갈 수 있다.

04 너무 싼 제품을 (샀더니 | 사야) 금방 고장이 났다.

05 백화점에서 (세일을 하나 보다 | 세일을 하지 않는다). 백화점에 사람이 아주 많다.

> **정답**
> 01 걸려 있다 02 피곤해도 03 있어야 04 샀더니 05 세일을 하나 보다

㉑ **A/V-(으)ㄴ/는 모양이다** It looks like ~, It seems that ~ / 看起来是那样，看来是那样 `기출`
  예) 하늘이 어두워지는 걸 보니 곧 비가 올 모양이다.

㉒ **V-(으)ㄴ 적이 있다** to have done ~ / 做过~ `기출`
  예) 여행 중에 길을 잃어버린 적이 있다.

㉓ **A/V-(으)니까** because ~, after ~ (found out ~) / 因为~所以，~以后(我知道了~) `기출`
  • 이유 예) 날씨가 추우니까 따뜻하게 입고 나가세요.
  • 발견 예) 아침에 일어나니까 밖에 눈이 하얗게 쌓여 있었다.

㉔ **(A/V-(으)면) A/V-(으)ㄹ수록** the more ~, the more ~ / 越~越~ `기출`
  예) 처음에는 귀찮았는데 요리를 하면 할수록 요리에 관심이 생겨요.

㉕ **V-(으)려고** in order to do ~ / 为了~ `기출`
  예) 친구를 놀라게 해 주려고 몰래 생일 파티를 준비했다.

> **연습 문제**
> ※ 다음 중 앞뒤 말과 어울리는 말을 고르십시오.
>
> 01 시간이 (없으니까 | 없어서) 택시를 타자.
>
> 02 한국어는 (배우자마자 | 배울수록) 더 어렵다.
>
> 03 라면을 (먹으려고 | 먹어야) 물을 끓이고 있다.
>
> 04 아이가 계속 우는 걸 보니 (배가 고파야 한다 | 배가 고픈 모양이다).
>
> 05 나는 옛날에 그 노래를 (들은 적이 있다 | 들으려고 한다).
>
> **정답**
> 01 없으니까 02 배울수록 03 먹으려고 04 배가 고픈 모양이다 05 들은 적이 있다

㉖ **V-(으)려면** if intend to do ~, if want to do ~ / 如果想的话~，若是想~
  예) 건강하게 살을 빼려면 음식 조절과 운동을 병행해야 한다.

㉗ V-(으)며 ≒ V-(으)면서 ~ and, while ~ / ~和, 一边~一边~
- **나열** 예 그 사람은 성실하게 일하며 모든 일에 최선을 다한다.
- **동시 행위** 예 오랜만에 친구를 만나 술을 마시면서 이야기를 나누었다.

㉘ A/V-(으)면 if ~ / 如果 ~ 〈기출〉
예 지금부터 열심히 공부하면 시험에 합격할 수 있을 것이다.

㉙ V-자마자 As soon as ~, immediately after ~ / 刚~便马上(立即或突然), ~就~ 〈기출〉
예 피곤해서 침대에 눕자마자 잠이 들었다.

연습 문제

※ 다음 중 앞뒤 말과 어울리는 말을 고르십시오.

01 이번 학기가 (끝나거나 | 끝나면) 고향으로 돌아갈 것이다.

02 약속을 (잊어버리지 않을수록 | 잊어버리지 않으려면) 메모하세요.

03 너무 배가 고파서 집에 (오자마자 | 오더라도) 냉장고 문을 열었다.

04 지훈 씨는 동료들을 잘 (도와주며 | 도와줘도) 성격도 원만해서 인기가 많다.

정답
01 끝나면 02 잊어버리지 않으려면 03 오자마자 04 도와주며

 기출 엿보기

01 (　　)에 들어갈 가장 알맞은 것을 고르십시오.　　　　60회 1번

> 휴대 전화를 (　　) 내려야 할 역을 지나쳤다.

① 보든지　　② 보다가　　③ 보려면　　④ 보고서

풀이 빈칸에 알맞은 문법을 찾는 문제를 풀기 위해서는 문법에 따른 의미 차이를 알아 두어야 한다. 이를 위해 시험에 자주 나오는 '필수 문법'을 공부해 두는 것이 좋다. 빈칸에는 '내려야 할 역을 지나친 원인'이 들어가야 하므로 선택지 ①~④ 중 원인을 나타내는 문법을 고르면 된다.

정답 ②

TEST 연습 문제 • 8. 필수 문법: 시험에 꼭 나오는 문법을 알아 두자

01 (   )에 들어갈 가장 알맞은 것을 고르십시오.

> 오빠는 포기하지 않고 (   ) 세계적인 성악가가 되었다.

① 노력하지만　　　　　　　　② 노력하든지
③ 노력하도록　　　　　　　　④ 노력하더니

02 (   )에 들어갈 가장 알맞은 것을 고르십시오.

> 좋은 집을 (   ) 계약하기 전에 여러 집을 둘러봐야 한다.

① 구해야　　　　　　　　　　② 구하려면
③ 구하다 보면　　　　　　　　④ 구하느라고

─정답 및 해설─

01　빈칸에는 '세계적인 성악가가 된 이유'가 들어가야 하므로 이유나 원인을 나타내는 문법 '–더니'를 써야 한다.
　　정답 ④

02　빈칸에는 '여러 집을 둘러봐야 하는 목적이나 의도'가 들어가야 하므로 의도를 나타내는 문법 '–(으)려면'을 써야 한다.
　　정답 ②

9 필수 어휘: 시험에 꼭 나오는 어휘를 알아 두자

지문을 빠르게 읽고 그 의미를 정확하게 파악하기 위해서 가장 기본적이고 중요한 조건은 어휘력이다. 유형별, 주제별로 자주 나오는 필수 어휘를 꼭 알아 두도록 하자.

● 이런 문제에 적용 ●
- 일치하는 내용 고르기
  – 안내문, 그래프
- 빈칸에 알맞은 말 고르기
  – 관용 표현
- 인물의 태도/심정 고르기

1. 유형별 필수 어휘

문제 유형별로 자주 나오는 어휘가 있다. 지금까지 시험에 나온 '기출 어휘'와 앞으로 시험에 나올 가능성이 있는 '출제 예상 어휘'를 알아 두자.

(1) 안내문과 관련된 어휘   → '한·영·중 미니 사전' 8쪽

○○○ 관람/이용/참가/행사 안내

▶ **기간:** ○월 ○일 ~ ○월 ○일
▶ **시간:** 오전 ○시 ~ 오후 ○시
▶ **장소:** ○○○○
▶ **요금:** 어른/성인 – ○○○원, 청소년/어린이 – 무료
　　　　개인 – ○○○원, 단체 – ○○○원
　　　　○○○ 이용료 포함
▶ **문의:** ☎ 123–4567

※ 신청/접수/등록은 이용일 전에 미리 해야 하고 당일 현장 신청은 불가합니다.
※ 신청/접수/등록은 인터넷 신청에 한합니다.

필수 어휘	영어	중국어
개인	individual	个人
관람하다	to see, to view	参观，观览
기간	period (of time)	期间
단체	group	团体
당일	the/that (specified) day	当天
등록	registration	注册，登录
문의	enquiry	询问，查询
불가	not to be allowed	不可
성인	adult	成年人
신청	application	申请
안내하다	to guide	介绍，说明
어린이	children	儿童
예매	reservation	预售
요금	fare, fee	费用
이용하다	to use	利用，使用
일시	date and time	日期
전시회	exhibition	展览会
접수하다	to receive applications	接受，受理
참가하다	to participate	参加
청소년	youth, teenager	青少年
축제	festival	庆典
취소	cancellation	取消
포함되다	to be included	包括
할인하다	to discount	折扣，打折
행사	event, occasion	活动
현장	site (of an action)	现场
N에 한해서/한하여	limited to N	限于N

(2) 그래프와 관련된 표현 → '한·영·중 미니 사전' 9쪽

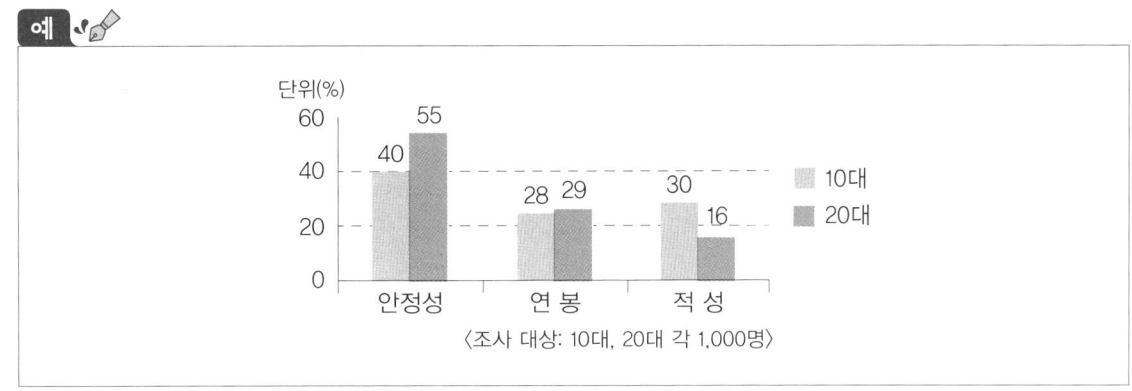

① N이/가 가장 많다(↔ 적다)

   예) 10대와 20대 모두 직업의 안정성을 선택한 사람들이 가장 많다.

   N이/가 가장 높다(↔ 낮다)

   예) 10대와 20대 모두 직업의 안정성을 선택한 사람들의 비율이 가장 높다.

② N^1보다 N^2이/가 더 많다(↔ 적다)

   예) 적성이 중요하다고 답한 사람은 20대보다 10대가 더 많다.

   N^1보다 N^2이/가 더 높다(↔ 낮다)

   예) 적성이 중요하다고 답한 사람들의 비율은 20대보다 10대가 더 높다.

③ N^1보다 N^2을/를 더 많이 선택하다

   예) 20대는 직업을 선택할 때 적성에 맞는 일보다 연봉이 높은 일을 더 많이 선택한다.

   N^1보다 N^2을/를 선호하다

   예) 20대는 직업을 선택할 때 적성에 맞는 일보다 연봉이 높은 일을 선호한다.

   N^1보다 N^2을/를 더 중요하게 여기다

   예) 20대는 직업을 선택할 때 적성보다 연봉을 더 중요하게 여긴다.

④ N^1이/가 N^2에 비해(서) 많다(↔ 적다)

   예) 10대는 적성을 선택한 사람이 20대에 비해 많다.

⑤ 비율이 거의 같다

   예) 연봉을 중요하게 생각하는 10대와 20대의 비율이 거의 같다.

⑥ 전체의 반을 넘다 = 절반을 넘다

   예) 안정성을 중요하게 생각하는 20대가 전체의 반을 넘는다.

필수 표현	영어	중국어
N이/가 가장 많다(↔ 적다)	N is the most(↔ fewest)	N最多(↔ 少)
N이/가 가장 높다(↔ 낮다)	N is the highest(↔ lowest)	N最高(↔ 低)
N^1보다 N^2이/가 더 많다(↔ 적다)	N^2 is more(↔ fewer) than N^1	N^2多于(↔ 少于)N^1
N^1보다 N^2이/가 더 높다(↔ 낮다)	N^2 is higher(↔ lower) than N^1	N^2高于(↔ 低于)N^1
N^1보다 N^2을/를 더 많이 선택하다	to select/to pick N^2 over/more than N^1	与N^1相比，更多选择N^2
N^1보다 N^2을/를 선호하다	to like N^2 more than N^1, to prefer N^2 to/over N^1	与N^1相比，更加喜欢N^2
N^1보다 N^2을/를 더 중요하게 여기다	to consider/to treat N^2 as more important than N^1	与N^1相比，更加认为N^2重要
N^1이/가 N^2에 비해(서) 많다(↔ 적다)	N^1 is more(↔ fewer) ~ compared to N^2	N^1比N^2还多(↔ 少)
비율이 거의 같다	to be roughly/about the same (ratio or proportion)	比例几乎相同
전체의 반을 넘다 = 절반을 넘다	to be/occupy more than half of all cases = to exceed half of	超过全体的一半 = 超过一半

▶ 출제 예상 표현

필수 표현	영어	중국어
N이/가 ~년보다 늘다(↔ 줄다)	N increased(↔ decreased) more than ~	N增长(↔ 缩减)超过~
N이/가 ~년에 비해(서) 늘다(↔ 줄다)	N increases(↔ decrease) compared to ~	N比~增加(↔ 减少)
N이/가 ~위 안에 들다	N is in the top ~	N进入前~位
순위가 오르다(↔ 떨어지다)	to rise(↔ fall) in ranking	排名上升(↔下降)
순위의 변화가 없다	to have no change in ranking	排名没有变化

 기출 엿보기

01 다음 글의 내용과 같은 것을 고르십시오.   60회 9번

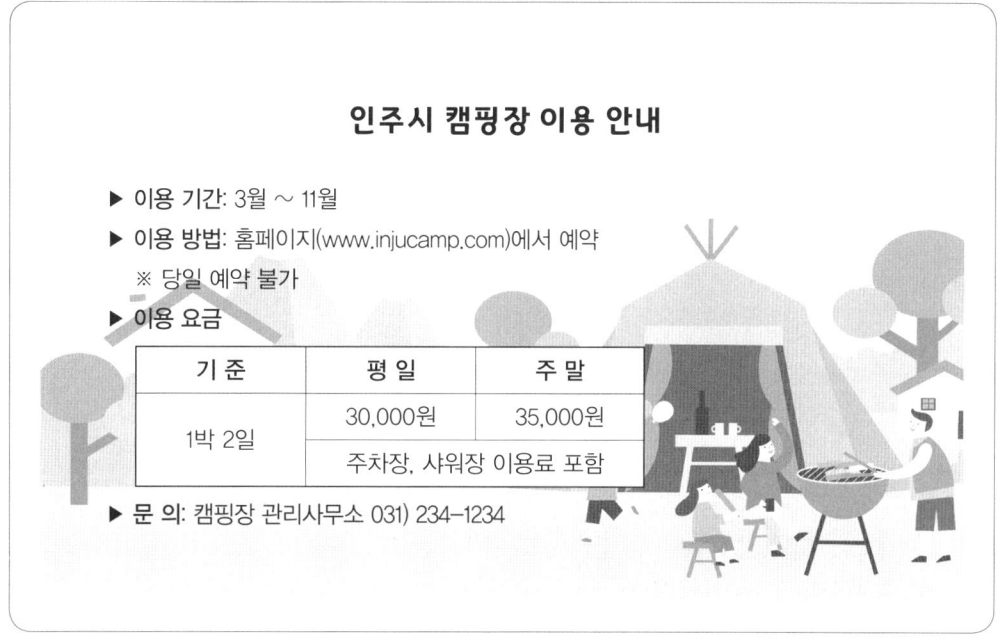

① 주말에는 이용 요금을 더 받는다.
② 캠핑장은 1년 내내 이용할 수 있다.
③ 예약은 이용 당일 홈페이지에서 하면 된다.
④ 주차장을 이용하려면 돈을 따로 내야 한다.

풀이 안내문에 자주 나오는 어휘를 알고 있어야 한다. 이용 기간, 이용 방법, 이용 요금을 확인하고 답을 찾으면 된다. 이용 기간은 3월부터 11월까지이므로 1월, 2월, 12월에는 이용할 수 없으며, 예약을 홈페이지에서 하는 것은 맞지만 이용 당일에는 예약을 할 수 없다고 나와 있다. 이용 요금에는 주차장 이용료가 포함되어 있으므로 주차장을 이용할 때 돈을 따로 내지 않아도 된다.

정답 ①

02 다음 그래프의 내용과 같은 것을 고르십시오.

60회 10번

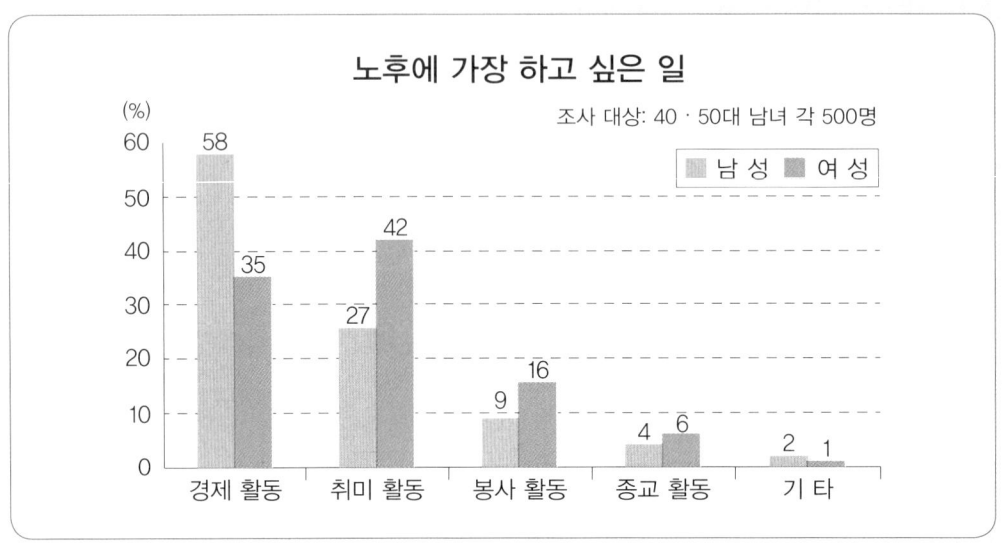

① 여성은 봉사 활동보다 취미 활동을 더 하고 싶어 한다.
② 종교 활동을 하고 싶어 하는 비율은 남성이 여성보다 높다.
③ 남녀 모두 경제 활동을 하고 싶다는 응답이 절반을 넘는다.
④ 경제 활동보다 봉사 활동을 하고 싶어 하는 남성들이 많다.

풀이   그래프에 자주 나오는 어휘를 알고 있어야 한다. 비교 표현인 '-보다 (더)'에 주의하면서 답을 찾으면 된다. 종교 활동을 하고 싶어 하는 비율은 남성(4%)이 여성(6%)보다 낮고, 경제 활동을 하고 싶다는 응답이 절반(58%)을 넘는 것은 남성이며, 봉사 활동보다 경제 활동을 하고 싶어 하는 남성들이 많다.

정답 ①

(3) 관용 표현

→ '한·영·중 미니 사전' 10~12쪽

	표현	뜻과 예
①	가슴을 울리다	to resonate with someone / 动人心弦。 뜻 깊게 감동시키다. 　to pull at one's heartstrings / 使人深深地感动。 예 대통령의 마지막 고별 연설은 국민들의 가슴을 울렸다.
②	가슴을 치다	to hit one's chest / 捶胸。 뜻 마음 아파하고 답답해하다. 　to feel very sorry and sad / 感到非常痛心。 예 여자 친구와 헤어지고 나서 가슴을 치고 후회해도 소용없다.
③	간이 콩알만 해지다	One's liver shrinks to the size of a bean. / 肝变成豆子那样小。 뜻 겁이 나고 무서워지다. 　to be very frightened and scared / 心里感到惧怕。 예 공포 영화를 보다가 놀라서 간이 콩알만 해졌다.
④	고개를 숙이다	to bow one's head / 低头。 뜻 상대의 강한 힘에 눌려서 상대의 뜻을 따르다. 　to surrender or give in to someone / 向别人屈服。 예 결국 우리나라는 무역 협상에서 상대국에 고개를 숙여야 했다.
⑤	골치가 아프다 기출	to have a headache / 头疼。 뜻 어떻게 해야 할지 몰라서 머리가 아플 정도다. 　to be very annoyed because of a situation causing trouble(= a pain in the neck) / 情况难办，伤脑筋。 예 결혼을 한 달 앞두고 예산에 맞는 집을 찾느라고 너무 골치가 아프다.
⑥	귓등으로 듣다 = 귓등으로도 안 듣다	to listen with the back of one's ear = not to listen even with the back of one's ear / 用耳背听。= 连耳背也不听。 뜻 잘 안 듣고 대충 듣다. 　to ignore someone when they talk / 对听到的话当耳边风。 예 • 왜 내 얘기는 귓등으로 들어요? 　• 왜 내 얘기는 귓등으로도 안 들어요?
⑦	기가 차다 = 기가 막히다	One's spirit is blocked. / 气塞。 뜻 너무 놀라거나 마음에 들지 않아서 말이 안 나오다. 　to be speechless because one is so shocked or surprised / 因惊讶，说不出话来。 예 늘 남의 탓만 하는 정치인들을 보면 기가 찬다.

⑧	깨가 쏟아지다	Sesame seeds pour out. / 芝麻倾泻下来。 뜻 두 사람의 사이가 아주 좋아서 행복하다. for a couple to be very happy with each other / 夫妻关系很好。甜甜蜜蜜。 예 저 두 사람은 결혼한 지 한 달밖에 안 돼서 한창 깨가 쏟아질 때다.
⑨	눈감아 주다	to close one's eyes for someone / 闭眼。 뜻 다른 사람의 잘못을 알지만 모르는 체하다. to ignore something that one knows is wrong, to turn a blind eye / 假装沒看见别人的失误。 예 불법을 눈감아 주고 그 대가로 뇌물을 받은 공무원들이 구속되었다.
⑩	눈물이 핑 돌다	One's tears spin. / 眼泪打转转。 뜻 갑자기 눈에 눈물이 고이다. to suddenly get tears in one's eyes / 突然泪水在眼眶里打转。 예 기다리던 합격 소식을 듣자 그동안 고생한 시간이 머릿속에 지나가면서 눈물이 핑 돌았다.
⑪	눈살을 찌푸리다	to wrinkle one's brows / 皱眉。 뜻 마음에 들지 않아서 두 눈썹 사이를 찡그리다. to frown / 表示不悦的样子。 예 금연 구역에서 아무렇지도 않게 담배를 피우는 사람들을 보고 눈살을 찌푸렸다.
⑫	눈에 넣어도 아프지 않다	It doesn't hurt even if one puts it in one's eyes. / 放进眼里也不疼。 뜻 아주 사랑스럽다. Someone is the apple of one's eye. / 掌上明珠。 예 부모에게 자식은 눈에 넣어도 아프지 않은 존재다.
⑬	눈을 맞추다	to contact each other's eyes / 对视；相视。 뜻 서로 눈을 마주 보다. to look each other in the eyes / 互相看着对方的眼睛。 예 교실 밖에 서 있는 엄마를 발견한 민주는 엄마와 눈을 맞추고 미소를 지었다.

⑭	눈치가 빠르다	to be quick witted / 有眼力见。 뜻 마음이나 상황을 빨리 알아차리다. to be good at reading someone's mind or situation quickly / 很會察言觀色。很会察言观色。 예 뭘 시켜야 할지 고민하고 있었는데 눈치가 빠른 직원이 우리 테이블로 와서 맛있는 음식을 추천해 주었다.
⑮	담을 쌓다 `기출`	to build a wall / 砌墙。 뜻 전혀 관심을 두지 않다. to have no interest in something / 毫不关心。 예 나는 어렸을 때부터 수학하고는 담을 쌓았다.
⑯	들은 척도 하지 않다	to pretend not to listen to / 假装没听见。 뜻 듣고도 무시하다. to ignore, to turn a deaf ear to / 无视别人的话。 예 그 사람이 말도 안되는 제안을 하길래 들은 척도 하지 않았다.
⑰	등을 돌리다	to turn one's back on someone or something / 转背。 뜻 관계를 끊고 피하다. to stop being involved in something / 断绝关系。 예 민수 씨가 사업에 실패하고 재산을 잃자 주변 사람들이 모두 민수 씨한테서 등을 돌렸다.
⑱	등을 떠밀다	to push someone's back / 推后背；推搡。 뜻 남에게 억지로 일을 하게 만들다. to force others to do something / 勉强别人做某事。 예 친구들이 등을 떠밀어서 어쩔 수 없이 앞에 나가서 노래를 불렀다.
⑲	머리를 맞대다	to put heads together / 碰头。 뜻 서로 모여서 의논하다. to share ideas in trying to solve a problem / 一起研究对策。 예 기후 변화 대처 방안을 마련하기 위해서 전 세계의 지도자들이 머리를 맞대고 고민해 왔다.
⑳	머리를 한 대 얻어맞은 것 같다	to feel like one got hit on the head / 脑袋好像挨了一棍。 뜻 생각하지 못한 것을 깨닫게 되어 당황스럽다. to be shocked / 震惊。 예 학원과 숙제 때문에 하루하루 사는 게 너무 우울하다는 딸의 이야기를 듣고 머리를 한 대 얻어맞은 것 같았다.

㉑	못을 박다	to nail / 钉钉子。 뜻 어떤 사실을 분명하게 하다. to give someone a firm decision about something / 敲定某件事。 예 부모님께서는 그 남자와의 결혼은 절대 안 된다고 <u>못을 박아</u> 말씀하셨다. 뜻 상처를 주고, 마음을 아프게 하다. to hurt someone emotionally / 伤人心。 예 부모님의 반대에도 불구하고 그 남자와 결혼해서 부모님의 가슴에 <u>못을 박고</u> 말았다.
㉒	바가지를 긁다	to scratch a gourd / 挠瓢。 뜻 생활에 대한 불평과 잔소리를 심하게 하다. to keep complaining to someone, to nag / 妻子对丈夫不停地唠叨。 예 아내는 집안일도 힘들고 아이들 교육도 챙길 게 많은데 도와주지 않는다며 아침부터 남편에게 <u>바가지를 긁었다</u>.
㉓	바가지를 쓰다	to get ripped off / 挨宰。 뜻 원래 값보다 비싸게 사다. to pay too much money for something / 付出比正常价格更多的费用。 예 시장에서 마음에 드는 모자를 하나 샀는데 완전 <u>바가지를 썼다</u>.
㉔	발 벗고 나서다 `기출`	to go forward barefoot / 光着脚站出来。 뜻 자기 일처럼 적극적인 태도로 행동하다. to throw oneself into something actively, to throw oneself head first / 主动或积极做某事。 예 우리 회사가 경제적으로 어려움을 겪을 때 친구가 <u>발 벗고 나서서</u> 도와주었다.
㉕	발목을 잡다 `기출`	to seize one's ankle / 抓住脚踝。 뜻 어떤 상황에서 벗어나지 못하게 하다. to limit one's freedom to do things / 妨碍。拉后腿。 예 적성에 안 맞아서 일을 그만두고 싶지만 근로계약서가 내 <u>발목을 잡고 있다</u>.

㉖	발뺌을 하다	to avoid or escape from something / 脱身。 뜻 책임을 회피하다. to make an excuse to evade one's responsibility / 推脱责任。 예 문제가 커지자 그 일을 맡았던 사람들이 <u>발뺌을 하기</u> 시작했다.
㉗	비행기 태우다	to take someone aboard a plane / 让人坐飞机。 뜻 칭찬을 지나치게 하다. to overpraise someone / 过度地赞誉。捧上天。 예 대단한 일을 한 것도 아닌데 <u>비행기 태우지</u> 마세요.
㉘	속이 타다	One's inside burns. / 烧心。 뜻 걱정이 되어 마음이 초조하고 불안하다. to worry about something / 心急如焚。 예 날짜는 다가오는데 아직도 등록금을 마련하지 못해서 <u>속이 탄다</u>.
㉙	손때가 묻다	to be covered with traces of one's touch / 有手垢。 뜻 오래 써서 정이 들다. Something is comfortable to use because it has been used for a long time. / 由于长久使用，使用起来方便。 예 이사를 준비하면서 <u>손때가 묻은</u> 가구들을 버리려니 아쉬운 생각이 든다.
㉚	손사래를 치다	to wave one's hand / 摆手。 뜻 아니라고 부인하다. to strongly deny or refuse something / 强烈否定某些话或拒绝某事。 예 두 사람이 실제로 사귀는 것이 아니냐고 묻자 <u>손사래를 쳤다</u>.
㉛	손에 땀을 쥐다	to hold sweat in one's hands / 手上捏一把汗。 뜻 긴박한 상황으로 인해 마음이 매우 긴장되다. to feel very nervous due to the tension of a situation / 因紧迫的情况，心情非常紧张。 예 관중들은 두 선수가 치열한 경쟁을 벌이는 결승전을 <u>손에 땀을 쥐고</u> 관전했다.

㉜	손을 떼다	to take one's hands off / 甩手。 뜻 중도에 그만두고 관여하지 않기로 하다. to stop being involved with something that one was responsible for / 扔下事情不管。 예 김 회장은 이번 사건에 대해 책임을 지고 회사 경영에서 손을 떼기로 했다.
㉝	손을 맞잡다	to hold hands / 携手合作。 뜻 서로 잘 협력하다. to closely cooperate, to work hand in hand / 紧密合作。 예 글로벌 경쟁력 강화를 위해서 라이벌이었던 두 회사가 손을 맞잡았다.
㉞	시치미를 떼다	to remove a name tag of a hawk / 摘下鹰主名牌。 뜻 자기가 하지 않은 체하다. to pretend not to know something / 装作没做或不知道。 예 쓰레기를 몰래 버리고도 시치미를 떼는 사람들이 있다.
㉟	앞뒤를 가리지[재지] 않다 기출	not to distinguish the front and the back / 不顾前后。 뜻 신중히 생각하지 않고 마구 행동하다. to act thoughtlessly or carelessly / 举动莽撞或不慎重。 예 그 사람은 앞뒤를 가리지 않는 성격 탓에 문제를 일으킬 때가 많다.
㊱	얼굴을 못 들다 = 얼굴을 들 수 없다	to be unable to put up one's face / 抬不起头来。 뜻 너무 창피해서 당당하게 다른 사람을 대하지 못하다. to be ashamed / 感到羞愧。 예 학교에서 매일 문제를 일으키는 아들 때문에 얼굴을 못 들고 다니겠다.
㊲	열풍을[바람을] 일으키다	to cause hot wind / 掀起热风。 뜻 화제가 되고 큰 영향을 미치다. to make waves, to become popular / 掀起热潮。 예 그 드라마는 국내에서도 큰 인기를 얻었고 전 세계적으로도 열풍을 일으켰다.
㊳	이를 갈다	to grind one's teeth / 磨牙。 뜻 불만과 화를 참지 못하고 다음에 어떤 일을 꼭 하겠다고 다짐하다. to watch for a chance to take revenge / 很痛恨, 因此寻找复仇的机会。 예 민수는 자신이 배신당한 것을 알고 복수하겠다고 이를 갈았다.

㉟	입맛에 맞다	to be to one's taste / 合口味。 뜻 음식이나 물건, 활동 등이 취향에 맞다. (food, things, activities, etc.) to be one's preference. It is how someone prefers something. / (饮食，事物品，活动等) 符合合个人的爱好。 예 이 김치는 적당히 익어서 내 입맛에 딱 맞는다.
㊵	입에 침이 마르다	The saliva in one's mouth dries up. / 口水乾掉。 뜻 칭찬하거나 자랑하려고 여러 번 말하다. to praise someone many times / 不断地称赞。 예 사장님은 이번에 채용한 직원을 입에 침이 마르도록 칭찬하셨다.
㊶	열을 올리다 기출	to raise one's energy / 提升热情。 뜻 집중해서 노력과 정신을 쏟다. to do something actively and enthusiastically / 非常积极热情地做某事。 예 케이 팝(K-pop)의 인기가 높아지면서 기획사마다 가수들의 해외 진출에 열을 올리고 있다.
㊷	입 밖에 내다 기출	to take something out of one's mouth / 拿出口。 뜻 다른 사람에게 말하다. to say something that was hidden / 说出秘密。 예 계약이 확정되기 전까지 입 밖에 내지 말라고 직원들에게 당부했다.
㊸	진땀을 흘리다[빼다] 기출	to sweat hard / 冒大汗。 뜻 당황스럽고 힘든 일 때문에 땀이 날 정도로 애를 쓰다. to put in a lot of effort to solve something that is extremely difficult / 为解决困难而努费力。 예 거래처에 주문서를 잘못 보내는 바람에 일일이 연락해서 취소하느라 진땀을 흘렸다.
㊹	찬물을 끼얹다	to pour cold water / 泼冷水。 뜻 좋았던 분위기를 망치다. to jump into something that is going well and stop other people from enjoying themselves / 挫伤别人的兴致或顺利的气氛。 예 그 사람의 발언은 개선되고 있는 양국 관계에 찬물을 끼얹었다.

	표현	뜻과 예
㊺	콧대가 높다	to have a high nose ridge / 鼻梁高。 뜻 잘난 체하는 태도나 경향이 있다. 　to be arrogant and too proud / 极其骄傲，自大。 예 중소기업의 제품이 품질을 인정받아 콧대가 높은 백화점 입점에 성공했다.
㊻	풀이 죽다	to be low-spirited / 垂头丧气。 뜻 기운이 없어지다. 　to be downhearted because of a disappointment or failure / 因期望的事情未能如愿而伤心。 예 시험에 떨어져서 풀이 죽은 동생을 위로해 주었다.
㊼	한눈을 팔다	to look away from / 眼睛走神。 뜻 정신을 딴 데로 돌리다. 　to not give one's attention to something that one should be looking at / 关心别的事情，不看一定要看的事情。 예 그는 10년 간 한눈을 팔지 않고 연기에만 전념해서 최고의 배우가 되었다.
㊽	한 우물을 파다	to dig one well / 只挖一口井。 뜻 한 가지 일만 집중해서 끝까지 하다. 　to focus on only one thing / 一心一意做某事。 예 끈기를 가지고 한 우물을 파야 성공할 수 있다.
㊾	허리띠를 졸라매다	to tighten one's belt / 勒紧腰带。 뜻 지출을 줄이고 검소한 생활을 하다. 　to spend less money than you did before / 节约。省吃省穿。 예 내 집을 마련하기 위해 온 가족이 허리띠를 졸라맸다.

(4) 속담

	표현	뜻과 예
①	가는 날이 장날	뜻 어떤 일을 하려고 했는데 예상하지 못한 상황 때문에 하기 어렵다. 　When one is about to do a certain thing, but unexpected circumstances make it difficult. / 正要做某事，却发生意料之外的状况而难以进行原本想做的事。 예 가는 날이 장날이라더니 우리가 여행을 가기로 한 날 태풍이 오고 말았다.

②	가는 말이 고와야 오는 말이 곱다	뜻 상대방에게 좋은 말과 태도로 대해야 상대방도 나를 좋게 대한다. If one treats another person with kind words and actions, the other person will do the same. / 说出去的话好听，才能听到好话。 예 가는 말이 고와야 오는 말이 곱다는데 반말을 하는 무례한 손님에게 친절하게 대하고 싶은 직원은 없을 것이다.
③	가재는 게 편	뜻 비슷한 상황에 있거나 가까운 사람의 편을 들기 마련이다. We tend to take the side of people who are similar to us. (The crayfish sides with the crab.) / 人往往站在与自己有相似处境或亲近的人的一方。(物以类聚，人以群分。) 예 가재는 게 편이라더니 큰 범죄를 저지르고 그 사실을 숨긴 판사에게 재판부는 가벼운 처벌을 내렸다.
④	가지 많은 나무에 바람 잘 날 없다	뜻 자식이 많은 부모는 자식들에 대한 근심, 걱정으로 조용히 지낼 때가 없다. Parents with many children are often burdened with worries about their children. / 子女多的父母担忧的事情不断。(1. 树大招风。2. 子女多无宁日。) 예 가지 많은 나무에 바람 잘 날 없다고 우리 다섯 형제 때문에 부모님께서는 하루도 마음 편할 날이 없으셨다.
⑤	같은 값이면 다홍치마	뜻 같은 값이거나 같은 노력을 해야 한다면 품질이 좋은 것을 선택한다. If two things cost the same or require the same amount of effort, choose the one with better quality. / 若要付出同样的代价，当然要挑最好的。 예 같은 값이면 다홍치마라는데 성능이 우수하고 디자인까지 좋은 제품이 인기를 끄는 것은 당연한 일이다.
⑥	개구리 올챙이 적 생각 못한다	뜻 예전보다 형편이 좋아진 사람이 어려웠던 때를 생각하지 않고 잘난 체한다. When one is better off than before, it is condescending to boast about successes while ignoring the hardships of the past. / 个人境况比过去好的人不记得曾经经历过磨难，还装作了不起的样子。(好了伤，忘了疼。) 예 개구리 올챙이 적 생각 못한다고 저 선배는 후배들 앞에서 잘난 척을 심하게 한다.

⑦	고래 싸움에 새우 등 터진다	뜻 힘 있고 강한 자들의 싸움으로 주위에 있는 약한 자들이 피해를 입는다. When the powerful fight, the weak ones around them suffer damage. / 强者之间进行争斗，却伤及无辜的弱者。(城门失火，殃及池鱼。) 예 두 나라의 무역 갈등이 심화되면서 양국에 수출을 하는 기업들이 막대한 피해를 입었다. 고래 싸움에 새우 등 터진 격이다.
⑧	그림의 떡	뜻 어떤 것이 매우 마음에 들지만 가질 수 없다. When one can't have something that he or she desires. (A pie in the sky.) / 可望而不可及的事物。(画中饼。) 예 이렇게 날씨가 화창해도 바빠서 시간을 낼 수 없으니 여행은 그림의 떡이다.
⑨	금강산도 식후경	뜻 아무리 좋은 것이라도 배가 부른 후에야 그 즐거움을 느낄 수 있다. No matter how good something is, it cannot be fully enjoyed until one is full. (Bread is better than the song of the birds.) / 再有趣的事情，也要在填饱肚子后才能有兴致。 예 금강산도 식후경이라고 하는데 밥부터 먹고 천천히 구경해요.
⑩	꿩 대신 닭	뜻 쓰려던 것이 없을 때 그것과 비슷한 것으로 대신한다. An expression that describes a situation in which something desired is unavailable, so it is replaced by something else similar. (A chicken instead of a pheasant.) / 没有此物，就用相似的物件来代替。 예 꿩 대신 닭이라고 남자 친구가 바쁘면 남동생이라도 데리고 등산을 가려고 한다.
⑪	남의 떡이 더 커 보인다	뜻 자신의 것보다 남이 가진 것이 좋아 보인다. To feel that other people's things are better than one's own. (The grass is always greener on the other side.) / 感觉别人的看起来比自己的更好。(这山望着那山高。) 예 원래 남의 떡이 더 커 보이는 법이라서 같은 제품인데도 친구의 것이 더 좋아 보인다.
⑫	남의 잔치에 배 놓아라 감 놓아라 한다	뜻 쓸데없이 남의 일에 간섭한다. Unnecessarily interfering in other people's affairs. / 多管别人的闲事。 예 괜히 남의 잔치에 배 놓아라 감놓아라 하지 말고 네 할 일부터 하렴.

⑬	낮말은 새가 듣고 밤말은 쥐가 듣는다 ≒ 발 없는 말이 천 리 간다	뜻 말은 쉽게 퍼지니 항상 말조심을 해야 한다. Words spread easily, so one should always be careful. / 言语容易被传播所以说话要小心。(隔墙有耳。) 예 낮말은 새가 듣고 밤말은 쥐가 듣는다는데 목소리를 좀 낮추는 게 좋겠어요.
		뜻 아무리 비밀로 한 말이어도 누군가의 귀에 들어가게 된다. No matter how secretly one says something, it will eventually be heard by someone else. / 即使是秘密也会有人听到。 예 발 없는 말이 천 리 간다더니 세상에 비밀은 없나 봐요.
⑭	도토리 키 재기	뜻 능력이 비슷한 사람들끼리 서로 자기가 더 낫다고 따진다. A situation where people with similar abilities argue over who is better. / 能力相仿的人也会想要争高下。
		뜻 양쪽의 능력이 비슷해서 특별히 따지거나 비교할 필요가 없다. There is no need to compare because both sides are so similar. / 能力相仿的人不太必要争高下。
		예 20점 받은 애랑 25점 받은 애가 서로 잘한다고 우기는 것도 웃기지 않니? 도토리 키 재기인데.
⑮	돌다리도 두들겨 보고 건너라	뜻 알고 있다고 생각하는 일도 확인하고 조심해서 해야 한다. One should always double check and be careful before acting or speaking. (Look before you leap.) / 即使是知道的事也要再三确认，小心行事。(三思而后行。) 예 돌다리도 두들겨 보고 건너라는 말도 있듯이 예전부터 거래하던 회사라도 새로운 계약을 체결하기 전에는 계약서를 꼼꼼히 확인해야 한다.
⑯	등잔 밑이 어둡다	뜻 가까이에 있는 것을 오히려 잘 찾지 못하거나 알기 어렵다. Sometimes the most difficult things to notice are the ones that are closest. (It was under one's nose.) / 近处的东西反而难以了解清楚。(不识庐山真面目，只缘身在此山中。) 예 등잔 밑이 어둡다고 우리 회사에 이렇게 우수한 인재가 있었는데 다른 곳에서 사람을 찾고 있었다.

⑰	뛰는 놈 위에 나는 놈 있다	뜻 어떤 사람의 재주가 뛰어나도 더 뛰어난 사람은 있는 법이다. No matter how talented a person is, there is someone who is better. / 人外有人，天外有天。 예 민수 씨, 아무리 지난 대회에서 1등을 했다지만 수영 대회 연습도 안 하고 너무 자신만만한 것 아니에요? <u>뛰는 놈 위에 나는 놈 있다는 말</u> 몰라요?
⑱	말 한마디에 천 냥 빚 갚는다	뜻 말을 잘하면 어려운 상황이나 일도 해결할 수 있다. Being a good speaker can solve difficult situations and problems. / 伶牙俐齿的人可以逃离艰难的困境。（良言一句，可抵千金债。） 예 <u>말 한마디에 천 냥 빚 갚는다는 말이 있듯이</u> 사고를 낸 사람이 먼저 상황을 잘 설명하고 진심으로 사과의 말을 전하면 피해자도 화를 풀 것이다.
⑲	믿는 도끼에 발등 찍힌다	뜻 잘될 것이라 믿었던 일이 잘못되거나 믿었던 사람에게 배신을 당할 수 있다. To be betrayed by someone whom one trusted, or to have something go wrong contrary to expectations. / 确信一定可以做好的事却搞砸了，或遭到所信之人的背叛。 예 <u>믿는 도끼에 발등 찍힌다더니</u> 사장님의 신뢰를 받고 있던 그 직원이 회사를 배신할 줄 몰랐다.
⑳	밑 빠진 독에 물 붓기	뜻 아무리 노력하고 애를 써도 보람이 없는 일이다. No matter how much effort one gives, it is not enough, so it is useless to try. / 怎么努力也无法取得成果。 예 생활비나 교육비 등의 지출이 커서 돈을 모을 수 없다. 돈을 벌어 봤자 <u>밑 빠진 독에 물 붓기이다</u>.
㉑	배보다 배꼽이 더 크다	뜻 원래 기본이 되는 것보다 덧붙이는 것이 더 크거나 많다. An expression that describes a situation where a minor thing should require less money or effort than a related major thing, but it ends up being disproportionately more expensive or difficult. / 本末倒置。 예 인터넷 쇼핑을 하다 보면 물건 값보다 배송비가 더 비싸서 <u>배보다 배꼽이 더 큰</u> 경우도 있다.

㉒	병 주고 약 준다	뜻 다른 사람에게 피해를 입히고 그 사람을 도와주는 척한다. To harm someone and then simultaneously offer solutions or comfort. / 打一巴掌，给一甜枣。 예 남자 친구가 어제는 내 파마머리를 보자마자 이상하다고 놀리더니 오늘은 예쁜 머리띠를 사 주었다. 정말 병 주고 약 주는 격이다.
㉓	부부 싸움은 칼로 물 베기	뜻 부부는 싸워도 화해하기 쉽다. Married couples can easily reconcile even if they fight. / 夫妻二人争吵后很容易就和好。 예 부부 싸움은 칼로 물 베기라고 우리 부부는 아무리 심하게 다퉈도 몇 시간을 넘기지 않고 화해한다.
㉔	비 온 뒤에 땅이 굳어진다	뜻 힘들고 어려운 일을 겪은 후에 더 강해진다. To become stronger after going through difficult times. / 经历过磨难后会更强大。（风雨后有彩虹。） 예 비 온 뒤에 땅이 굳어진다는 말처럼 영토 분쟁을 원만하게 해결한 것을 계기로 양국의 관계는 앞으로 더욱 개선될 것이다.
㉕	사공이 많으면 배가 산으로 간다	뜻 여러 사람이 자기의 의견만 내세우다 보면 일이 제대로 되기 어렵다. It is difficult to get things done properly when many people only express their opinions. (Too many cooks spoil the broth.) / 众人都各抒己见的话事情很难成功。（艄公多，船上山。） 예 사공이 많으면 배가 산으로 간다고 각자 자기의 의견만 고집하다 보니 오늘 회의 안건에 대한 결론을 내기가 어렵다.
㉖	세 살 적 버릇이 여든까지 간다	뜻 어릴 때 생긴 버릇은 나이가 들어도 고치기 힘들다. It is hard to fix a habit that was formed when someone was young. (Old habits die hard.) / 小时候养成的习惯，长大后很难改变。（江山易改，本性难移。） 예 세 살 적 버릇이 여든까지 간다더니 어렸을 때부터 긴장하면 다리를 떨었는데 어른이 되어도 그 버릇을 못 고치고 있다.
㉗	소 잃고 외양간 고친다	뜻 이미 일이 잘못된 이후에는 그 문제를 해결하려고 노력해도 해결할 수 없다. A problem that cannot be fixed after it has already gone wrong. / 事情已经出错了，就没有办法补救。（亡羊补牢，于事无补。） 예 은행들은 개인 정보 유출 사고가 난 후에 피해 방지 대책을 내 놓았는데 이에 대해 소 잃고 외양간 고친다는 비난을 피할 수 없을 것이다.

㉘	수박 겉 핥기	뜻 어떤 일의 자세한 속사정은 잘 모르고 겉으로 보이는 것만 알거나 대충 알아본다. Only scratching the surface. / 不去认识事物的细节和本质, 止于表面。(走马观花) 예 뭐든지 수박 겉 핥기로 대충대충 하면 만족스러운 결과를 얻을 수 없다.
㉙	식은 죽 먹기 ≒ 누워서 떡 먹기 ≒ 땅 짚고 헤엄치기	뜻 아주 쉬운 일이다. It is a simple task. (It is a piece of cake.) / 小菜一碟。 예 잡채나 갈비찜 만들기는 요리를 잘하는 우리 아내한테 누워서 떡 먹기이다.
㉚	싼 게 비지떡	뜻 보통 값이 싼 물건은 품질도 나쁜 편이다. Cheap items are usually of poor quality. (You get what you pay for.) / 便宜没好货。 예 싼 게 비지떡이라더니 시장에서 딸기를 반값에 팔기에 샀는데 별로 달지도 않았고 신선하지도 않았다.
㉛	아니 땐 굴뚝에 연기 날까	뜻 모든 일에는 그 일을 발생시킨 원인이 있다. There is always a reason for everything that happens. / 凡事都有原因。(一个巴掌拍不响。) 예 한 회사가 담당 공무원에게 뇌물을 제공해서 정부 공사를 맡았다는 소문이 돌고 있다. 아닌 땐 굴뚝에 연기 날 리 없다고 의심하지 않을 수 없다.
㉜	엎질러진 물	뜻 이미 일어난 일은 고치거나 멈출 수 없다. What has already happened cannot be undone or reversed. (What's done is doed.) / 不能收回已经发生的事情。(破镜难重圆。) 예 유명 가수가 음주 운전을 하다가 적발돼서 팬들에게 사과의 뜻을 전했지만 팬들의 반응은 냉담했다. 이미 엎질러진 물이다.
㉝	열 번 찍어 안 넘어가는 나무 없다	뜻 여러 번 요청하면 결국 상대방의 결정이나 마음을 바꿀 수 있다. With multiple attempts, one can change a person's mind. (Third time's the charm.) / 人在被多次邀请后很可能会改变心意。(人经不起千言, 树经不起千斧。) 예 열 번 찍어 안 넘어가는 나무 없다더니 지훈 씨가 포기하지 않고 계속 사귀자고 하니까 결국 소라 씨의 마음이 움직였다.

㉞	우물 안의 개구리	뜻 넓은 세상을 보지 못하고 자기의 능력이 최고인 줄 아는 사람 A person who cannot see the wider world and thinks that his or her own abilities are the best. (A big fish in a small pond.) / 井底之蛙 예 우물 안의 개구리가 되지 않기 위해서 다양한 경험을 쌓고 다양한 사람들을 만나 소통할 필요가 있다.
㉟	울며 겨자 먹기	뜻 하고 싶지 않은 일을 억지로 한다. To be forced to do something against one's will. / 勉为其难 예 부모님 때문에 울며 겨자 먹기로 맞선 자리에 나갔다.
㊱	원숭이도 나무에서 떨어진다	뜻 어떤 일의 전문가라도 가끔 실수할 때가 있다. Even experts make mistakes. / 专家也有失误的时候。(人有失手，马有失蹄。) 예 원숭이도 나무에서 떨어질 때가 있다더니 항상 1등만 하던 우리 학교 야구팀이 이번 전국 대회에서는 예선 탈락을 하고 말았다.
㊲	윗물이 맑아야 아랫물이 맑다	뜻 윗사람이 좋은 예를 보여야 아랫사람도 그것을 보고 배워서 잘하게 된다. When superiors set a good example, subordinates will also learn from it and do well. (Water upstream must be clean in order to have clean water downstream.) / 上梁不正下梁歪。 예 윗물이 맑아야 아랫물이 맑듯이 한 가정에서 부모가 모범을 보여야 자녀들이 올바르게 성장할 수 있다.
㊳	제 눈에 안경	뜻 실제로 그렇지 않아도 자기의 마음에 들면 예쁘고 멋있게 보인다. If one likes something, even its unremarkable characteristics will look good. / 情人眼里出西施。 예 민수가 새로 사귀게 된 여자 친구가 아주 예쁘다면서 사진을 보여 줬는데 도무지 어디가 예쁘다는 것인지 잘 모르겠다. 정말 제 눈에 안경이다.
㊴	종로에서 뺨 맞고 한강에서 화풀이한다[눈 흘긴다]	뜻 화를 나게 한 사람한테는 아무 말도 못 하고 다른 사람한테 불평한다. To take one's frustrations out on someone else because one can't confront the person who actually caused the frustration. / 发火当面不敢说，背后议论。 예 종로에서 뺨 맞고 한강에서 화풀이한다고 하더니 오빠는 여자 친구하고 싸우고 들어와서 괜히 가족들한테 짜증을 냈다.

㊵	**천 리 길도 한 걸음부터** 기출	[뜻] 모든 일은 시작이 중요하다. The beginning of everything is important. (A journey of a thousand miles starts with a single step.) / 千里之行始于足下。 [예] 천 리 길도 한 걸음부터라는 말처럼 환경보호라고 해서 어렵게 생각할 게 아니라 일회용품의 사용을 줄이는 것부터 시작해 보면 어떨까요?
㊶	**티끌 모아 태산** 기출	[뜻] 아무리 작은 것이라도 모이면 나중에 큰 것이 될 수 있다. Even tiny things or actions can make a big difference if they are collected consistently and continuously. (Many drops make a shower.) / 积少成多。 [예] 티끌 모아 태산이라고 지진 피해자를 돕기 위한 동전 모으기 운동에 많은 시민들이 참여한 덕분에 일주일 사이 무려 1억 원 이상의 동전이 모였다.

(5) 감정 어휘

→ '한·영·중 미니 사전' 13~14쪽

① **감격스럽다** to be touched / 激动人心 `기출`
   예 아내의 임신 소식을 처음으로 들었을 때 정말 감격스러웠어요.

② **걱정스럽다** to be worried (about) / 忧心忡忡, 令人担心 `기출`
   예 졸업 후에 취직을 못 할까 봐서 걱정스러워요.

③ **곤란하다** to have difficulty / 为难 `기출`
   예 어머니와 아내 사이에 끼어서 곤란할 때가 종종 있어요.

④ **답답하다** to be frustrated / 郁闷 `기출`
   예 해외여행을 할 때 서툰 영어로 말하려니 말이 잘 안 통해서 답답해요.

⑤ **당황스럽다** to be flustered / 慌张, 不知所措 `기출`
   예 운전 중에 갑자기 차가 고장이 나서 너무 당황스러웠어요.

⑥ **불만스럽다** to be dissatisfied, to be discontented with / 不满意 `기출`
   예 그 선수는 불만스러운 계약 조건 때문에 계약 연장을 하지 않기로 했어요.

⑦ **불안하다** to feel anxiety / 忧心忡忡, 不安 `기출`
   예 아직 운전이 서툴러서 길이 복잡한 곳에서는 사고가 날 것 같아서 불안해요.

⑧ **서운하다** to feel sorry for / 不是滋味, 伤心 `기출`
   예 친구들을 결혼식에 초대했는데 많이 안 와서 서운했어요.

⑨ **속상하다** to be upset (about) / 伤心 `기출`
   예 얼마 전에 새로 산 휴대 전화를 잃어버려서 너무 속상해요.

⑩ **실망스럽다** to be disappointed / 不舍, 失望 `기출`
   예 이번 승진에서 내가 제외됐다는 사실이 좀 실망스러웠어요.

⑪ **안타깝다** to feel bad / 可惜, 遗憾 `기출`
   예 그 선수가 부상으로 대회에 출전하지 못한다는 안타까운 소식을 들었다.

⑫ **의심스럽다** to be suspicious, to be doubtful of / 怀疑, 可疑 `기출`
   예 형사들은 자꾸 말을 바꾸는 목격자가 의심스러워서 거짓말 탐지기를 쓰기로 했다.

⑬ **죄송스럽다** to be sorry / 感到抱歉 `기출`
   예 졸업 후 2년째 취직을 못하고 있어서 부모님께 너무 죄송스러워요.

⑭ **황당하다** to be baffled / 荒唐 `기출`
   예 문제가 있는 제품을 팔고도 교환을 안 해 주겠다고 해서 황당했어요.

⑮ **후회스럽다** to be regretful / 后悔 `기출`
　예 가장 <u>후회스러운</u> 것은 부모님이 살아 계실 때 잘해 드리지 못한 것이다.

⑯ **흡족하다** to be satisfied (with) / 满意 `기출`
　예 이번 세계 수영 대회에서 한국 팀은 종합 3위라는 <u>흡족한</u> 성과를 거두었다.

⑰ **희열을 느끼다** to feel great joy / 感到极大的喜悦 `기출`
　예 산악인 최승우 씨는 산 정상에 올라 <u>느꼈던 희열</u>과 감동에 대해 이야기했다.

▶ 출제 예상 어휘

상 황	필수 어휘	영 어	중국어
부정적인 상황	괘씸하다	to be disgusted with, to be disgraceful	可恶，可憎，可恨
	괴롭다	to be painful/distressed	难受，痛苦
	난처하다	to be awkward/embarrassing	为难
	담담하다	to be calm/composed	淡定
	민망하다	to be ashamed/embarrassed	尴尬
	번거롭다	to be inconvenient/uncomfortable	繁琐
	부끄럽다	to be embarrassed/shameful	害羞
	부담스럽다	to feel pressure, to be burdened	有负担
	서먹하다	to feel awkward, to be uncomfortable	生疏，别扭
	섭섭하다	to be sorry/disappointed	依依不舍
	아쉽다	to be sorry and sad	可惜
	억울하다	to feel wronged/victimized	委屈
	조급하다	to be urgent/impatient	焦急
	지겹다	to be bored with, to be tiresome	感到厌倦
	짜증스럽다	to be irritated/annoyed	不耐烦，烦躁
	허전하다	to be empty, to feel empty	感到空虚，空落落

부정적인 상황	허탈하다	to feel dejected/hollow	空虚，失落
	혼란스럽다	to be confused/disordered	混乱，乱
긍정적인 상황	기대에 들뜨다	to anticipate, to be excited	充满期待，兴奋
	마음이 홀가분하다	to feel free/carefree	轻轻松松，心情舒畅
	만족스럽다	to be satisfied	满意
	뿌듯하다	to be full/worthwhile	内心感到满足，欣慰
	설레다	to be excited, to feel butterflies in one's stomach	心情激动
	자랑스럽다	to be proud (of)	骄傲，自豪
	후련하다	to feel relieved/better	舒畅，舒心

(6) 의성어, 의태어

	표현	뜻과 예
①	고래고래	(to shout) loudly / 大吵大闹 예 사람들이 버스에서 고래고래 소리를 지르며 싸웠다.
②	글썽글썽	(to become) teary-eyed / 泪眼汪汪 예 어머니의 얼굴이 보이자 아들의 눈에 눈물이 글썽글썽 맺혔다.
③	꼬박꼬박	(to do something) regularly without skipping / 持续地，持之以恒 예 아무리 피곤해도 일주일에 세 번 꼬박꼬박 운동을 하러 간다.
④	꾸벅꾸벅	nodding off / 打瞌睡 예 어젯밤에 잠을 잘 못 자서 수업 시간 내내 꾸벅꾸벅 졸았다.
⑤	두근두근	(One's heart goes) pit-a-pat / 怦然心动, 忐忑不安 예 • 좋아하는 가수를 직접 본다는 생각에 가슴이 두근두근 뛰었다. • 거짓말한 것을 들킬까 봐 가슴이 두근두근 떨렸다.
⑥	또박또박	(to pronounce) clearly, (to write) legibly / 清清楚楚 예 나는 외국인 친구가 알아듣기 쉽게 다시 한번 또박또박 말해 줬다.

⑦	바짝바짝	(to be) parched due to nerve / 形容心情紧张得结巴的狀態 예 면접 시간이 다가오자 긴장이 되어서 입이 바짝바짝 말랐다.
⑧	부글부글	(to be) boiling with rage / 怒火中烧，成心中的憤怒狀態 예 계속 변명만 늘어놓는 그 사람을 보면서 속이 부글부글 끓었다.
⑨	싱숭생숭	(to feel) distracted or unsettled / 心神不定地，心不在焉 예 봄이라서 그런지 마음이 싱숭생숭 들떠서 공부에 집중할 수가 없다.
⑩	빈둥빈둥	(to spend time) doing little or nothing / 游手好闲地 예 우리 오빠는 유학까지 갔다 오고도 취직을 못해서 집에서 빈둥빈둥 놀고 있다.
⑪	우물쭈물	(to spend) too much time doing something or making a decision, hesitatingly / 犹犹豫豫地，猶豫不決地 예 지금은 우물쭈물 망설일 때가 아니라 적극적으로 투자를 해야 할 때다.
⑫	엉금엉금	(to crawl) slowly / 慢慢地 예 밤새 내린 눈으로 도로가 꽁꽁 얼어서 차량들은 엉금엉금 서행할 수밖에 없었다.
⑬	우왕좌왕	(to go) this way and that way / 来来去去地，惊慌失措 예 지진이 발생하자 주민들은 놀라서 우왕좌왕 어쩔 줄을 몰라 했다.
⑭	웅성웅성	a noise made when people whisper or chat in low voices / 闹哄哄地，悄悄地 예 동료들이 웅성웅성 떠들며 모여 있기에 가 봤더니 내 생일 파티를 준비하고 있었다.
⑮	조마조마	(to be) anxiously waiting to find out what is going to happen / 忐忑不安地，提心吊胆地，形容担心的心情 예 건강 검진을 받았는데 검사 결과가 안 좋을까 봐 조마조마 마음을 졸이며 결과를 기다렸다.
⑯	중얼중얼	(to speak) quietly or in an unclear way so that the words are difficult to understand, murmur / 喃喃自语 예 남편이 자면서 꿈을 꾸는지 중얼중얼 잠꼬대를 했다.
⑰	차근차근	(to do something) calmly and in an orderly way / 有条有理地 예 목격자는 경찰에게 사고 현장에서 자기가 본 것을 차근차근 이야기했다.
⑱	터벅터벅	(to walk) slowly and heavily because you are tired / 沉重脚步声 예 경기에서 진 선수들은 무거운 발걸음으로 터벅터벅 경기장을 나갔다.

⑲	허둥지둥	(to do something) hurriedly, too quickly usually because you are late / 慌慌张张地, 形容匆忙和慌乱的状态 예 허둥지둥 급하게 서두르다가는 일을 망치기 쉽다.
⑳	흥청망청	(to spend) too much money or too much of something recklessly / 大手大脚, 挥霍无度 예 복권 당첨자들은 당첨금을 흥청망청 다 써 버리고 남은 인생을 불행하게 사는 경우가 많다.
㉑	힐끔힐끔	(to give) a quick and short look repeatedly / 一瞟一瞟, 瞟一眼 예 멋있는 남자가 커피숍으로 들어오자 사람들이 그 남자를 힐끔힐끔 쳐다봤다.

 기출 엿보기

01 ( )에 들어갈 알맞은 것을 고르십시오. 60회 21번

> 문자 교육은 빠를수록 좋다고 믿는 부모들이 있다. 이들은 자신의 아이가 또래보다 글자를 더 빨리 깨치기를 바라며 문자 교육에 ( ). 그런데 나이가 어린 아이들은 아직 다양한 능력들이 완전히 발달하지 못해 온몸의 감각을 동원하여 정보를 얻는다. 이 시기에 글자를 읽는 것에 집중하다 보면 다른 감각을 사용할 기회가 줄어 능력이 고르게 발달하는 데 어려움이 있을 수 있다.

① 손을 뗀다 ② 이를 간다
③ 담을 쌓는다 ④ 열을 올린다

풀이 관용 표현이나 속담의 뜻을 알고 있어야 답을 찾을 수 있다. 빈칸의 앞 부분은 문자 교육을 빨리 하기 원하는 부모들에 관한 내용이므로 '어떤 일에 집중해서 노력과 정신을 쏟는다.'를 뜻하는 관용 표현을 찾으면 된다.

정답 ④

02 밑줄 친 부분에 나타난 '어머니'의 심정으로 알맞은 것을 고르십시오.

60회 42번

> 어머니와 아버지가 프랜차이즈 빵집을 연다고 했을 때, 주영은 언젠가는 두 사람이 자기를 가게로 부를 것임을 알았다. 그러나 여름에 있을 지방직 9급 시험일까지는 기다려 줄 줄 알았다. (중략)
>
> 실제로 벌어진 일은 그런 예상과는 전혀 달랐다. 부모님이 주영에게 빵집으로 나와 일하라는 말을 한 것은 가게 문을 정식으로 연 당일 오후였다. 어머니는 주영에게 전화를 걸어 이렇게 말했다.
>
> "네가 우리 가족 맞냐?"
>
> 그러고는 바로 전화를 끊어 버렸다. (중략)
>
> 매장은 사람들로 북적였다. 개장 기념으로 식빵을 반값에 팔고, 어떤 제품을 사든지 아메리카노를 한 잔 무료로 제공하는 행사를 벌이는 중이었다. 프랜차이즈 본사에서 나온 지원 인력들이 손님을 맞고 질문에 답변하고 카드를 받고 계산을 했다. 아버지와 어머니는 하인들처럼 겁먹은 눈으로 예, 예, 굽실거리며 지원 인력들의 지시에 따랐다.
>
> 주영의 아버지와 어머니는 카드 결제조차 제대로 하지 못했다. 빵에는 바코드가 없었다. 제품이 어느 카테고리에 속하는지, 이름이 뭔지를 전부 외워야 단말기에 가격을 입력할 수 있었다. 아버지는 단말기 옆에서 빵을 봉투에 담으며 로프, 캉파뉴, 치아바타, 푸가스 같은 낯선 이름들을 외우려 애썼다.
>
> – 출처: 장강명, 『산 자들』 중 「현수동 빵집 삼국지」, (주)민음사

① 억울하다 ② 서운하다
③ 걱정스럽다 ④ 혼란스럽다

풀이 감정 어휘를 알고 있어야 답을 고를 수 있다. 밑줄 친 부분은 가게 일을 도와주러 오지 않는 딸에게 어머니가 한 말이므로 그 상황에 어울리는 심정을 찾으면 된다.

정답 ②

📝 **TEST 연습 문제** ● ──────────── ● 9. 필수 어휘: 시험에 꼭 나오는 어휘를 알아 두자

01 다음 글의 내용과 같은 것을 고르십시오.

한강공원 야외수영장 이용 안내

▶ 기간: 6월 말 ~ 8월
▶ 시간: 오전 10시 ~ 오후 8시
▶ 요금: 어른 – 3,000원, 청소년 – 2,000원, 어린이 – 1,000원
　　　(샤워 시설 이용료 포함)
▶ 문의: 수영장 관리사무소 ☎ 02) 123-4567
※ 입장권은 당일 현장 구매만 가능

---

① 수영장은 1년 내내 이용할 수 있다.
② 수영장 입장권은 수영장에서만 살 수 있다.
③ 어린이는 무료로 수영장을 이용할 수 있다.
④ 샤워 시설을 이용하려면 돈을 따로 내야 한다.

02 (　)에 들어갈 가장 알맞은 것을 고르십시오.

바쁜 현대인들의 문화생활 욕구를 충족시켜 주는 '요약 콘텐츠 산업'이 뜨고 있다. 영화나 드라마의 내용을 요약한 짧은 영상을 보는 사람이 크게 늘었고 책의 내용을 요약해서 들려주는 음성 서비스도 인기를 얻고 있다. 몇 분만 투자하면 영화 한 편의 내용을 알 수 있고 두꺼운 책 한 권을 읽은 효과를 얻을 수 있어 효율적이라는 반응이다. 그러나 일부에서는 이렇게 요약형 콘텐츠만을 찾다 보면 전체적인 내용을 접하며 충분히 느끼고 판단하지 못하기 때문에 (　　　)로 정보를 얻는 데 그칠 수 있다고 우려한다.

---

① 식은 죽 먹기　　　　　　② 수박 겉 핥기
③ 도토리 키 재기　　　　　④ 밑 빠진 독에 물 붓기

03 다음 그래프의 내용과 같은 것을 고르십시오.

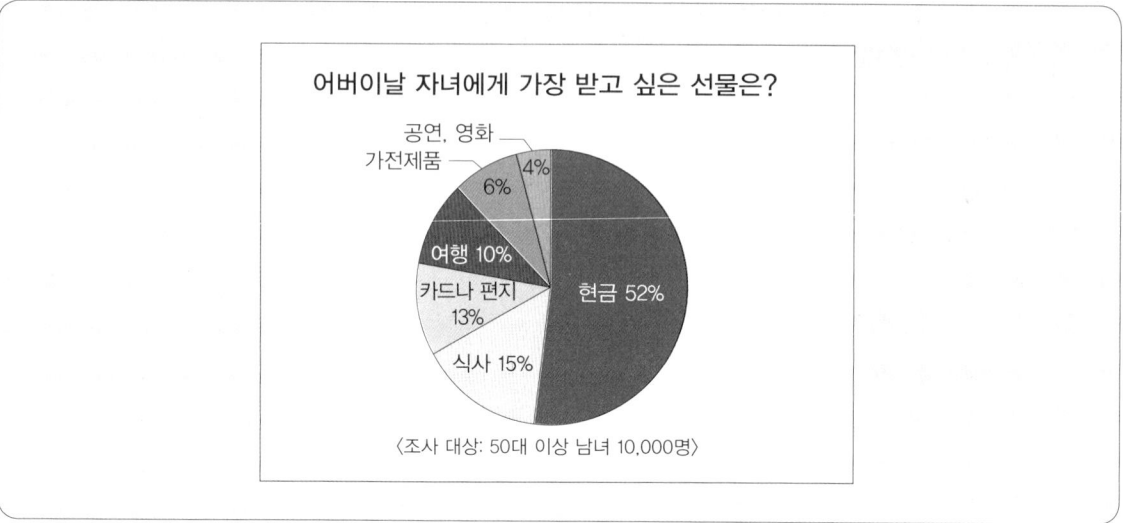

① 식사 선물을 받고 싶다고 응답한 사람이 전체의 절반을 넘는다.
② 자녀들에게 가전제품을 선물 받고 싶어 하는 사람이 가장 적다.
③ 카드나 편지보다 여행 선물을 받고 싶다고 응답한 사람이 더 많다.
④ 자녀들에게 선물로 돈을 받고 싶다고 응답한 사람의 비율이 가장 높다.

04 밑줄 친 부분에 나타난 '나'의 심정으로 알맞은 것을 고르십시오.

며칠 전에 친구와 약속이 있었다. 약속 시간까지 시간이 좀 남았기에 화장품 매장에 들어갔는데 평일 낮이라 그런지 매장 안이 한산했다. 뭘 사겠다고 정하고 들어간 것은 아니라서 이것저것 구경을 하고 있는데 나를 지켜보고 있는 점원의 시선이 느껴졌다. "어떤 거 찾으세요?"로 시작된 점원의 질문은 다양한 제품 추천으로 이어졌고 마음 편하게 구경할 수가 없어서 결국 매장을 나오고 말았다. 점원이 먼저 말을 걸면서 적극적인 태도로 설명을 해 주는 것이 좋다는 사람도 있겠지만 조용히 둘러보고 싶은 나 같은 손님도 있을 것이다.

① 번거롭다
② 황당하다
③ 부담스럽다
④ 혼란스럽다

정답 및 해설

01 안내문에 자주 나오는 어휘를 알고 있어야 한다. 이용 기간과 요금 등을 확인하고 '샤워 시설 이용료 포함', '입장권은 당일 현장 구매만 가능' 등의 어휘의 의미를 생각하면서 답을 찾으면 된다. 수영장은 9월부터 6월 중순까지 이용할 수 없으며, 어린이의 이용 요금은 1,000원이다. 이용 요금에는 샤워 시설 이용료가 포함되어 있으므로 돈을 따로 내지 않아도 된다.

정답 ②

02 관용 표현이나 속담의 뜻을 알고 있어야 답을 찾을 수 있다. 영화나 책을 요약해서 볼 때 나타날 수 있는 문제점에 관한 내용이므로 '어떤 일의 자세한 내용은 잘 모르고 겉으로 보이는 것만 알거나 대충 알아본다.'를 뜻하는 속담을 찾으면 된다.

정답 ②

03 그래프에 자주 나오는 어휘를 알고 있어야 한다. '-보다 (더)' 뿐만 아니라 '비율이 가장 높다', '전체의 절반을 넘는다', '사람이 가장 적다'와 같은 다양한 비교 표현에 주의하면서 답을 찾으면 된다. 선물로 현금을 받고 싶다는 사람의 비율이 52%로 가장 높다.

정답 ④

04 감정을 나타내는 어휘를 알고 있어야 답을 고를 수 있다. 가게 직원이 자신을 지켜보고 있다는 것을 신경 쓰는 상황이므로 그 상황에 어울리는 심정을 고르면 된다.

정답 ③

2. 주제별 필수 어휘 → '한·영·중 미니 사전' 15~28쪽

읽기 문제에서 자주 나오는 글의 주제가 있다. 주제와 관련된 어휘를 알고 있으면 글의 내용을 쉽고 빠르게 이해할 수 있다. 주제별로 꼭 알아야 하는 필수 어휘를 정리해 두자.

(1) 건강 health 健康

① 의학 medicine 医学

의학	☑ 의학이 발달하다	질병	☐ 질병에 걸리다
성인병	☐ 성인병을 예방하다 ☐ 고혈압, 당뇨	면역력	☐ 면역력을 높이다 ☐ 면역력이 떨어지다
증상	☐ 증상이 나타나다	우울증	☐ 우울증을 앓다
수면 장애	☐ 수면 장애를 겪다	불면증	☐ 불면증에 시달리다

② 식품 food, groceries 食品

열량	☐ 열량이 높다	비만	☐ 성인 비만, 소아 비만
체중	☐ 체중을 조절하다	섭취	☐ 음식물을 섭취하다
식중독	☐ 식중독의 위험 ☐ 식중독에 걸리다	유전자	☐ 유전자 변형 식품(GMO)

어휘 사전

(1) 건강 health 健康

① 의학 medicine 医学
  질병 disease, illness 疾病
  성인병 adult disease 成人疾病
  면역력 immunity 免疫力
  증상 symptoms 症狀
  우울증 depression 抑郁症
  수면 장애 sleep disorder 睡眠障碍
  불면증 insomnia 失眠症

② 식품 food, groceries 食品
  열량 calories 热量
  비만 obesity 肥胖
  체중 weight 体重
  섭취 ingestion 摄取
  식중독 food poisoning 食物中毒
  유전자 gene 基因

✓ Quiz 어휘 연습

※ [01~03] 빈칸에 알맞은 것을 골라 쓰십시오.

| 비만 | 질병 | 체중 | 증상 | 섭취 |
| 열량 | 면역력 | 불면증 | 우울증 | 수면 장애 |

01 계절이 바뀌는 환절기에는 우리 몸을 지켜주는 (1) _____ 이 떨어져서 감기 등의 (2) _____ 에 걸리기 쉽다. 감기에 걸리지 않도록 몸을 따뜻하게 하고 충분한 수면을 취하는 것이 좋다.

02 극심한 스트레스를 받으면 여러 가지 (1) _____ 이 나타난다. 잠을 제대로 못 자는 (2) _____ 과 같은 (3) _____ 를 겪기도 하고 우울한 기분이 지속되는 (4) _____ 을 앓기도 한다.

03 잘못된 식습관과 운동 부족으로 몸속에 지방이 쌓이면 (1) _____ 이 된다. (2) _____ 조절에 성공하려면 (3) _____ 이 높은 음식의 (4) _____ 를 줄이고 평소에 운동을 꾸준히 해야 한다.

※ [04~07] 다음 단어와 어울리는 것을 찾아 연결하십시오.

04 의학이 ・   ・ ㉠ 변형하다

05 식중독에 ・   ・ ㉡ 발달하다

06 성인병을 ・   ・ ㉢ 걸리다

07 유전자를 ・   ・ ㉣ 예방하다

┌─정답 및 해설─

01 (1) 면역력 (2) 질병 **02** (1) 증상 (2) 불면증 (3) 수면 장애 (4) 우울증 **03** (1) 비만 (2) 체중 (3) 열량 (4) 섭취
04 ㉡ **05** ㉢ **06** ㉣ **07** ㉠

(2) 경제 economy 经济

실업	☐ 실업률이 상승하다 ☐ 청년 실업	고용	☐ 고용 불안 ☐ 고용 창출
임금	☐ 최저 임금제 ☐ 최저 임금이 인상되다	불황	☐ 불황을 겪다 ☐ 불황에 빠지다
사회적 기업	☐ 사회에 공헌하다	이윤	☐ 이윤을 추구하다
가계	☐ 가계 소득	공익	☐ 공익에 기여하다
화폐 가치	☐ 화폐 가치가 떨어지다	침체	☐ 경기가 침체되다
흑자	☐ 무역 흑자 ☐ 무역 적자	환율	☐ 환율이 상승하다 ☐ 환율이 하락하다

어휘 사전

(2) 경제 economy 经济

실업 unemployment 失业
고용 employment 雇佣, 就业
임금 wages 工资
불황 (economic) depression 不景气
사회적 기업 social enterprise 社会性企业
이윤 profit, gain, return 利润

가계 family/household budget 家庭收支情况
공익 public interest, common good 公益
화폐 가치 monetary/currency value 货币价值
침체 stagnation, recession 萧条, 停滞
흑자 surplus, gain 顺差, 盈余
환율 exchange rate 汇率

✓ Quiz 어휘 연습

※ [01~03] 빈칸에 알맞은 것을 골라 쓰십시오.

환율   고용   가계   화폐   임금   실업률   청년 실업

01 대학을 졸업하고도 일자리를 구하지 못하는 젊은이들이 많아 (1) _____ 문제가 심각하다. 기업의 35%가 내년 상반기 신입 사원 채용을 줄이겠다고 밝혔다. 기업들은 채용 규모를 줄인 가장 큰 이유로 (2) _____ 인상으로 인한 인건비 부담을 꼽았다.

02 최악의 취업난으로 (1) _____ 이 계속 상승하자 정부가 일자리를 늘리는 (2) _____ 창출에 나섰다. 정부는 기업에 대한 규제를 완화하고 세금 면제 혜택도 늘려 기업들이 고용을 확대하도록 장려할 계획이다.

03 (1) _____ 은 국가 간에 서로 돈을 바꾸는 교환 비율을 말한다. 환율이 바뀌면 (2) _____ 가치도 함께 달라진다. 환율이 오르면 외화 가치가 상승해서 수출하는 기업이 이익을 보게 되고 반대로 원화 가치가 하락해서 수입을 하는 기업은 더 많은 돈을 내고 물건을 수입해야 한다.

※ [04~07] 다음 단어와 어울리는 것을 찾아 연결하십시오.

04 이윤을 ·   · ㉠ 나다
05 흑자가 ·   · ㉡ 빠지다
06 불황에 ·   · ㉢ 추구하다
07 경기가 ·   · ㉣ 침체되다

※ 밑줄 친 부분과 관계있는 것을 모두 고르십시오.

사회적 기업은 일반적인 기업의 목적보다 <u>사회적인 목적</u>을 우선으로 하는 기업이다.

08 ① 이윤 추구   ② 공익 추구   ③ 사회 공헌   ④ 이익 창출

정답 및 해설

01 (1) 청년 실업 (2) 임금 **02** (1) 실업률 (2) 고용 **03** (1) 환율 (2) 화폐 **04** ㉢ **05** ㉠ **06** ㉡ **07** ㉣ **08** ②, ③

(3) 과학 기술 scientific technology 科学技术

① 미래 사회 future society 未来社会

4차 산업 혁명	☐ 4차 산업 혁명의 시대가 도래하다	사물 인터넷	☐ 사물들이 인터넷으로 연결되다
첨단	☐ 첨단 과학	인공 지능	☐ 인공 지능 연구 ☐ 인공 지능 기술
융합	☐ 기술이 융합되다	가상 현실	☐ 가상 현실을 경험하다
자율 주행차	☐ 자율 주행차를 상용화하다	빅 데이터	☐ 빅 데이터를 활용하다

② 인터넷 internet 互联网

댓글	☐ 댓글을 달다	게시물	☐ 게시물을 올리다
공유	☐ 정보를 공유하다	개인 정보	☐ 개인 정보를 보호하다 ☐ 개인 정보를 유출하다
익명성	☐ 익명성을 띠다	표현의 자유	☐ 표현의 자유를 침해하다

📖 어휘 사전

(3) 과학 기술 scientific technology 科学技术

① 미래 사회 future society 未来社会
  4차 산업 혁명 The Fourth Industrial Revolution 第四次工业革命
  사물 인터넷 IoT: Internet of Things 物联网
  첨단 cutting edge, state-of-the-art 尖端
  인공 지능 AI: Artificial Intelligence 人工智能
  융합 fusion 融合
  가상 현실 VR: Virtual Reality 虚拟现实
  자율 주행차 autonomous vehicle 无人驾驶汽车
  빅 데이터 Big Data 大数据

② 인터넷 internet 互联网
  댓글 comment 评论, 留言
  게시물 post, notice 帖子
  공유 sharing (with) 分享, 共享
  개인 정보 personal information 个人信息
  익명성 anonymity 匿名性
  표현의 자유 freedom of expression 言论自由

✓ Quiz 어휘 연습

※ [01~02] 빈칸에 알맞은 것을 골라 쓰십시오.

| 융합   공유   첨단   빅 데이터   가상 현실   개인 정보 |

01 (1) _____ 란 디지털 환경에서 얻는 방대하고 다양한 자료를 말하는데 이를 통해 사람들의 행동 방식을 분석하고 예측할 수 있다. 인터넷의 발달로 이처럼 쉽고 빠르게 많은 정보를 얻어 편리하게 사용하고 있지만 (2) _____ 유출로 인한 피해 사례도 점점 늘고 있다.

02 4차 산업 혁명은 다양한 (1) _____ 과학 기술이 (2) _____ 되어 경제와 사회에 나타나는 혁신적인 변화이다. 핵심이 되는 기술에는 컴퓨터가 만든 가상의 세계에서 실제와 같은 체험을 하는 (3) _____ 등이 있다.

※ [03~06] 다음 설명에 해당하는 단어를 골라 쓰십시오.

| 게시물   익명성   인공 지능   사물 인터넷   자율 주행차 |

03 어떤 말과 행동을 한 사람이 누구인지 드러나지 않는 특성 (   )

04 인간과 같이 컴퓨터가 스스로 판단하고 학습할 수 있도록 한 기술 (   )

05 운전자가 차량을 조작하지 않아도 스스로 작동하는 자동차 (   )

06 생활 속 공간과 물건들을 인터넷으로 연결해서 서로 정보를 공유하는 기술 (   )

※ [07~10] 다음 단어와 어울리는 것을 찾아 연결하십시오.

07 시대가   •   ㉠ 달다

08 댓글을   •   ㉡ 띠다

09 자유를   •   ㉢ 침해하다

10 익명성을 •   ㉣ 도래하다

─ 정답 및 해설 ─

01 (1) 빅 데이터 (2) 개인 정보   02 (1) 첨단 (2) 융합 (3) 가상 현실   03 익명성   04 인공 지능   05 자율 주행차
06 사물 인터넷   07 ㉣   08 ㉠   09 ㉢   10 ㉡

(4) 복지 welfare 福利

복지	☐ 노인 복지, 아동 복지, 장애인 복지	소외	☐ 소외 계층 ☐ 소외되다, 소외를 당하다
독거노인	☐ 독거노인을 지원하다	빈곤	☐ 노인 빈곤
치매	☐ 치매 노인 ☐ 치매를 앓다	장애인 시설	☐ 장애인 시설이 부족하다 ☐ 경사로, 점자 안내판
보육 시설	☐ 보육 시설을 설치하다 ☐ 어린이집	육아 휴직	☐ 육아 휴직을 신청하다 ☐ 육아 휴직 제도
저소득층	☐ 저소득층을 지원하다	연금	☐ 기초 연금

어휘 사전

(4) 복지 welfare 福利

소외 alienation, exclusion 冷落, 疏远

독거노인 elderly persons living alone 独居老人, 空巢老人

빈곤 poverty 贫困

치매 dementia, Alzheimer's (disease) 痴呆症

장애인 시설 facilities for persons with disabilities 无障碍设施

보육 시설 nursery/childcare/daycare facility 儿童保育设施

육아 휴직 child care leave 育儿假

저소득층 low-income group/bracket 低收入阶层

연금 pension 养老金, 退休金

✓ Quiz 어휘 연습

※ [01~02] 빈칸에 알맞은 것을 골라 쓰십시오.

연금   소외   보육 시설   노인 복지   육아 휴직

01
정부는 여성들이 일과 육아를 병행할 수 있도록 직장 내 (1) _____의 설치를 확대하고 아이를 키우기 위해 직장을 쉴 수 있는 (2) _____ 제도를 강화하기로 했다. 또한 출산과 양육으로 사회 활동을 중단한 여성들이 재취업의 기회를 가질 수 있도록 도울 계획이다.

02
정부는 노인들이 사회에서 (1) _____되지 않도록 노인들을 대상으로 하는 컴퓨터 교육을 포함한 무료 취미 강좌를 개설하기로 했다. 이 밖에도 기초 (2) _____을 지급해 노인들의 기본적인 생활이 가능하도록 지원할 계획이다. 정부는 앞으로도 노인들의 생활 안정과 삶의 질 개선을 위한 (3) _____에 더 많은 관심과 노력을 기울이겠다고 밝혔다.

※ [03~07] 빈칸에 알맞은 것을 골라 쓰십시오.

치매   저소득층   독거노인   노인 빈곤   장애인 시설

03 사회복지사들이 혼자 사는 _____을 정기적으로 방문하고 있다.

04 경사로나 점자 안내판 등의 _____이 설치되지 않은 곳이 많다.

05 소득이 낮아 생계가 어려운 _____ 자녀들에게 무료 급식을 제공하기로 했다.

06 _____나 중풍 등의 노인성 질환을 치료할 수 있는 노인 전문 병원이 필요하다.

07 고령화 속도가 빨라지면서 노인들이 퇴직 후 생계유지에 어려움을 겪는 _____ 문제가 심각하다.

정답 및 해설

01 (1) 보육 시설 (2) 육아 휴직 **02** (1) 소외 (2) 연금 (3) 노인 복지 **03** 독거노인 **04** 장애인 시설 **05** 저소득층
06 치매 **07** 노인 빈곤

(5) 사회 변화 I – 가족의 변화
social change – changes in family formation 社会变化 – 家庭的变化

1인 가구	☐ 1인 가구 증가	노후	☐ 노후 대책
고령화	☐ 고령화 사회 ☐ 고령화 속도가 빨라지다	출산	☐ 저출산, 출산율 ☐ 출산을 장려하다
평균 수명	☐ 평균 수명이 연장되다	비혼	☐ 비혼을 선택하다
핵가족	☐ 대가족	한 부모 가족	☐ 이혼율
입양	☐ 아이를 입양하다 ☐ 입양 가족	세대	☐ 세대 갈등 ☐ 세대 간 단절
국제결혼	☐ 결혼 이민자	다문화	☐ 다문화 가족

어휘 사전

(5) 사회 변화 social change 社会变化
　　가족의 변화 changes in family formation 家庭的变化
　　1인 가구 single-person household 单人户
　　노후 retired, old age, golden years 晚年
　　고령화 aging 老龄化
　　출산 childbirth 生育
　　평균 수명 average life span/expectancy 平均寿命
　　비혼 unmarried, non-married 不婚, 非婚
　　핵가족 nuclear family 小家庭
　　한 부모 가족 single-parent family 单亲家庭
　　입양 adoption 收养, 领养
　　세대 generation 代际, 世代
　　국제결혼 international marriage 跨国婚姻
　　다문화 multi-culture 多元文化

✓ Quiz 어휘 연습

※ [01~03] 빈칸에 알맞은 것을 골라 쓰십시오.

| 고령화   저출산   출산율   노후 대책   평균 수명 |
| 국제결혼   세대 갈등   출산 장려   다문화 가족   결혼 이민자 |

01 여성의 사회 진출이 활발해지고 결혼과 출산이 늦어지면서 (1) _____ 이 지속적으로 감소하고 있다. 정부는 이러한 (2) _____ 문제를 해결하기 위해 임산부의 의료비 지원, 출산 지원금 지급 등의 (3) _____ 정책을 시행하고 있다.

02 국가 간 교류가 활발해지면서 국적이 다른 사람들이 결혼하는 (1) _____ 이 증가했다. 이에 따라 서로 다른 나라 문화권에서 온 사람들로 구성된 (2) _____ 도 늘고 있다. 정부는 결혼으로 한국에서 거주하게 된 (3) _____ 가 한국 생활에 적응할 수 있도록 언어 교육과 상담을 실시하고 있다.

03 전체 인구에서 노인이 차지하는 비율이 높아지는 (1) _____ 는 전 세계적인 현상이다. 의학의 발달로 인간의 (2) _____ 이 높아지고 소득이 없이 지내야 하는 기간도 길어져 은퇴 후의 시간을 안정적으로 보내기 위한 (3) _____ 마련이 시급해졌다. 그런데 노인 인구의 증가로 국가의 노인 복지 정책이 확대되면 젊은 세대의 부담이 늘어난다. 정년 연장으로 청년층의 일자리도 감소하기 때문에 노인 인구의 증가는 노년층과 청년층 간의 (4) _____ 이 심각해지는 원인이 된다.

※ [04~07] 다음 설명에 해당하는 단어를 골라 쓰십시오.

| 비혼   핵가족   1인 가구   입양 가족   한 부모 가족 |

04 입양한 자녀와 그 부모로 구성된 가족 ( )

05 부부와 미혼의 자녀만으로 구성된 가족 ( )

06 가정을 구성하는 가구원이 한 명인 가구 ( )

07 부모 중의 한쪽과 그 자녀로 이루어진 가족 ( )

정답 및 해설

01 (1) 출산율 (2) 저출산 (3) 출산 장려 **02** (1) 국제결혼 (2) 다문화 가족 (3) 결혼 이민자
03 (1) 고령화 (2) 평균 수명 (3) 노후 대책 (4) 세대 갈등 **04** 입양 가족 **05** 핵가족 **06** 1인 가구 **07** 한 부모 가족

(6) 사회 변화 II - 가치관의 변화
social change - changes in values 社会变化 - 价值观的变化

① 성 역할 gender roles 性别角色

가치관	☐ 전통적인 가치관 ☐ 가치관이 바뀌다	성 소수자	☐ 성적 취향 ☐ 동성애, 이성애
성차별	☐ 성차별을 당하다	성 역할	☐ 성 역할을 구분하다
편견	☐ 편견을 버리다	고정 관념	☐ 고정 관념을 깨다
다양성	☐ 다양성을 인정하다	평등	☐ 양성 평등

② 직업관 work ethics 职业观

직업관	☐ 직업관이 뚜렷하다 ☐ 생계유지, 자아실현	일과 삶의 균형	☐ 일과 삶의 균형을 이루다
부업	☐ 부업을 뛰다	삶의 질	☐ 삶의 질을 높이다
평생직장	☐ 평생직장으로 여기다	자기 개발	☐ 자기 개발에 힘쓰다

③ 외모지상주의 superficialism, lookism 外貌至上主义

외모지상주의	☐ 겉모습 ☐ 외모지상주의가 팽배하다	성형 수술	☐ 성형 수술을 부추기다

어휘 사전

(6) 가치관의 변화 change in values 价值观的变化

① 성 역할 gender roles 性别角色
　가치관 values, principle 价值观
　성 소수자 sexual minority 性少数群体, 性少数者
　성차별 sexual discrimination, sexism 性别歧视
　성 역할 gender role 性别角色
　편견 prejudice, bias (against/toward) 偏见
　고정 관념 stereotype, fixed ideas 固有观念
　다양성 diversity, variety 多样性
　평등 equality 平等

② 직업관 work ethics 职业观
　일과 삶의 균형 work/life balance 工作与生活的平衡
　부업 sideline, (something) on the side 副业
　삶의 질 QOL: Quality of Life 生活质量
　평생직장 permanent job, lifetime workplace 终身职场
　자기 개발 self-development, self-improvement 提升个人能力

③ 외모지상주의 superficialism, lookism 外貌至上主义
　성형 수술 cosmetic/plastic surgery 整形手术

✓ Quiz 어휘 연습

※ [01~02] 빈칸에 알맞은 것을 골라 쓰십시오.

편견   부업   자아   생계   평등
차별   인정   평생직장   성 소수자

01

많은 여성들이 아직도 직장 내에서 (1) _____을 받고 있다. 특히 보수, 승진 등에서 있어서 남성과의 차이가 큰 것으로 나타났다. 또 성적 취향이 이성애가 아닌 사람, 즉 (2) _____들도 직장에서 비난, 괴롭힘, 폭행 등의 차별을 당한 적이 많다고 한다. 차별이 없는 사회를 이루기 위해서는 성 역할과 성별에 대한 (3) _____을 버려야 하고 개성과 다양성을 (4) _____하는 태도가 필요하다.

02

고용이 불안해지고 평생 한 직장에 다닐 수 있다는 (1) _____이라는 개념이 사라지면서 불안한 미래에 대비하기 위해서 퇴근 후에 (2) _____을 뛰는 직장인들이 늘고 있다. 전에는 단순히 (3) _____를 유지하기 위해서 여러 곳에서 일했는데 요즘은 자신의 흥미와 적성을 고려해서 (4) _____를 실현할 수 있는 분야에서 일을 하려는 사람들이 많다.

※ [03~06] 다음 단어와 어울리는 것을 찾아 연결하십시오.

03 성 역할을 · · ㉠ 깨다

04 삶의 질을 · · ㉡ 높이다

05 고정 관념을 · · ㉢ 팽배하다

06 외모지상주의가 · · ㉣ 구분하다

정답 및 해설

01 (1) 차별 (2) 성 소수자 (3) 편견 (4) 인정　**02** (1) 평생직장 (2) 부업 (3) 생계 (4) 자아　**03** ㉣　**04** ㉡　**05** ㉠　**06** ㉢

(7) 환경 environment 环境

① 오염 pollution, contamination 污染

오염	☐ 환경 오염, 대기 오염, 수질 오염	미세 먼지	☐ 초미세 먼지 ☐ 미세 먼지를 줄이다
배기가스	☐ 배기가스를 배출하다 ☐ 자동차 매연	폐기물	☐ 폐기물을 매립하다 ☐ 폐기물을 소각하다

② 기후 변화 climate change 气候变化

기후 변화	☐ 기후 변화에 대응하다	이산화탄소	☐ 이산화탄소 배출량
지구 온난화	☐ 지구 온도의 상승 ☐ 온실가스, 온실 효과	빙하	☐ 빙하가 녹다 ☐ 해수면의 상승
사막화	☐ 사막화가 진행되다	자연재해	☐ 가뭄, 홍수, 폭염

③ 에너지 energy, power 能源

화석 연료	☐ 석유, 석탄, 천연가스	친환경	☐ 친환경 에너지
대체	☐ 대체 에너지 ☐ 화석 연료를 대체하다	신재생 에너지	☐ 신에너지: 수소 에너지, 연료 전지 ☐ 재생 에너지: 태양열, 태양광, 풍력 등

어휘 사전

(7) 환경 environment 环境

① 오염 pollution, contamination 污染
  미세 먼지 fine dust 可吸入颗粒物
  배기가스 waste gas, exhaust gas/fumes 尾气
  폐기물 waste 废弃物

② 기후 변화 climate change 气候变化
  이산화탄소 CO_2; carbon dioxide 二氧化碳
  지구 온난화 global warming 全球变暖
  빙하 glacier, iceberg 冰川
  사막화 desertification 荒漠化
  자연재해 natural disaster 自然灾害

③ 에너지 energy, power 能源
  화석 연료 fossil fuel 化石燃料
  친환경 eco-friendly 环保
  대체 alternative, substitution 替代
  신재생 에너지 (new) renewable energy 新再生能源

✓ Quiz 어휘 연습

※ [01~02] 빈칸에 알맞은 것을 골라 쓰십시오.

| 대기 | 빙하 | 미세 | 수질 | 오염 |
| 재해 | 온난화 | 폐기물 | 기후 변화 | 이산화탄소 |

01 환경 (1) _____에 의한 질병으로 세계에서 많은 사람들이 죽어가고 있다. 주요 사망 원인은 매연이나 (2) _____먼지 등으로 인해 공기가 더러워지는 (3) _____오염과 공장에서 제대로 처리하지 않고 버린 (4) _____이 바다, 강, 호수로 흘러가서 물이 오염되는 (5) _____오염인 것으로 드러났다.

02 기후 보고서에 따르면 온실가스의 주범인 (1) _____ 배출량이 빠르게 상승하고 있고 이로 인해 지구 (2) _____가 심화되고 있다. 지구의 평균 기온은 산업화 이전보다 1℃ 이상 상승했고 남극, 북극, 그린란드에 있는 (3) _____도 계속 녹고 있다. 세계 각국은 (4) _____ 협약을 맺고 앞으로 온실가스 배출량을 줄이기 위해 함께 노력하기로 약속했다.

※ [03~04] 〈보기〉와 같이 관계있는 단어를 모두 고르십시오.

보기

자연 재해   (가뭄)   빙하   석유   (폭염)   (홍수)

03 신재생 에너지   석유   친환경   태양광   화석 연료   대체 에너지

04 대기 오염   매연   빙하   석탄   미세 먼지   수소 에너지

※ [05~07] 다음 단어와 어울리는 것을 찾아 연결하십시오.

05 해수면이 •   • ㉠ 매립하다

06 사막화가 •   • ㉡ 상승하다

07 폐기물을 •   • ㉢ 진행되다

정답 및 해설

01 (1) 오염 (2) 미세 (3) 대기 (4) 폐기물 (5) 수질 **02** (1) 이산화탄소 (2) 온난화 (3) 빙하 (4) 기후 변화
03 친환경, 태양광, 대체 에너지 **04** 매연, 석탄, 미세 먼지 **05** ㉡ **06** ㉢ **07** ㉠

(8) 교육 education 教育

① **사교육** private education 私人教育, 课外教育

사교육	☐ 사교육에 의존하다 ☐ 사교육비를 지출하다	학원	☐ 입시 학원
과외	☐ 고액 과외	선행 학습	☐ 선행 학습을 부추기다
경쟁	☐ 경쟁이 과도하다	교육열	☐ 교육열이 뜨겁다
조기 교육	☐ 영어 유치원 ☐ 영재 교육	학벌	☐ 학벌을 중시하다 ☐ 대학 서열화

② **공교육** public/state education 公办教育

공교육	☐ 공교육을 불신하다	교육 개혁	☐ 교육 개혁을 단행하다
입시 제도	☐ 입시 제도가 바뀌다	대입 시험	☐ 대입 시험을 치르다
학생 인권	☐ 학생 인권을 존중하다	교권	☐ 교권을 침해하다

어휘 사전

(8) 교육 education 教育

① 사교육 private education 私人教育, 课外教育
  학원 private institute, academy 补习班
  과외 private tuition/education 课外辅导, 个人辅导
  선행 학습 learning in advance 超前教育
  경쟁 competition 竞争
  교육열 education fever/discourse 教育热
  조기 교육 early childhood education 早期教育
  학벌 academic clique 学历

② 공교육 public/state education 公办教育
  교육 개혁 reform of the educational system 教育改革
  입시 제도 entrance examination system 入学考试制度
  대입 시험 (university) entrance exam 高考
  학생 인권 student rights 学生人权
  교권 teacher's authority 教师权利

✓ Quiz 어휘 연습

※ 빈칸에 알맞은 것을 골라 쓰십시오.

경쟁   학벌   공교육   사교육   교육열

01

학생들과 학부모들은 매달 학원과 과외 같은 (1) _____에 엄청난 비용을 지출하고 있다. 이렇게 사교육에 대한 의존도가 높은 이유는 자녀를 좋은 대학에 입학시키려는 학부모들의 뜨거운 (2) _____ 탓도 있겠지만 학생들과 학부모들은 만족스럽지 못한 학교 교육의 질 때문이라면서 (3) _____에 대한 불신을 드러냈다. 또한 출신 대학교로 그 사람의 능력을 평가하면서 (4) _____을 중시하는 사회적인 분위기도 사교육을 더욱 부추기고 있다.

※ [02~03] 〈보기〉와 같이 무엇에 대한 것인지 쓰십시오.

보기

문법   어휘   외국어   의사소통   답: __언어__

02   사교육   영재 교육   초등학생   영어 유치원   답: _____

03   명문대   출신 학교   입시 경쟁   대학 서열화   답: _____

※ [04~07] 다음 단어와 어울리는 것을 찾아 연결하십시오.

04 인권을   •   ㉠ 치르다

05 시험을   •   ㉡ 바뀌다

06 입시 제도가   •   ㉢ 존중하다

07 선행 학습을   •   ㉣ 부추기다

정답 및 해설

01 (1) 사교육 (2) 교육열 (3) 공교육 (4) 학벌 **02** 조기 교육 **03** 학벌 **04** ㉢ **05** ㉠ **06** ㉡ **07** ㉣

(9) 예술 문화 art and culture 艺术文化

① 공연, 영화 show, film 演出, 电影

공연	□ 공연을 관람하다 □ 연극, 콘서트	영화제	□ 국제 영화제 □ 영화제가 개막되다
연주하다	□ 악기를 연주하다	개봉하다	□ 영화를 개봉하다
감독	□ 감독을 맡다	관객	□ 관객 천만 명을 돌파하다
흥행하다	□ 영화가 흥행하다	시사회	□ 시사회에 초대받다
연기하다	□ 무대에서 연기하다	수상하다	□ 작품상을 수상하다

② 한류[Hallyu] the Korean Wave 韩流

한류	□ 한류 열풍	영향력	□ 영향력이 크다
팬	□ 팬클럽 □ 팬들이 열광하다	문화 콘텐츠	□ 음원, 드라마, 예능, 게임 □ 케이 팝(K-pop), 케이 뷰티 (K-beauty) □ 문화 콘텐츠를 수출하다

어휘 사전

(9) 예술 문화 art and culture 艺术文化

① 공연, 영화 show, film 演出, 电影
  영화제 film festival 电影节
  연주하다 to play a music instrument 演奏
  개봉하다 to release, to open, to premiere 上映
  감독 director 导演
  관객 audience 观众
  흥행하다 box office hit 票房大获成功
  시사회 preview 首映式
  연기하다 to act, to play 表演
  수상하다 to win, to be awarded 获奖

② 한류[Hallyu] the Korean Wave 韩流
  영향력 influence 影响力
  팬 fan, admirer 粉丝
  문화 콘텐츠 cultural content 文化产品

✓ Quiz 어휘 연습

※ [01~02] 빈칸에 알맞은 것을 골라 쓰십시오.

관객   한류   흥행   영향력   연기   문화   시사회   영화제

01
얼마 전에 곧 개봉할 예정인 영화의 (1) _____에 다녀왔다. 줄거리도 흥미롭고 배우들의 연기도 아주 인상적이라서 (2) _____에 성공할 것 같다는 예감이 들었다. 역시 내 예상대로 개봉 10일 만에 500만 (3) _____을 돌파했다. 또한 영화의 작품성도 인정받아서 유명한 국제 (4) _____의 초청도 줄을 잇고 있다고 한다.

02
한국 드라마, 음원, 영화, 게임 등 한국의 (1) _____ 콘텐츠를 수출해서 해외에서 벌고 있는 수입이 크게 늘고 있다. 전문가들은 이제 (2) _____ 팬들이 한국의 문화 콘텐츠를 즐길 때 더 이상 한국의 것이라고 의식하지 않고 드라마가 재미있고 노래가 좋아서 콘텐츠를 즐기는 분위기가 형성되었다고 말한다. 이런 현상은 한국 음식, 화장품, 패션 등의 영역에도 확대되고 있어 세계에서 한류의 (3) _____이 점점 커지고 있음을 알 수 있다.

※ [03~04] 무엇에 대한 것인지 쓰십시오.

03 수출 케이 팝 열풍 해외 팬 문화 콘텐츠   답: _____

04 연극 무대 관람 관객 콘서트   답: _____

※ [05~08] 다음 단어와 어울리는 것을 찾아 연결하십시오.

05 상을   •   ㉠ 연주하다

06 영화를 •   ㉡ 개봉하다

07 악기를 •   ㉢ 열광하다

08 팬들이 •   ㉣ 수상하다

정답 및 해설

01 (1) 시사회 (2) 흥행 (3) 관객 (4) 영화제 **02** (1) 문화 (2) 한류 (3) 영향력 **03** 한류 **04** 공연 **05** ㉣ **06** ㉡ **07** ㉠ **08** ㉢

(10) 전통 문화 traditional culture 传统文化

① 전통 건축물 traditional architecture 传统建筑

건축물	☐ 목조 건축물	문화재	☐ 문화재를 보존하다 ☐ 문화재를 훼손하다
세계문화유산	☐ 세계문화유산에 등재되다	국보	☐ 국보로 지정하다
발굴하다	☐ 유적을 발굴하다	복원하다	☐ 문화재를 복원하다
온돌	☐ 온돌방 ☐ 난방 시설	마루	☐ 대청마루 ☐ 바람이 통하다
기와지붕	☐ 기와집 ☐ 빗물이 새는 것을 막다	초가지붕	☐ 초가집 ☐ 온도를 조절하다
처마	☐ 긴 처마 ☐ 일조량을 조절하다	단청	☐ 단청 무늬 ☐ 나무를 보호하다

② 풍습 custom, tradition 风俗

풍습	☐ 고유의 풍습	관혼상제	☐ 유교
잔치	☐ 돌잔치, 회갑 잔치	제사	☐ 제사를 지내다 ☐ 차례를 지내다

어휘 사전

(10) 전통 문화 traditional culture 传统文化

① 전통 건축물 traditional architecture 传统建筑
　건축물 building, structure, construction 建筑
　문화재 cultural assets/heritage 文物
　세계문화유산 world heritage 世界文化遗产
　국보 national treasure 国宝
　발굴하다 to dig, to excavate, to discover 挖掘
　복원하다 to restore 修复
　온돌[Ondol] Korean floor heating 暖炕
　마루 floor 地板
　기와지붕 tiled roof 瓦顶
　초가지붕 thatched roof 茅草屋顶
　처마 eaves 屋檐
　단청[Dancheong] traditional Korean paintwork on wooden buildings 丹青

② 풍습 custom, tradition 风俗
　관혼상제 the four major family ceremonies 冠婚丧祭
　잔치 feast, banquet 宴会
　제사 ancestral rites, memorial service 祭祀

✓ Quiz 어휘 연습

※ [01~02] 빈칸에 알맞은 것을 골라 쓰십시오.

> 마루   보존   기와   복원   초가   훼손   처마   문화재

01
> 한옥의 지붕은 재료에 따라서 여러 가지가 있다. (1)_____ 지붕은 마른 풀로 만들고 (2)_____ 지붕은 흙을 구워서 만든 기와를 포개서 만든다. 초가지붕의 마른 풀은 여름에는 더운 공기를 막아 주고 겨울에는 추운 공기를 막아 준다. 기와지붕은 비나 눈이 집 안으로 들어가지 않도록 막아 준다. 집의 벽보다 바깥쪽으로 나와 있는 지붕을 (3)_____ 라고 하는데 이것은 집 안에 비치는 햇빛의 양을 조절해 주고 비바람도 막아 주는 역할을 한다.

02
> (1)_____ 란 문화적인 가치가 높은 옛 물건이나 건축물 등을 말한다. 마땅히 옛 조상들이 우리에게 물려준 문화재를 잘 관리하고 (2)_____ 해야 한다. 하지만 어떤 문화재는 불에 타기도 했고 어떤 문화재는 분실되기도 했다. 또 (3)_____ 된 문화재를 원래의 상태로 (4)_____ 하려고 하다가 잘못 해서 오히려 더 훼손된 경우도 있다. 정부의 허술한 문화재 관리가 아쉽다.

※ [03~07] 빈칸에 알맞은 것을 골라 쓰십시오.

> 제사   지정   차례   유교   등재   발굴

03 창덕궁은 1997년에 세계문화유산에 _____되었다.

04 해마다 조상님이 돌아가신 날에는 _____를 지내는 풍습이 있다.

05 문화재청은 1962년에 남대문을 대한민국 국보 제1호로 _____했다.

06 조선 시대에는 관혼상제와 같은 집안의 행사를 _____의 예법에 따라서 치렀다.

07 빌딩을 짓다가 옛 건물터가 발견돼 조선 시대 유물들이 500점 넘게 _____되었다.

정답 및 해설

01 (1) 초가 (2) 기와 (3) 처마 **02** (1) 문화재 (2) 보존 (3) 훼손 (4) 복원 **03** 등재 **04** 제사 **05** 지정 **06** 유교 **07** 발굴

10 여러 전략을 동시에 사용하자

한 가지 전략(방법)만 사용하는 것보다 여러 전략을 동시에 사용하는 것이 좋다. 특히 '중심 내용을 고르는 문제' 같이 글의 전체적인 내용을 파악하는 문제를 풀 때에는 다양한 전략 사용이 필수적이다.

이런 문제에 적용
- 중심 내용 고르기

 기출 엿보기

01 다음 글의 중심 생각을 고르십시오 60회 22번

> 문자 교육은 빠를수록 좋다고 믿는 부모들이 있다. 이들은 자신의 아이가 또래보다 글자를 더 빨리 깨치기를 바라며 문자 교육에 열을 올린다. 그런데 나이가 어린 아이들은 아직 다양한 능력들이 완전히 발달하지 못해 온몸의 감각을 동원하여 정보를 얻는다. 이 시기에 글자를 읽는 것에 집중하다 보면 다른 감각을 사용할 기회가 줄어 능력이 고르게 발달하는 데 어려움이 있을 수 있다.

① 문자 교육을 하는 방법이 다양해져야 한다.
② 아이의 감각을 기르는 데 문자 교육이 필요하다.
③ 이른 문자 교육이 아이의 발달을 방해할 수 있다.
④ 아이들은 서로 비슷한 시기에 글자를 배우는 것이 좋다.

풀이 글의 중심 생각을 고를 때에는 여러 전략이 필요하다. 먼저 키워드와 연결하는 말을 찾으면 쉽게 중심 생각을 찾을 수 있다.
☞ [2-키워드]: 키워드는 '문자 교육', '발달'이다.
☞ [3-연결하는 말]: 역접을 나타내는 '그런데' 다음에 중심 생각이 나온다. '그런데' 다음에 나오는 내용과 관련된 것을 선택지 ①~④ 중 찾으면 된다.

정답 ③

TEST 연습 문제

10. 여러 전략을 동시에 사용하자

01 다음 글의 중심 생각을 고르십시오.

> 최근 간편가정식을 이용하는 사람들이 크게 늘고 있다. 가정에서 음식을 직접 만들어서 먹으려면 재료의 구입, 손질 및 조리 등의 복잡한 과정을 거쳐야 한다. 그런데 간편가정식은 어느 정도 조리가 된 상태로 배달되기 때문에 번거로운 준비 과정 없이도 쉽고 빠르게 요리해서 먹을 수 있다. 요즘 소비자들은 최소한의 노동으로 즐거운 식사를 추구하는 효율적인 살림을 원하고 있기 때문에 간편가정식은 우리 생활에 새로운 식문화로 자리 잡아 가고 있다.

① 간편가정식을 계속 이용하면 건강을 해칠 수 있다.
② 가사노동 시간을 줄이면 즐겁게 식사할 수 있게 된다.
③ 효율적으로 집안일을 하기 위해서 간단하게 먹는 게 좋다.
④ 간편하게 식사를 해결하려고 하는 사람들이 증가하고 있다.

02 다음 글의 중심 생각을 고르십시오.

> 나이가 들면 다른 신체 기관과 마찬가지로 사람의 뇌도 노화하기 때문에 뇌의 기능이 저하되고 퇴화하게 된다. 그러나 관리를 잘한다면 나이가 들어서도 뇌를 계속 성장시키고 건강한 상태로 유지하는 것이 가능하다. 뇌는 많이 사용할수록 기능이 향상되고 건강해진다. 뇌를 끊임없이 자극하여 활발하게 사용한 사람은 기억력과 학습 능력이 향상되어서 그렇지 않은 사람보다 인지 능력이 떨어지는 시기가 늦게 찾아온다. 또한 달리기와 같은 유산소 운동은 신경 전달 물질의 분비를 촉진해 뇌의 신경 세포 생성에 긍정적인 영향을 미친다.

① 뇌에 자극을 주는 행동은 뇌 건강에 부정적인 영향을 미친다.
② 뇌의 기능이 저하되는 원인은 인간의 뇌가 노화하기 때문이다.
③ 연령이 낮은 사람은 연령이 높은 사람보다 기억력과 학습 능력이 뛰어나다.
④ 뇌를 자주 사용하고 신체 활동을 활발히 하면 뇌를 건강하게 유지할 수 있다.

정답 및 해설

01 글의 중심 생각을 고를 때에는 여러 전략이 필요하다. 글의 구조를 이해하고 주제문장과 유사한 내용을 찾아야 한다.

☞ **[1-글의 구조]**: 글의 처음(간편가정식을 이용하는 사람이 늘고 있다)과 끝(간편가정식은 새로운 식문화로 자리 잡아 가고 있다)에 유사한 의미의 문장을 반복하면서 중심 생각을 제시하고 있다.

☞ **[7-유사 어휘]**: 주제 문장에 반복적으로 나오는 '간편가정식'과 '늘고 있다'의 유사 어휘를 선택지 ①~④ 중 찾으면 된다.

정답 ④

02 글의 중심 생각을 고를 때는 여러 전략이 필요하다. 반복적으로 나오는 키워드를 찾고 연결하는 말에 주목하면 쉽게 중심 생각을 찾을 수 있다.

☞ **[2-키워드]**: 키워드는 '뇌', '건강'이다.

☞ **[3-연결하는 말]**: 역접을 나타내는 '그러나' 다음에 중심 생각이 나온다. '그러나' 다음에 나오는 내용들(뇌를 건강한 상태로 유지하는 것)과 관련된 것을 선택지 ①~④ 중 찾으면 된다.

정답 ④

CHAPTER 02 답안 작성 연습

1 OMR 답안지 작성 요령

1. 답안지를 더럽히거나 낙서, 불필요한 표기 등을 하였을 경우에는 불이익을 받을 수 있습니다. 특히 답안지 상·하단의 타이밍 마크(▮▮▮)는 절대로 훼손해서는 안 됩니다.
2. 문제지에만 답을 쓰고 답안지에 옮기지 않으면 점수로 인정되지 않습니다.
3. 답안지는 반드시 감독관이 지급하는 양면사인펜으로 작성하여야 합니다.
4. 답안은 양면사인펜의 굵은 펜을 사용하고 매 문항마다 반드시 하나의 답만을 골라 그 숫자에 "●"로 표기하여야 합니다. 불완전한 표기나 한 문항에 2개 이상의 답을 표기하는 경우, 예비 마킹만 한 경우는 0점으로 처리합니다.
5. 객관식 답안을 수정할 경우에는 수정테이프를 이용하여 잘못된 답안을 완전히 덮어서 보이지 않도록 합니다. 또는 손을 들어 새로운 답안지로 교체할 수도 있습니다.
6. 시험 종료 후에는 답안지를 작성할 수 없으며, 시험 감독관의 답안지 제출 지시에 불응할 경우에는 부정행위로 처리됩니다.
7. 잘못된 필기구 사용과 답안지의 불완전한 마킹으로 인한 답안 작성 오류는 모두 응시자 본인에게 책임이 있습니다.

2 올바른 마킹 방법

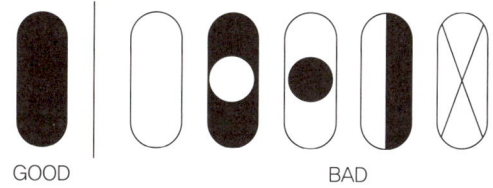

GOOD   BAD

3 답안지 응시자 정보 작성 방법

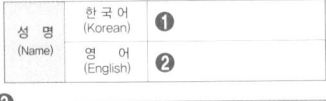

❶ 수험표상(上)의 이름을 한글로 쓰세요.
❷ 수험표상(上)의 이름을 영어로 쓰세요.
❸ 수험번호를 아라비아 숫자로 쓴 후 마킹하세요.
❹ 문제지 유형을 확인한 후 마킹하세요.

※ 실제 OMR 답안지에는 '결시확인란'과 '감독관 확인'이 있습니다. 이것은 시험 감독관이 표기하는 곳이니 그대로 비워 두세요.

※ 수험번호, 성명 등의 표기를 잘못하여 불이익을 받지 않도록 꼭 미리 연습해 보세요.

※ 실제 시험에서는 모든 표기가 바르게 되었는지 감독위원이 확인 후 서명을 합니다.

※ 답안 작성은 반드시 제공된 컴퓨터용 사인펜을 사용해야 합니다.

※ 위 사항을 지키지 않아 발생하는 불이익은 응시자에게 있습니다.

정해진 시험 시간(70분)이 끝난 후 별도의 마킹 시간이 없습니다.
70분 안에 문제를 풀고 마킹까지 할 수 있는지 '모의 답안지'로 꼭 연습해 보세요.

본 답안지는 연습용 모의답안지입니다.

한국어능력시험 TOPIK II
실전 모의고사 답안지
2 교시(읽기)

본 답안지는 연습용 모의답안지입니다.

한국어능력시험 TOPIK II
실전 모의고사 답안지
2 교시 (읽기)

성 명 (Name)	
한국어 (Korean)	
영어 (English)	

| 문제지 유형 (Type) | 홀수형 | ○ |
| | 짝수형 | ○ |

※ 실제 시험에서는 모든 표기가 바르게 되었는지 감독관이 확인한 후 서명을 합니다.
※ 답안 작성은 반드시 제공된 컴퓨터용 사인펜을 사용해야 합니다.
※ 위 사항을 지키지 않아 발생하는 불이익은 응시자에게 있습니다.

답안 표기란						답안 표기란				
1	①	②	③	④		26	①	②	③	④
2	①	②	③	④		27	①	②	③	④
3	①	②	③	④		28	①	②	③	④
4	①	②	③	④		29	①	②	③	④
5	①	②	③	④		30	①	②	③	④
6	①	②	③	④		31	①	②	③	④
7	①	②	③	④		32	①	②	③	④
8	①	②	③	④		33	①	②	③	④
9	①	②	③	④		34	①	②	③	④
10	①	②	③	④		35	①	②	③	④
11	①	②	③	④		36	①	②	③	④
12	①	②	③	④		37	①	②	③	④
13	①	②	③	④		38	①	②	③	④
14	①	②	③	④		39	①	②	③	④
15	①	②	③	④		40	①	②	③	④
16	①	②	③	④		41	①	②	③	④
17	①	②	③	④		42	①	②	③	④
18	①	②	③	④		43	①	②	③	④
19	①	②	③	④		44	①	②	③	④
20	①	②	③	④		45	①	②	③	④
21	①	②	③	④		46	①	②	③	④
22	①	②	③	④		47	①	②	③	④
23	①	②	③	④		48	①	②	③	④
24	①	②	③	④		49	①	②	③	④
25	①	②	③	④		50	①	②	③	④

수 험 번 호

본 답안지는 연습용 모의답안지입니다.

한국어능력시험 TOPIK II
실전 모의고사 답안지
2 교시 (읽기)

성 명 (Name)	
한국어 (Korean)	
영어 (English)	

문제지 유형 (Type)	
홀수형	○
짝수형	○

※ 실제 시험에서는 모든 표기가 바르게 되었는지 독감독관이 확인 후 서명을 합니다.

※ 답안 작성은 반드시 제공된 컴퓨터용 사인펜을 사용해야 합니다.

※ 위 사항을 지키지 않아 발생하는 불이익은 응시자에게 있습니다.

답안 표기란					답안 표기란				
1	①	②	③	④	26	①	②	③	④
2	①	②	③	④	27	①	②	③	④
3	①	②	③	④	28	①	②	③	④
4	①	②	③	④	29	①	②	③	④
5	①	②	③	④	30	①	②	③	④
6	①	②	③	④	31	①	②	③	④
7	①	②	③	④	32	①	②	③	④
8	①	②	③	④	33	①	②	③	④
9	①	②	③	④	34	①	②	③	④
10	①	②	③	④	35	①	②	③	④
11	①	②	③	④	36	①	②	③	④
12	①	②	③	④	37	①	②	③	④
13	①	②	③	④	38	①	②	③	④
14	①	②	③	④	39	①	②	③	④
15	①	②	③	④	40	①	②	③	④
16	①	②	③	④	41	①	②	③	④
17	①	②	③	④	42	①	②	③	④
18	①	②	③	④	43	①	②	③	④
19	①	②	③	④	44	①	②	③	④
20	①	②	③	④	45	①	②	③	④
21	①	②	③	④	46	①	②	③	④
22	①	②	③	④	47	①	②	③	④
23	①	②	③	④	48	①	②	③	④
24	①	②	③	④	49	①	②	③	④
25	①	②	③	④	50	①	②	③	④

수험번호

본 답안지는 연습용 모의답안지입니다.

한국어능력시험 TOPIK II
실전 모의고사 답안지
2 교시 (읽기)

본 답안지는 연습용 모의답안지입니다.

한국어능력시험 TOPIK II
실전 모의고사 답안지
2 교시(읽기)

한국어능력시험 TOPIK II
실전 모의고사 답안지
2교시(읽기)

본 답안지는 연습용 모의답안지입니다.

한국어능력시험 TOPIK II
실전 모의고사 답안지
2교시 (읽기)

성 명 (Name)	한국어 (Korean)	
	영 어 (English)	

문제지 유형 (Type)	홀수형	○
	짝수형	○

※ 실제 시험에서는 모든 표기가 바르게 되었는지 감독위원이 확인 후 서명을 합니다.

※ 답안 작성은 반드시 제공된 컴퓨터용 사인펜을 사용해야 합니다.

※ 위 사항을 지키지 않아 발생하는 불이익은 응시자에게 있습니다.

	답안 표기란						답안 표기란				
1	①	②	③	④		26	①	②	③	④
2	①	②	③	④		27	①	②	③	④
3	①	②	③	④		28	①	②	③	④
4	①	②	③	④		29	①	②	③	④
5	①	②	③	④		30	①	②	③	④
6	①	②	③	④		31	①	②	③	④
7	①	②	③	④		32	①	②	③	④
8	①	②	③	④		33	①	②	③	④
9	①	②	③	④		34	①	②	③	④
10	①	②	③	④		35	①	②	③	④
11	①	②	③	④		36	①	②	③	④
12	①	②	③	④		37	①	②	③	④
13	①	②	③	④		38	①	②	③	④
14	①	②	③	④		39	①	②	③	④
15	①	②	③	④		40	①	②	③	④
16	①	②	③	④		41	①	②	③	④
17	①	②	③	④		42	①	②	③	④
18	①	②	③	④		43	①	②	③	④
19	①	②	③	④		44	①	②	③	④
20	①	②	③	④		45	①	②	③	④
21	①	②	③	④		46	①	②	③	④
22	①	②	③	④		47	①	②	③	④
23	①	②	③	④		48	①	②	③	④
24	①	②	③	④		49	①	②	③	④
25	①	②	③	④		50	①	②	③	④

수험번호

0											
●	—										

0	1	2	3	4	5	6	7	8	9
⓪	①	②	③	④	⑤	⑥	⑦	⑧	⑨

PART 02

실력 올리기

혼자 TOPIK 공부를 하기 힘들다면?
www.youtube.com ▶ TOPIK STUDY 구독 ▶ TOPIK 한 번에 통과하기 클릭!
www.youtube.com ▶ 시대에듀 구독 ▶ TOPIK 한국어능력시험 학습 특강 클릭!

CHAPTER 01 실전 모의고사

제1회 읽기(01번~50번)

모바일 OMR 자동채점

→ '한·영·중 미니 사전' 40쪽 / '정답 및 해설' 3쪽

※ [01~02] (   )에 들어갈 말로 가장 알맞은 것을 고르십시오. (각 2점)

01 주말에는 미리 (   ) 기다리지 않고 식당에 들어갈 수 있다.

① 예약을 해도 ② 예약을 해야
③ 예약을 하든지 ④ 예약을 하느라고

02 약을 먹고 하루 종일 집에서 푹 (   ) 감기가 나았다.

① 쉬고자 ② 쉬거나
③ 쉬었더니 ④ 쉬는 대신

※ [03~04] 밑줄 친 부분과 의미가 가장 비슷한 것을 고르십시오. (각 2점)

03 눈이 <u>나빠질까 봐</u> 어두운 곳에서는 책을 읽지 않는다.

① 나빠져서 ② 나빠지면
③ 나빠질수록 ④ 나빠질 것 같아서

04 화장품을 30%나 <u>할인하길래</u> 한꺼번에 많이 샀어요.

① 할인하자마자
② 할인하기는커녕
③ 할인하는 데다가
④ 할인하는 것을 보고

※ [05~08] 다음은 무엇에 대한 글인지 고르십시오. (각 2점)

05

> 6단계 온도 조절!
> 최적의 온도로 신선하게 보관하자.

① 세탁기
② 냉장고
③ 에어컨
④ 건조기

06

> 책으로 만나는 다양한 세상
> 누구나 꿈을 키우고 성장하는 지식의 공간

① 도서관
② 유치원
③ 여행사
④ 미술관

07

 쓰기 전에 한번! 버릴 때 한번!
우리의 **생각**이 깨끗한 세상을 만듭니다.

① 교통안전 ② 환경 보호
③ 전기 절약 ④ 예절 교육

08

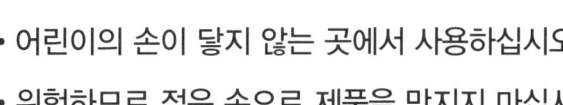
- 어린이의 손이 닿지 않는 곳에서 사용하십시오.
- 위험하므로 젖은 손으로 제품을 만지지 마십시오.

① 주의 사항 ② 구입 방법
③ 문의 방법 ④ 판매 장소

※ [09~12] 다음 글 또는 그래프의 내용과 같은 것을 고르십시오. (각 2점)

09

국제 꽃 박람회

- **행사 기간**: 4월 30일(금) ~ 5월 8일(토)
- **관람 시간**: 10:00 ~ 18:00
- **장   소**: 호수공원
- **문   의**: 02) 334-5678 (주말은 홈페이지 문의)
- **입 장 권**: 일반 - 10,000원
  　　　　　　특별할인권 - 8,000원

※ 특별할인 대상: 단체(20인 이상), 초·중·고등학생
　　　　　　　당일 현장 구매에 한함

① 이 행사는 주말에만 관람할 수 있다.
② 고등학생은 2천 원을 할인받을 수 있다.
③ 할인을 받으려면 입장권을 예매해야 한다.
④ 궁금한 점은 언제든지 전화로 물어볼 수 있다.

10

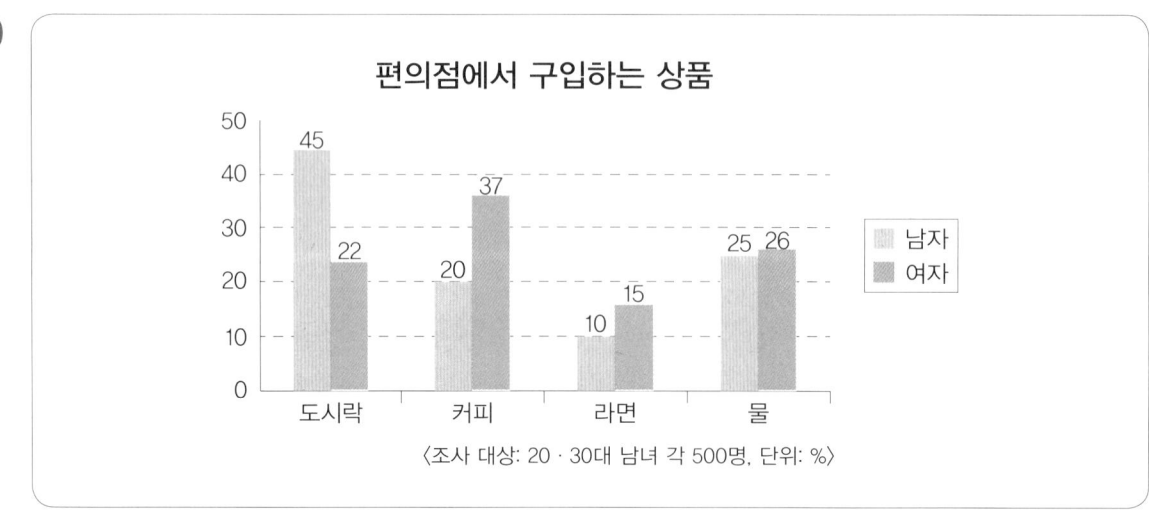

① 여자는 커피보다 라면을 더 많이 구입한다.
② 커피를 사는 사람은 남자보다 여자가 더 많다.
③ 남자와 여자 모두 도시락을 가장 많이 구입한다.
④ 물을 사는 남자와 여자의 비율은 큰 차이가 있다.

11

가을을 맞아 북촌박물관에서 특별한 음악 공연이 열린다. 지난해 음악회를 감독했던 김한주 교수가 올해도 음악 감독을 맡아 5명의 연주자들과 함께 아름다운 가을밤의 음악회를 열 예정이다. 세계적인 연주자들의 연주를 가까이에서 감상할 수 있는 이번 공연은 10월 7일 토요일 오후 6시에 시작된다. 관람료는 무료이며 9월 30일까지 북촌박물관 홈페이지에서 신청하면 관람이 가능하다.

① 올해 처음으로 열리는 공연이다.
② 공연은 평일 저녁에 박물관에서 한다.
③ 공연에서 유명한 가수들의 노래를 들을 수 있다.
④ 관람을 원하면 공연 일주일 전까지 신청해야 한다.

12

지난주에 개봉한 영화 '우리의 여름'이 큰 인기를 얻고 있다. 특히 영화에 출연한 아이들의 연기는 관객들에게 큰 감동을 주었다. 놀랍게도 그 아이들은 이전에 연기를 한 적이 없는 것으로 알려져 더욱 화제가 되고 있다. 감독은 처음에는 이 영화의 원작이 많은 사랑을 받은 베스트셀러 소설이라서 영화로 만드는 것을 망설였다고 한다. 그러나 관객들이 자신이 만든 영화를 보면서 어린 시절을 떠올리고 아이들의 마음을 이해해 주었으면 하는 바람으로 영화를 만들게 되었다고 밝혔다.

① 영화에 나온 아이들은 연기 경험이 없었다.
② 감독은 원작을 읽자마자 영화로 만들고 싶었다.
③ 영화를 보면 관객들은 마음의 위로를 받을 수 있다.
④ 유명한 배우들 여러 명이 영화에 출연해서 화제가 되었다.

※ [13~15] 다음을 순서에 맞게 배열한 것을 고르십시오. (각 2점)

13

(가) 밤늦은 시간에 아이가 아프면 부모들은 응급실을 찾게 된다.
(나) 이런 불편함을 줄이기 위해 올해부터 '달빛 어린이병원 제도'를 시행한다.
(다) 하지만 응급실에서는 기다리는 시간이 길고 제대로 진료를 받기가 어렵다.
(라) 앞으로는 정부가 지정한 병원에서 휴일 밤에도 진료를 받을 수 있을 것이다.

① (가)-(다)-(나)-(라)
② (가)-(라)-(다)-(나)
③ (나)-(라)-(다)-(가)
④ (나)-(가)-(라)-(다)

14

(가) 그런데 바나나의 열량은 사람들이 생각하는 것만큼 낮지 않다.
(나) 조금만 먹어도 금방 포만감을 느낄 수 있는 식품이기 때문이다.
(다) 체중 조절에 도움을 주는 대표적인 다이어트 식품으로 바나나가 있다.
(라) 바나나는 다른 과일에 비해 열량이 높은 편이므로 많이 먹어서는 안 된다.

① (다)-(가)-(라)-(나)
② (다)-(나)-(가)-(라)
③ (라)-(나)-(다)-(가)
④ (라)-(다)-(나)-(가)

15

(가) 몇 년 만에 대학교 때 친구에게 전화가 와서 깜짝 놀랐다.
(나) 나를 떠올렸다는 말이 고마웠고 목소리를 들으니 더 보고 싶어졌다.
(다) 얼굴을 보며 이야기를 나누고 싶어서 언제 시간이 있냐고 물어봤다.
(라) 짐을 정리하다가 내 사진이 나왔는데 생각이 나서 연락했다는 것이었다.

① (가)-(다)-(나)-(라)
② (가)-(다)-(라)-(나)
③ (가)-(라)-(나)-(다)
④ (가)-(라)-(다)-(나)

※ [16~18] (   )에 들어갈 말로 가장 알맞은 것을 고르십시오. (각 2점)

16

비행기에서 먹는 기내식은 생각보다 맛이 없는 경우가 많다. 이것은 비행기 안에서는 (   ) 때문이다. 실험 결과 비행기의 엔진 소리나 승객들이 말하는 소리 정도의 소음에 노출되면 사람들이 단맛을 덜 느끼는 것으로 나타났다. 또한 높은 곳에 있을 때 사람들이 단맛과 짠맛을 느끼는 정도가 30% 정도 감소한다는 실험 결과도 있다.

① 일부 재료의 맛을 느낄 수 없기
② 음식 맛을 제대로 느끼지 못하기
③ 실제보다 맛을 더 강하게 느끼기
④ 음식 맛을 느끼는 속도가 다르기

17

경주에 있는 첨성대는 신라 시대에 하늘을 관찰하기 위해 지은 천문대이다. 신라인들이 천문에 관심을 가졌던 이유는 농사와 관련이 있다. 한 해의 농사를 성공적으로 지으려면 계절의 변화에 맞춰 씨앗을 뿌리고 곡식을 거둬야 한다. 별은 계절에 따라 움직임이 달라지기 때문에 별을 살펴보면 계절의 변화와 적절한 농사의 시기를 알 수 있다. 따라서 별의 움직임을 보고 (   ) 신라인들은 첨성대를 만들었다.

① 우주의 신비를 밝히기 위해
② 농사의 성공을 기원하기 위해
③ 농사의 시기를 결정하기 위해
④ 다양한 방법으로 농사를 짓기 위해

18

교복을 긍정적으로 보는 이들은 (   ) 점을 교복의 장점으로 꼽는다. 교복을 입으면 매일 무슨 옷을 입을지 고민하지 않아도 되므로 편하고 옷을 사는 돈까지 절약할 수 있다는 것이다. 그러나 이에 동의하지 않는 사람도 있다. 그들은 옷을 선택할 자유를 없애는 것은 학생들이 개성을 표현할 권리를 침해하는 것이며 교복의 가격이 저렴하지도 않다는 점을 교복 착용에 반대하는 이유로 든다.

① 깔끔하고 단정한 인상을 준다는
② 학교에 소속감을 느낄 수 있다는
③ 자신의 개성을 표현할 수 있다는
④ 옷차림에 신경 쓰지 않아도 된다는

※ [19~20] 다음을 읽고 물음에 답하십시오. (각 2점)

핵가족이 늘고 은퇴 후에 자녀들과 따로 살기를 원하는 노인들이 늘면서 실버타운에 대한 관심도 높아지고 있다. 최근에는 고급 실버타운이 큰 인기를 끌고 있는데 가격은 비싸지만 의료 시설과 편의 시설이 모두 갖춰져 있어서 생활하기에 아주 편리하기 때문이다. 과거에는 도시에서 일하던 사람들이 은퇴 후 다시 고향에 돌아가 노후를 보내기 원했기 때문에 주로 한적한 시골에 실버타운을 건설했다. 그러나 시대가 바뀌면서 요즘은 (   ) 도시 생활을 편하게 생각하는 노인이 많아져서 도시나 도시 근교에 실버타운을 짓는 경우가 늘고 있다.

19 (   )에 들어갈 말로 가장 알맞은 것을 고르십시오.

① 역시 ② 아마
③ 오히려 ④ 반드시

20 윗글의 주제로 가장 알맞은 것을 고르십시오.

① 도시에 건설하는 실버타운이 많아지고 있다.
② 자녀들과 함께 살고 싶어 하는 노인이 증가하였다.
③ 요즘 노인들은 은퇴 후에 시골에 살고 싶어 한다.
④ 최근 가격이 저렴한 실버타운이 큰 인기를 얻고 있다.

※ [21~22] 다음을 읽고 물음에 답하십시오. (각 2점)

정부가 공휴일을 확대하는 방안을 검토하고 있다. 이는 휴일을 늘려 국민들의 소비를 활성화하고 침체된 경기를 살리기 위해서이다. 하지만 물가가 오르고 가계 소득마저 줄어서 사람들이 (   ) 있는 상황에서 휴일이 늘어난다고 꽉 닫힌 지갑이 열릴지는 의문이다. 현재 가구당 소득은 역대 최저치를 기록했고 소비 지출도 올해 초부터 급감해서 소비가 살아나지 않고 있다.

21 (   )에 들어갈 말로 가장 알맞은 것을 고르십시오.

① 손을 떼고
② 등을 돌리고
③ 발뺌을 하고
④ 허리띠를 졸라매고

22 윗글의 내용과 같은 것을 고르십시오.

① 침체된 경기를 살리기 위해 물가를 인하했다.
② 올해 초부터 소비 지출이 점차 늘어나고 있다.
③ 공휴일 확대가 소비 활성화로 이어질지는 알 수 없다.
④ 현재 공휴일이 많아서 정부가 공휴일 축소를 검토하고 있다.

※ [23~24] 다음을 읽고 물음에 답하십시오. (각 2점)

> 초등학교 2학년 때였다. 어느 날 선생님께서 공책 정리를 잘한 사람에게 상을 주겠다고 하시고 우리의 공책을 걷어 가셨다. 아이들은 글씨를 예쁘게 잘 쓰는 은주와 나 둘 중의 한 명이 상을 받을 것이라고 했고 나는 아니라고 하면서도 내심 기대를 했다. 그런데 다음 날 선생님이 상을 받을 사람의 이름을 불렀을 때 나는 내 귀를 의심했다. '홍철이?' 홍철이의 공책이라면 옆자리에 앉는 내가 누구보다 잘 안다. 홍철이의 글씨는 크기만 크고 전혀 예쁘지 않다. 홍철이는 기뻐서 어쩔 줄 모르며 선물을 뜯었고 나는 홍철이 앞에 놓인 <u>공책을 빤히 보고 있었다</u>. 선생님은 우리에게 이런 말씀을 하셨다.
> "누구나 공책 첫 장을 쓸 때는 잘 쓰고 싶은 마음에 정성스럽게 글씨를 쓰지만 시간이 지날수록 그 마음을 잊게 돼요. 그래서 공책 첫 장과 마지막 장의 글씨는 차이가 나지요."
> 선생님은 홍철이의 공책은 첫 장의 글씨와 마지막 장의 글씨가 같다고 말씀하시면서 공책 첫 장을 쓰던 마음으로 마지막까지 공책을 채운 홍철이에게 상을 주신 것이라고 하셨다.

23 밑줄 친 부분에 나타난 '나'의 심정으로 가장 알맞은 것을 고르십시오.

① 안타깝다
② 서먹하다
③ 불만스럽다
④ 자랑스럽다

24 윗글의 내용과 같은 것을 고르십시오.

① 나는 홍철이가 상을 받을 것이라고 생각했다.
② 공책의 첫 장에 글씨를 예쁘게 쓰는 사람이 많다.
③ 아이들이 예상한 사람과 상을 받은 사람이 같았다.
④ 선생님께서는 글씨를 예쁘게 쓴 사람에게 상을 주셨다.

※ [25~27] 다음 신문 기사의 제목을 가장 잘 설명한 것을 고르십시오. (각 2점)

25

자고 나면 달라지는 입시 제도, 교육 현장은 우왕좌왕

① 입시 제도를 바꾸는 것에 대한 다양한 의견이 있다.
② 입시 제도가 자주 바뀌어서 학생과 교사들은 혼란스럽다.
③ 입시 제도의 변화를 학생과 교사들이 긍정적으로 생각한다.
④ 교육계는 입시 제도가 앞으로 어떻게 개선될지 기대하고 있다.

26

의류 포장 비닐 사라진다, 친환경 포장재로 교체

① 친환경 비닐이 개발되어서 의류를 포장할 때 사용하게 되었다.
② 의류 매장에서 비닐로 옷을 포장해서 판매하는 것을 금지하기로 했다.
③ 환경을 보호하기 위해서 의류업계에서 의류 포장을 최소화하기로 했다.
④ 의류 포장에 비닐 대신 친환경 소재로 만든 포장재를 사용하게 되었다.

27

20년 한 우물 판 결실, 올해 한국 뮤지컬 대상에 '김수영'

① 20년 동안 뮤지컬 연기만 해 온 김수영 씨가 대상을 받았다.
② 20년 만에 뮤지컬 무대로 돌아온 김수영 씨가 대상을 받았다.
③ 20년 전에 연기했던 작품에 다시 출연한 김수영 씨가 뮤지컬 대상을 받았다.
④ 20년 동안 하던 일을 그만두고 뮤지컬 배우가 된 김수영 씨가 대상을 받았다.

※ [28~31] (   )에 들어갈 말로 가장 알맞은 것을 고르십시오. (각 2점)

28

사용 방법이 간편하면서도 촉촉하고 자연스러운 피부 표현이 가능해 큰 사랑을 받는 화장품이 있다. 이 제품은 한 화장품 회사의 연구원이 주차장에서 찍어 준 도장을 보고 아이디어를 얻어 발명하였다. 주차장에서 사용하는 도장은 도장을 누르면 안에 있는 잉크가 나와서 선명하게 종이에 찍힌다. 이 점에 주목해서 (   ) 화장품 개발에 성공했다.

① 스펀지를 눌러서 바를 수 있는
② 화장하는 시간을 줄일 수 있는
③ 스펀지로 양을 조절할 수 있는
④ 손에 묻히지 않고 바를 수 있는

29

최근 젊은 사람들을 중심으로 가성비가 구매의 기준이 되고 있다. 가성비는 가격 대비 성능의 줄임말로 소비자가 지불한 가격에 비해서 제품의 성능이 얼마나 우수한지를 나타내는 말이다. 예전에는 (   ) 인식이 강했기 때문에 가격이 낮을수록 제품의 성능이 떨어진다고 생각했다. 그러나 그런 고정관념이 점차 약화되면서 가격 거품을 뺀 가성비 좋은 제품들이 소비자들의 선택을 받고 있다.

① 가격과 성능은 비례한다는
② 가격이 성능보다 중요하다는
③ 가격과 성능은 관계가 없다는
④ 잘 팔리는 제품은 성능이 우수하다는

30

색깔을 활용하면 심신의 건강과 인간관계에 도움을 받을 수 있는데 색깔마다 가지고 있는 효능에는 차이가 있다. 그래서 (   ) 색깔을 선택하는 것이 좋다. 예를 들어 다이어트를 하고 있다면 파란색으로 주방을 꾸미고 파란색 식기를 구입하는 것이 좋다. 파란색은 식욕을 억제시키는 색으로 알려져 있기 때문이다. 노란색은 활력을 불러일으키고 긍정적인 사고를 하는 데 도움이 된다. 또한 사람들이 속마음을 숨기지 않고 편안하게 이야기를 하도록 만드는 힘이 있다.

① 시간과 장소에 어울리게
② 자신이 원하는 목적에 맞게
③ 자신의 개성이 잘 나타나게
④ 만나는 사람에 따라 다르게

31

한국 지폐에 최초로 인물이 등장한 것은 1950년이다. 당시 대통령이었던 이승만 대통령은 8월에 발행한 천 원권 지폐의 모델이 되었다. 천 원권 지폐에는 지폐의 왼쪽에 얼굴이 있었는데 이후에 발행된 다른 금액의 지폐에서는 중앙에 배치되었다. 그러나 사람들이 지폐를 반으로 접어서 사용하는 일이 많다 보니 (   ) 되었다. 그래서 인물의 얼굴을 다시 오른쪽으로 옮기게 되었다. 1960년대부터는 지폐의 모델이 역사적인 인물로 바뀌었고 지금까지 이런 방식이 유지되고 있다.

① 훼손되는 지폐가 늘어나게
② 금액이 제대로 보이지 않게
③ 인물의 얼굴에 선이 생기게
④ 크기가 작아서 자주 잃어버리게

※ [32~34] 다음을 읽고 글의 내용과 같은 것을 고르십시오. (각 2점)

32

　　몇 년 전부터 작은 결혼식을 하고 싶다는 사람이 많아졌다. 작은 결혼식은 결혼식의 규모와 초대하는 하객 수를 줄여서 하는 결혼식을 말한다. 20~30대 남녀를 대상으로 결혼 문화에 대한 인식과 결혼 비용 등을 조사한 결과 작은 결혼식에 대한 선호도가 매우 높게 나타났다. 젊은 세대는 가까운 사람만을 초대해서 간소하게 올리는 결혼식을 긍정적으로 생각했다. 그러나 하객이 많은 결혼식을 선호하는 부모님들의 반대로 인해 실제로 작은 결혼식을 올린 사람은 많지 않은 것으로 조사되었다.

① 소규모로 결혼식을 올리는 사람이 점점 증가하고 있다.
② 작은 결혼식을 선호하는 사람이 많지 않은 것으로 조사되었다.
③ 부모 세대는 결혼식에 손님을 많이 초대하는 것을 더 좋아한다.
④ 젊은 세대와 부모 세대를 대상으로 결혼 문화에 대한 인식을 조사하였다.

33

　　앞으로 사라질 것으로 예상되는 것 중에 현금과 신용카드가 있다. 현금을 가지고 다니는 사람의 수는 점차 줄어들고 있으며 현금이 신용카드에 결제 수단 1위 자리를 내어 준 것은 이미 오래되었다. 이러한 변화로 화폐를 제작하는 데 드는 막대한 비용도 절약하게 되었다. 최근에는 모바일 결제 시장도 급성장하고 있어 신용카드를 들고 다니는 모습도 몇 년 후에는 보기 어려워질 것으로 보인다. 스마트폰 속으로 지갑이 들어와서 현금이나 신용카드 없이 무엇이든지 구입할 수 있는 시대가 된 것이다.

① 스마트폰에서 결제 기능이 사라질 것이다.
② 현금으로 결제하는 것을 선호하는 사람이 많다.
③ 미래 사회에서는 신용카드가 없어질지도 모른다.
④ 화폐를 제작하는 비용이 증가해서 문제가 되고 있다.

34

흔히 간호사라고 하면 여자 간호사를 떠올린다. 그런데 요즘에는 남녀의 직업을 구별하는 인식이 약화되었고 남자 간호사의 비율도 늘고 있다. 그러나 아직도 남자 간호사의 수가 극히 적기 때문에 남자 간호사에게 간호 받는 것이 익숙하지 않은 사람이 많다. 그래서 환자들 중에는 여자 간호사로 바꿔 달라는 요구를 하는 사람도 있다. 또한 병원 안에 남자 간호사들의 휴게실이나 탈의실이 충분하지 않은 곳이 많아 그에 대한 개선도 필요하다.

① 남자 간호사에 대한 편견이 사라졌다.
② 남자 간호사의 비율이 감소하는 추세이다.
③ 남자 간호사가 낯설어서 기피하는 환자도 있다.
④ 남자 간호사들을 위한 편의 시설이 잘 마련되어 있다.

※ [35~38] 다음을 읽고 글의 주제로 가장 알맞은 것을 고르십시오. (각 2점)

35

사람은 누구나 실수를 하기 마련이고 그 실수로 인해 원하지 않는 결과를 얻게 된다. 그래서 실수한 것을 후회하고 그런 실수를 저지른 자신을 탓하며 괴로워하기도 한다. 그러나 실수의 원인에 대해 오랫동안 생각하거나 후회해도 실수를 했다는 사실은 바뀌지 않는다. 바꿀 수 없는 것에 시간을 낭비하는 것은 무의미한 일이다. 우리가 할 수 있는 것은 같은 실수를 되풀이하지 않는 것이다. 어제의 일은 바꿀 수 없지만 내일을 어떻게 살아갈지는 우리가 결정할 수 있기 때문이다.

① 실수를 하지 않으려면 신중하게 행동해야 한다.
② 자신의 실수를 반성하고 원인을 분석해야 한다.
③ 같은 실수를 반복하지 않으려는 노력이 중요하다.
④ 실수는 자신이 발전하는 기회가 되기 때문에 필요하다.

36

빅 데이터는 인터넷과 같은 디지털 환경에서 생성된 방대한 양의 정보를 말한다. 빅 데이터를 통해 사람들의 행동 방식과 소비 성향을 파악하고 예측하는 것이 가능하기 때문에 다양한 분야에서 활용되고 있다. 그러나 빅 데이터의 활용이 늘면서 분석에 사용되는 개인 정보의 안전성을 걱정하는 목소리도 커지고 있다. 자신도 모르는 사이에 유출된 자료가 악용되지 않도록 개인 정보를 보호할 수 있는 기술 개발과 함께 제도의 강화도 필요하다.

① 사람의 행동 방식을 분석한 것은 중요한 정보가 된다.
② 빅 데이터를 활용할 수 있는 범위가 점차 확대되고 있다.
③ 인터넷에서 얻는 정보를 악용하는 범죄가 늘어나고 있다.
④ 빅 데이터에 사용되는 개인 정보 보호에 노력을 기울여야 한다.

37

외국어를 배울 때는 아이들처럼 생각하는 것이 좋다. 아이들이 외국어를 배우는 속도는 성인들에 비해 훨씬 빠르다. 아이들이 어른들보다 외국어를 더 쉽게 배우는 이유는 어른들과 달리 그대로 받아들이기 때문이다. 새로운 것을 접하고 학습할 때 깊이 생각하거나 분석하려고 하면 배우는 속도가 느려진다는 연구 결과가 있다. 따라서 외국어를 처음 배울 때는 많은 생각을 하지 않는 것이 도움이 된다.

① 효과적인 외국어 학습법은 나이에 따라 다르다.
② 어른과 아이는 외국어를 배우는 속도에 차이가 있다.
③ 외국어를 빨리 배우려면 분석력보다 집중력이 필요하다.
④ 외국어를 배울 때는 단순하게 받아들이는 것이 효과적이다.

38

1년 이내에 첫 직장을 떠나는 사람이 60%에 달한다는 통계가 있다. 이를 두고 요즘 세대들의 인내심 부족을 탓하는 사람도 있지만 사실 이러한 현상이 나타나는 데에는 과거에 머물러 있는 기업 문화에 더 큰 원인이 있다. 요즘 젊은 세대는 조직보다 개인의 삶에 가치를 두고 일과 삶의 균형을 중요시한다. 그리고 상사의 명령을 일방적으로 받기만 하는 것이 아니라 수평적인 관계로 일하기를 원한다. 이런 조건이 충족되지 않으면 미련 없이 이직을 하는 것이 요즘 세대의 특징이다. 평생직장의 개념이 사라진 지금은 기업이 젊어지지 않으면 떠나는 인재들을 잡을 수 없다.

① 젊은 세대는 개인의 생활을 가장 중요하게 생각한다.
② 세대 간의 직업의식 차이를 인정하고 존중해야 한다.
③ 인재를 확보하려면 시대에 맞는 기업 문화가 필요하다.
④ 바람직한 기업 문화를 위해 젊은 세대가 노력해야 한다.

※ [39~41] 주어진 문장이 들어갈 곳으로 가장 알맞은 것을 고르십시오. (각 2점)

39

소아 비만이 의심된다면 즉석식품과 냉동식품을 멀리하고 기름진 음식도 피해야 한다.

소아 비만은 성인 비만으로 이어질 가능성이 높으며 각종 성인병과 성조숙증을 유발하기 때문에 조기에 예방해야 한다. (㉠) 아이의 비만 관리는 건강한 음식에서 비롯된다. (㉡) 그리고 5대 영양소가 골고루 갖춰진 식단을 준비해서 일정한 양을 먹게 하는 것이 중요하다. (㉢) 이런 식단 관리 못지않게 중요한 것이 천천히 오래 씹는 습관이다. (㉣) 반드시 꼭꼭 씹어 먹게 하고 먹는 것에만 집중할 수 있는 환경을 만들어 줘야 한다.

① ㉠
② ㉡
③ ㉢
④ ㉣

40

반면에 지난해에 비해 매출이 크게 증가한 곳도 있다.

불황으로 백화점과 대형 마트가 울상을 짓고 있다. 백화점의 경우 1년 중 매출이 가장 크게 늘어나는 세일 기간에도 기대만큼 매출이 늘지 않았다. (㉠) 대형 마트도 작년보다 횟수를 늘려 적극적으로 할인 행사를 벌였지만 매출 증가로 이어지지 않았다. (㉡) 가격을 인하해도 소비 심리가 위축되어 소비자들이 지출을 늘리지 않고 있기 때문이다. (㉢) 1인 가구의 증가로 편의점에서 소량으로 판매하는 제품을 찾는 사람이 늘었다. (㉣) 또한 저렴하고 간편하게 한끼 식사를 할 수 있는 편의점 도시락과 즉석식품의 인기도 점점 높아지고 있다.

① ㉠
② ㉡
③ ㉢
④ ㉣

41

이렇게 자원이 낭비된다는 점 외에도 종이 영수증이 가진 문제점은 또 있다.

종이 영수증 발급은 매년 증가하고 있으며 한 해 평균 300억 건을 넘는다. (㉠) 종이 영수증을 만드는 데 30만 그루 이상의 나무가 쓰이고 발급 비용은 약 2,500억 원에 이른다고 한다. (㉡) 그러나 종이 영수증의 약 60%는 발급한 즉시 버려진다. (㉢) 생산 과정에서 막대한 양의 이산화탄소가 발생한다는 것이다. (㉣) 자원 낭비와 환경오염을 방지하기 위해 최근에는 종이 영수증 대신 모바일 영수증을 발급하는 곳이 늘고 있다.

① ㉠
② ㉡
③ ㉢
④ ㉣

※ [42~43] 다음을 읽고 물음에 답하십시오. (각 2점)

> 오빠는 자신이 첫째여서 힘들었다는 이야기를 자주 한다. 첫째가 아닌 나는 이해하기 힘들지만 첫째가 갖는 부담감과 책임감 등 첫째만의 고충이 있다고 한다. 우리 부모님은 맞벌이를 하셔서 집에 안 계실 때가 많았다. 그래서 장남인 오빠가 동생들의 숙제도 봐 주고 동생들을 돌보기 위해 노력했다는 것이다.
> 오빠가 그런 말을 하면 언니도 기다렸다는 듯이 삼 남매 중 둘째라는 것이 얼마나 힘든 입장인지를 열을 내며 설명한다. 어느 날은 언니가 치킨 이야기를 꺼냈다.
> "난 지금도 치킨 보면 우리 어릴 때가 생각나서 좀 그래."
> 언니의 말에 따르면 치킨을 먹을 때마다 언니는 닭 다리를 먹지 못했다고 한다. 치킨 중에서도 특히 닭 다리를 좋아하는데 치킨을 배달시키면 언제나 당연한 듯 닭 다리는 오빠 몫이 되었기 때문이다. 그래서 닭 다리는 두 개인데 나머지 하나는 누가 먹었냐고 하자 언니가 정말 기억이 안 나냐고 물었다. 나는 기억이 전혀 안 나는데 막내인 내가 늘 먹어 버려서 언니는 못 먹었다고 한다. 기억이 없기는 오빠도 마찬가지였다. 닭 다리 이야기를 하기 전까지는 언니가 못 먹었다는 것도 몰랐다고 한다. 치킨이 오면 자신은 자연스럽게 닭 다리를 집어 들었고 나머지 한 개를 누가 먹는지는 관심조차 없었기 때문에 기억에도 전혀 남아 있지 않다고 했다.

42 밑줄 친 부분에 나타난 '언니'의 심정으로 가장 알맞은 것을 고르십시오.

① 안타깝다
② 억울하다
③ 민망하다
④ 실망스럽다

43 윗글의 내용으로 알 수 있는 것을 고르십시오.

① 언니는 둘째라서 힘든 점이 많지 않았다.
② 언니는 닭 다리를 별로 좋아하지 않는다.
③ 세 명 모두 닭 다리를 누가 먹었는지 기억하고 있다.
④ 오빠는 부모님을 대신해서 동생들을 챙기려고 애썼다.

※ [44~45] 다음을 읽고 물음에 답하십시오. (각 2점)

인터넷에서 검색되는 정보의 양이 방대해지고 확산 속도도 빨라지면서 인터넷의 영향력은 점차 커지고 있다. 문제는 인터넷에서 누구나 쉽게 정보를 올리고 자신의 생각을 표현하는 시대가 되었지만 게시자의 권한에는 한계가 있기 때문에 관련된 모든 것을 직접 삭제할 수는 없다는 것이다. 그래서 (   ) '디지털 장의사'를 찾는 사람이 많아지고 있다. '디지털 장의사'는 검색을 원하지 않는 개인 정보와 게시물, 사진, 동영상 등의 인터넷 기록을 찾아서 삭제를 대신 요청하는 일을 한다. 개인뿐만 아니라 기업의 의뢰도 받아 기업의 이미지에 영향을 주는 게시물의 삭제를 요청한다. '디지털 장의사'는 허위 사실이나 악의적인 게시물로 인한 피해를 막고 개인과 기업의 이미지 관리를 돕는다. 그러나 정보의 삭제로 인해 표현의 자유와 알 권리를 침해하고 특정 여론을 형성할 위험성도 있기 때문에 '디지털 장의사'의 활동 범위에 대한 명확한 규정을 정하는 것이 중요하다.

44 (   )에 들어갈 말로 가장 알맞은 것을 고르십시오.

① 인터넷 기록의 삭제를 도와주는
② 정보의 삭제 권한을 가지고 있는
③ 필요한 정보를 대신 검색해 주는
④ 인터넷에 정보를 대신 게시해 주는

45 윗글의 주제로 가장 알맞은 것을 고르십시오.

① 표현의 자유와 알 권리를 보호할 수 있는 대책을 마련해야 한다.
② 게시자에게 자신의 정보를 직접 삭제할 수 있는 권한을 줘야 한다.
③ 거짓 정보로 피해를 입는 사람이 없도록 처벌 규정을 강화해야 한다.
④ 정보 삭제를 대행해 주는 것이 악용되지 않도록 법적 기준을 마련해야 한다.

※ [46~47] 다음을 읽고 물음에 답하십시오. (각 2점)

최근 전 세계적으로 운전자가 차량을 조작하지 않아도 스스로 움직여 주행하는 자율 주행차의 상용화 움직임이 활발해지고 있다. 일부 국가에서는 공공 도로에서 자율 주행차를 운행할 수 있도록 법제화를 마쳤다. 그런데 자율 주행차가 실제 도로에서 발생하는 모든 상황에 안전하고 적절하게 대처하기 위해서 선행되어야 할 것이 있다. 자율 주행차는 차에 부착된 카메라와 센서를 통해 주변 환경을 파악하고 사물 간의 거리를 측정하고 위험을 감지한다. 그러나 안개가 끼거나 눈과 비가 많이 오면 주변 상황을 제대로 인지하기 어려워져 사고로 이어질 수 있다. 이럴 때 자율 주행차의 정밀 지도가 제공하는 도로와 시설물에 관한 정보를 활용하면 안전성을 크게 높일 수 있다. 도로 환경을 정확하게 파악하고 있을 때 안전 운행이 가능하므로 자율 주행차의 안전성 확보를 위해서는 정밀 지도 구축이 먼저 이루어져야 한다.

46 윗글에 나타난 필자의 태도로 가장 알맞은 것을 고르십시오.

① 자율 주행차의 상용화를 앞당길 수 있을 것으로 기대하고 있다.
② 자율 주행차의 상용화가 사고 증가로 이어질 것을 우려하고 있다.
③ 자율 주행차의 운행을 돕는 정밀 지도의 필요성을 강조하고 있다.
④ 자율 주행차를 운행하는 도로의 정보가 부족하다는 것을 비판하고 있다.

47 윗글의 내용과 같은 것을 고르십시오.

① 세계 각국은 자율 주행차의 보급에 소극적인 태도를 보이고 있다.
② 안전 주행을 위해 자율 주행차 센서의 기술 보완이 선행되어야 한다.
③ 자율 주행차에는 기상 상태에 영향을 받지 않는 카메라가 설치되어 있다.
④ 관련 법이 제정되어 공공 도로에서 자율 주행차를 운행할 수 있는 나라도 있다.

※ [48~50] 다음을 읽고 물음에 답하십시오. (각 2점)

젠트리피케이션 현상은 전 세계의 도시에서 볼 수 있는 현상이다. 구도심의 상권이 활성화되면 대규모 상업 지구로 변해 주택과 상가의 임대료가 상승한다. 그 결과 기존의 주민과 영세한 상인들이 다른 지역으로 이주하게 되는데 이러한 현상을 젠트리피케이션 현상이라 한다. 젠트리피케이션 현상은 지역의 발전 과정에서 자연스럽게 발생하는 현상이며 낙후된 지역의 상권을 발전시키고 균형적인 지역 발전을 이루는 데에 긍정적으로 작용한다. 그러나 대기업의 자본력에 밀려 소규모 상점들이 사라지고 방문객 위주의 시설만 증가하다 보면 지역의 특색을 완전히 잃게 되는 수가 있다. 무엇보다 기존에 거주하고 있던 주민들과 상인들이 (　　　　　) 피해로 이어지고 있어 이들을 보호할 장치가 필요하다. 대형 상점의 입점과 임대료 상승을 일부 제한하는 정책이 급속한 젠트리피케이션 현상을 완화하는 하나의 방안이 될 수 있을 것이다. 지역의 발전 속도가 다소 느려지더라도 이러한 정책을 통해 지역이 지속적으로 성장할 수 있는 기반을 마련해야 한다.

48 윗글을 쓴 목적으로 가장 알맞은 것을 고르십시오.

① 젠트리피케이션 현상의 피해 방지책을 제안하기 위해
② 젠트리피케이션 현상이 나타난 원인을 분석하기 위해
③ 젠트리피케이션 현상의 부정적인 측면을 강조하기 위해
④ 젠트리피케이션 현상과 지역 발전의 관계를 설명하기 위해

49 (　　)에 들어갈 내용으로 가장 알맞은 것을 고르십시오.

① 삶의 터전을 잃는
② 경쟁에서 낙오되는
③ 차별로 고통을 받는
④ 방문객 증가로 불편을 겪는

50 윗글의 내용과 같은 것을 고르십시오.

① 젠트리피케이션 현상은 그 지역의 임대료 하락으로 가속화된다.
② 젠트리피케이션 현상으로 인해 지역 발전의 불균형이 심화된다.
③ 젠트리피케이션 현상이 나타나면 지역 주민을 위한 시설이 확충된다.
④ 젠트리피케이션 현상으로 인해 다른 지역과의 차별성이 사라질 수도 있다.

제2회 읽기(01번~50번)

모바일 OMR 자동채점

→ '한·영·중 미니 사전' 49쪽 / '정답 및 해설' 13쪽

※ [01~02] (   )에 들어갈 말로 가장 알맞은 것을 고르십시오. (각 2점)

01 (   ) 너무 졸리면 커피를 마시거나 껌을 씹곤 해요.

① 운전해야 ② 운전하러
③ 운전하다가 ④ 운전하든지

02 영화의 예고편을 (   ) 그 영화가 너무 보고 싶어졌어요.

① 본다면 ② 보도록
③ 보느라고 ④ 보고 나니까

※ [03~04] 밑줄 친 부분과 의미가 가장 비슷한 것을 고르십시오. (각 2점)

03 시험이 너무 어려워서 시험에 <u>떨어질 줄 알았어요.</u>

① 떨어지게 됐어요 ② 떨어진 셈이에요
③ 떨어진 적이 있어요 ④ 떨어질 거라고 생각했어요

04 약의 복용법을 지키지 않으면 약을 <u>먹으나 마나예요.</u>

① 먹을 리가 없어요 ② 먹어도 소용없어요
③ 먹지 말걸 그랬어요 ④ 먹지 않으면 안 돼요

※ [05~08] 다음은 무엇에 대한 글인지 고르십시오. (각 2점)

05

> 매서운 추위에도
> 손을 따뜻하게 지켜줘요.

① 장갑　　　　　　　　② 이불
③ 내복　　　　　　　　④ 목도리

06

> 나무, 꽃, 풀 향기 가득한 숲과 정원
> 자연 속에서 지친 마음과 몸을 달래 보세요.

① 극장　　　　　　　　② 공항
③ 박물관　　　　　　　④ 수목원

07

욕설은 이제 그만!
아름답고 기분 좋은 인터넷 환경을 만듭시다.

① 예절 교육　　② 화재 예방
③ 환경 보호　　④ 안전 관리

08

• 야생 동물을 보고 소리치거나 돌을 던지면 위험합니다.
• 야생 동물이 나타나면 가까운 나무나 바위 뒤로 숨으십시오.

① 대처 방법　　② 구입 안내
③ 장소 문의　　④ 이용 순서

※ [09~12] 다음 글 또는 그래프의 내용과 같은 것을 고르십시오. (각 2점)

09

국제도서전 관람 안내

▶ 기　　간: 10월 1일(토) ~ 10월 2일(일)
▶ 관람 시간: 오전 9:00 ~ 오후 5:00
▶ 장　　소: 서울국제전시회장 1층
▶ 관람 비용: 현장 구매 시 – 10,000원
　　　　　　온라인 사전 등록 시 – 무료
※ 사전 등록은 9월 30일(화) 오후 3시 마감

① 이 전시회는 평일에 이틀 동안 열린다.
② 전시회장에서는 입장권을 구입할 수 없다.
③ 온라인으로 미리 등록하면 입장료를 안 내도 된다.
④ 오후 5시에 전시회장에 도착해도 관람이 가능하다.

10

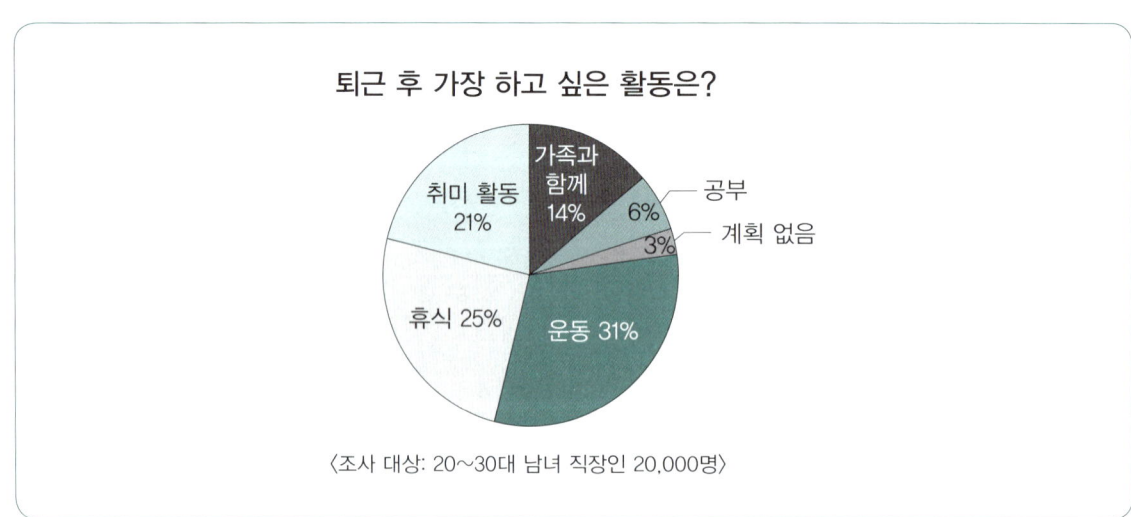

① 아무 계획이 없다고 응답한 사람은 전체의 반을 넘는다.
② 취미 활동과 운동을 하고 싶어 하는 사람의 비율은 같다.
③ 퇴근 후에 공부를 하고 싶다고 응답한 직장인이 가장 적다.
④ 가족과 보내고 싶다는 사람보다 쉬고 싶다는 사람이 더 많다.

11

　　요즘 30도 이상의 무더위가 계속되고 있는 가운데 독거노인들의 안전과 건강이 위협을 받고 있다. 서울시는 올해부터 여름마다 지역 저소득층 노인들에게 선풍기를 지원하기로 했다. 시청 관계자들은 노인들을 직접 찾아다니면서 선풍기를 전달했다. 선풍기를 지원받은 할머니는 마침 쓰던 선풍기가 고장이 나서 걱정하고 있었는데 정말 다행이라고 말했다. 그리고 고맙다는 인사도 잊지 않았다. 서울시는 앞으로 선풍기 외에도 여름 이불을 지원하고 삼계탕을 제공하는 등 다양한 방식으로 지역 노인들이 건강하게 여름을 보낼 수 있게 도울 예정이다.

① 서울시는 작년부터 지역의 모든 노인들에게 선풍기를 지원 중이다.
② 선풍기를 지원받은 할머니는 직접 시청에 가서 선풍기를 받아 왔다.
③ 선풍기를 지원받은 할머니는 시청 관계자에게 감사의 인사를 전했다.
④ 서울시는 여름철 보양식인 삼계탕을 노인들에게 이미 지원하고 있다.

12

　　전에는 보통 가족이나 친구와 함께 캠핑을 떠났는데 최근 혼자서 캠핑을 가는 사람들이 늘고 있다. 가족이나 친구와 캠핑을 떠나려면 일정도 맞춰야 하고 준비해야 할 장비나 음식도 많아진다. 그러나 혼자 캠핑을 떠나게 되면 다른 사람에게 부담을 주거나 다른 사람을 신경 쓰지 않아도 된다. 또 나만의 시간을 마음껏 즐길 수 있기 때문에 진정한 휴식을 취하고 재충전도 할 수 있다.

① 최근 혼자 캠핑을 떠나는 사람들이 감소하고 있다.
② 사람들은 캠핑을 혼자 가면 잘 쉴 수 없다고 생각한다.
③ 다른 사람과 캠핑을 떠나면 혼자 갈 때보다 신경 쓸 것이 줄어든다.
④ 혼자 캠핑을 가면 혼자만의 시간을 제대로 보낼 수 있다는 장점이 있다.

※ [13~15] 다음을 순서에 맞게 배열한 것을 고르십시오. (각 2점)

13

(가) 지난 10년 간 사람들이 물건을 소비하는 경향이 크게 변했다.
(나) 하지만 요즘에는 그 물건을 사고 얼마나 행복할지를 우선 고려한다.
(다) 예전에는 물건을 구입할 때 남에게 어떻게 보이는지에 대해 신경 썼다.
(라) 이는 사회가 공동체보다는 개인의 행복을 중시하는 사회로 변했기 때문이다.

① (가)-(나)-(라)-(다)   ② (가)-(다)-(나)-(라)
③ (다)-(라)-(가)-(나)   ④ (다)-(라)-(나)-(가)

14

(가) 가려울 때에는 얼음으로 찜질을 하면 효과적이다.
(나) 또한 물린 부위를 비누로 씻으면 가려움증이 완화된다고 한다.
(다) 흔히 모기에 물리면 물린 곳에 침을 바르거나 물린 곳을 긁는다.
(라) 이런 행동은 2차 감염의 원인이 될 수 있으므로 하지 않는 것이 좋다.

① (가)-(나)-(다)-(라)   ② (가)-(다)-(라)-(나)
③ (다)-(라)-(가)-(나)   ④ (다)-(나)-(라)-(가)

15

(가) 처음에는 돈에 관심을 보이더니 결국 골프공을 잡았다.
(나) 우리 아기 소영이 앞에 쌀, 돈, 실, 연필, 골프공을 놓았다.
(다) 드디어 우리 부부와 손님들 모두가 기대했던 돌잡이 순서다.
(라) 골프공을 집은 걸 보니 나중에 유명한 운동선수가 되려나 보다.

① (다)-(나)-(가)-(라)   ② (다)-(나)-(라)-(가)
③ (라)-(다)-(나)-(가)   ④ (라)-(다)-(가)-(나)

※ [16~18] ( )에 들어갈 말로 가장 알맞은 것을 고르십시오. (각 2점)

16

말을 제대로 못하는 아기들은 울음이나 몸짓으로 부모와 소통을 한다. 배가 고프면 고개를 좌우로 흔들거나 입을 빤다고 하고 엄마의 머리를 만지거나 잡아당기면 안아 달라는 뜻이라고 한다. 부모들이 아기가 (   ) 잘 알기 위해서는 아기들의 몸짓 언어를 잘 배워 둬야 한다.

① 성격이 어떤지   ② 무엇을 원하는지
③ 누구를 닮았는지   ④ 얼마나 성장했는지

17

현재 전국에서 반려동물을 키우는 가구는 전체 가구 수의 25%에 이르고 있다. 그런데 지금까지 관련 기관에 등록된 동물의 수는 전체 반려동물의 30% 정도에 불과하다. 동물보호법에 따라서 반려동물의 주인은 반드시 가까운 시청이나 구청 등에 동물 등록을 해야 한다. (   ) 동물을 잃어버리거나 버렸을 때 주인이 누구인지 쉽게 찾을 수 있고 동물도 보호할 수 있기 때문이다.

① 불법 동물 판매를 방지하면   ② 반려동물을 보험에 가입시키면
③ 소유자와 훈련사를 교육시키면   ④ 동물의 정보를 등록해서 관리하면

18

전 세계인의 사랑을 받고 있는 라면은 어떤 사업가의 인내와 노력으로 개발되었다. 이 사업가는 쌀밥을 대신할 밀가루 음식을 개발하고 싶었는데 어느 날 식당에서 (   ) 것을 보다가 영감을 얻었다. 뜨거운 기름에 생선을 넣는 순간 생선의 수분이 밖으로 빠져나오고 튀긴 생선에는 구멍이 많이 생겼다. 이 튀김의 원리를 이용해서 밀가루로 만든 국수를 튀겼다가 건조한 후에 뜨거운 물을 부었더니 맛있는 라면이 완성되었다.

① 생선을 튀기는   ② 국수를 만드는
③ 밀가루를 반죽하는   ④ 생선 튀김을 자르는

※ [19~20] 다음을 읽고 물음에 답하십시오. (각 2점)

무인 소형 비행기를 흔히 드론이라고 부르는데 최근 이를 활용한 산업 범위가 빠르게 확대되고 있다. 외국에서는 택배를 보내거나 범죄 예방을 위한 순찰을 하는 데 드론을 이용하고 있다. 정부는 드론 산업을 육성하기 위해서 그동안의 규제를 완화시킨 관련법을 제정했다. 또한 앞으로 하늘에 드론이 다닐 수 있는 길도 마련하고 기술 개발비도 지원하기로 했다. 그러나 사생활 침해, 항공기 운항 방해, 절도 등 드론을 이용한 범죄가 세계적으로 급증하고 있기 때문에 국내에서 드론 규제가 완화되는 것을 (   ) 반기지 않는 사람도 많다.

19 (   )에 들어갈 말로 가장 알맞은 것을 고르십시오.

① 그리
② 마치
③ 게다가
④ 어쩌면

20 윗글의 주제로 가장 알맞은 것을 고르십시오.

① 드론 산업 육성을 위한 정부의 지원 확대가 시급하다.
② 드론을 다양한 분야에 적극적으로 활용할 필요가 있다.
③ 드론 규제 완화는 부작용을 고려해서 신중하게 검토되어야 한다.
④ 드론으로 다른 사람의 사생활을 침해하지 않도록 주의해야 한다.

※ [21~22] 다음을 읽고 물음에 답하십시오. (각 2점)

　　골목은 집과 집, 길과 길을 이어주는 좁은 길로 누구나 자유롭게 오가며 이웃과 소통할 수 있는 공간이다. 그러나 도시화로 인해서 골목은 아파트나 주차장 등 다른 공간으로 대체되며 점점 사라지고 있다. 골목을 잃어간다는 것은 다른 사람과 소통하고 나눌 수 있는 공간을 잃고 있다는 뜻이다. 최근 이를 안타깝게 여기던 젊은 건축가들이 (　　　　　　) 사라지고 있는 골목과 골목 문화를 복원하기 위해서 애쓰고 있다. 젊은 건축가들은 정부와 지역 주민들과 협력해서 오래되고 낡은 환경의 골목을 안전하고 쾌적한 환경으로 바꾸고 있을 뿐만 아니라 지역의 역사와 전통을 반영한 특색이 있는 골목길로 재탄생시키고 있다.

21 (　　)에 들어갈 말로 가장 알맞은 것을 고르십시오.

① 한 우물을 파서
② 발 벗고 나서서
③ 귓등으로 들어서
④ 찬물을 끼얹어서

22 윗글의 내용과 같은 것을 고르십시오.

① 도시화 때문에 골목이 점점 늘어나고 있다.
② 정부와 지역 주민들은 골목길 복원에 반대한다.
③ 골목이 사라지면 사람들끼리 소통하기 쉬워질 것이다.
④ 젊은 건축가들은 골목을 재생시키려고 노력하고 있다.

※ [23~24] 다음을 읽고 물음에 답하십시오. (각 2점)

> 나는 한국 남자와 결혼해서 10년 전에 베트남에서 한국에 왔고 지금은 한국과 베트남을 오고 가며 통역사로 일하고 있다. 하지만 한국에 처음 왔을 때는 한국 사람과 이야기하는 것에 정말 자신이 없었다. 한국 사람과 이야기하면 긴장을 해서 하고 싶은 말이 있어도 모기만 한 목소리로 겨우 말하곤 했었다. 한번은 시장에서 싼값에 과일을 많이 주신 가게 아주머니께 감사하다고 말씀드리려고 했는데 그날도 너무 긴장해서 "사랑합니다."라고 하고 말았다. 아주머니는 내 대답을 듣고 크게 웃으셨다. 그때는 내 발음이나 억양이 좀 어색해서 아주머니께서 웃으시는 줄 알았는데 나중에 시장에 같이 갔던 남편에게 이야기를 들어 보니 내가 아주머니께 사랑한다고 말했다는 것이다. <u>나는 남편의 이야기를 듣고 얼굴을 들 수 없었다.</u>

23 밑줄 친 부분에 나타난 '나'의 심정으로 가장 알맞은 것을 고르십시오.

① 후련하다
② 부끄럽다
③ 섭섭하다
④ 뿌듯하다

24 윗글의 내용과 같은 것을 고르십시오.

① 한국에 처음 왔을 때부터 한국어에 자신감이 넘쳤다.
② 나는 과일을 사고 나서 가게 아주머니께 고맙다고 말했다.
③ 과일 가게 아주머니께서는 내 발음이 이상해서 크게 웃으셨다.
④ 나중에 남편이 가게 아주머니께서 웃으신 이유를 말해 주었다.

※ [25~27] 다음 신문 기사의 제목을 가장 잘 설명한 것을 고르십시오. (각 2점)

25

조류 독감 수도권 발병, 정부 확산 방지 안간힘

① 정부는 조류 독감이 수도권으로 번지지 않도록 최선을 다하고 있다.
② 정부는 수도권에서 발생한 조류 독감이 다른 곳으로 퍼지지 않도록 애쓰고 있다.
③ 정부는 조류 독감이 전국적으로 확산되어 닭고기 가격이 급등할 것으로 예상했다.
④ 조류 독감이 수도권에 발병했음에도 불구하고 정부는 어떤 대책도 세우지 않고 있다.

26

2년 연속 출생률 추락, 출생아 수 30만 명 선 무너질 듯

① 올해의 출생률은 작년과 같은 수준으로 30만 명 정도의 아기가 태어날 것이다.
② 올해는 작년에 비해서 출생률이 떨어졌으며 30만여 명의 아기가 태어날 것이다.
③ 올해도 작년에 이어 출생률이 급격히 하락해서 30만 명 미만의 아기가 태어날 것이다.
④ 올해는 작년과 달리 출생률이 올라가서 태어나는 아기의 수가 30만 명을 넘을 것 같다.

27

세계에 한류 열풍, 한국 화장품 사상 최대 무역 흑자 달성

① 세계에 한류 열풍이 불고 있는데도 한국의 화장품 무역은 여전히 적자이다.
② 한류가 세계적으로 확산되면서 해외 화장품 회사의 국내 진출도 늘고 있다.
③ 해외에서 한류 열풍이 불어 한국의 화장품 수출이 역사상 최고를 기록했다.
④ 한국의 화장품 해외 판매가 늘면서 한국의 대중문화도 해외에 알려지고 있다.

※ [28~31] (   )에 들어갈 말로 가장 알맞은 것을 고르십시오. (각 2점)

28

구절판은 아홉 칸으로 나누어져 있는 팔각형 모양의 그릇 이름인데 이 그릇의 이름이 음식의 이름이기도 하다. 구절판이란 음식은 채소나 고기, 버섯 등의 여덟 가지 재료들을 밀가루로 둥글게 부친 전병에 싸서 초간장에 찍어 먹는 것이다. 구절판은 (   ) 상징적인 의미를 가지고 있다. 각각의 개성이 다른 여러 재료들을 밀전병에 싸서 먹기 때문이다. 그래서 옛날부터 화합을 위한 모임에는 구절판을 꼭 준비했다고 한다.

① 건강과 장수를 기원하는
② 모자라지 않고 완전하다는
③ 조상님께 감사를 드린다는
④ 다양한 사람들이 잘 어울린다는

29

지구와 달은 서로를 끌어당기면서 서로에게 영향을 미치고 있다. 달은 매년 조금씩 지구의 에너지를 빼앗아서 그 에너지로 추진력을 얻는데 그 추진력으로 1년에 약 4cm씩 (   ) 한다. 현재 달과 지구의 거리는 약 38만km인데 이는 달이 처음 만들어졌을 때와 비교해서 20배 정도 떨어진 거리이다. 어떤 과학자들은 연구를 통해 달이 지구에서 멀어지면서 지구가 스스로 회전하는 속도도 느려지고 하루의 길이도 길어지고 있다고 밝히고 있다.

① 지름이 커진다고
② 회전하지 않는다고
③ 지구에서 멀어진다고
④ 태양의 일부를 가린다고

30

　　환경부는 도심의 (　　　　　　) 방법으로 '바람길'을 제시했다. 바람길은 도시 외곽의 산에서 부는 바람이 도시로 들어와서 지나다니는 길을 말한다. 연구 보고서에 따르면 바람길을 통해서 공기의 순환을 촉진하고 미세먼지를 분산시켜 공기의 질을 좋은 상태로 유지할 수 있다고 한다. 바람길을 만들기 위해서는 도시 안에 숲, 공원, 옥상 정원과 같은 녹지를 많이 조성해야 하고 바람이 지나가는 길목에 있는 건물의 층수 및 건물들 간의 간격도 제한해야 한다.

① 공기 질을 개선하기 위한
② 태풍 피해를 줄이기 위한
③ 교통 체증을 해소하기 위한
④ 대기 오염을 측정하기 위한

31

　　정보 통신 기술이 발전하면서 (　　　　　　) 서비스를 제공하는 새로운 시대가 도래하고 있다. 자동차나 컴퓨터, 휴대 전화와 같은 사물뿐만 아니라 상점이나 학교 등의 공간까지 인터넷으로 서로 연결될 수 있다. 예를 들어 아침에 사람이 일어나면 인터넷상에 연결되어 있는 집 안의 가전제품들이 사람의 동작을 인식해서 스스로 작동한다. 그래서 사람이 켜지 않아도 자동으로 집 안의 조명과 커피 내리는 기계가 켜진다. 또한 외출할 때 사람이 직접 문을 잠그지 않아도 문이 사람의 동작을 인식하여 스스로 문을 잠그는 기능을 수행한다.

① 사람의 동작을 인식하고 따라하는
② 급증하는 사이버 범죄를 방지하는
③ 인터넷의 속도를 초고속으로 높이는
④ 사물들이 인터넷에 연결돼서 움직이는

※ [32~34] 다음을 읽고 글의 내용과 같은 것을 고르십시오. (각 2점)

32

우리나라 한옥의 큰 특징은 온돌과 마루인데 이런 시설은 한반도의 기후와 관련이 있다. 온돌은 차가운 바람이 부는 한반도의 추운 겨울을 지내기 위한 우리나라 고유의 난방 시설이다. 부엌의 아궁이에서 불을 때서 방바닥을 데우면 방안이 따뜻해진다. 마루는 무더운 여름을 지내기 위한 시설이다. 마루는 앞뒤가 트인 구조로 되어 있기 때문에 앞뒤 문을 열어 놓으면 통풍이 잘 된다. 마루는 온도 조절 기능뿐만 아니라 습도 조절 기능도 가지고 있는데 땅에서 높이 떨어져 있어서 땅의 습기를 차단할 수 있다.

① 한옥을 지을 때 날씨를 별로 고려하지 않았다.
② 온돌은 원래부터 한국에 있었던 난방 시설이다.
③ 마루는 높이가 낮아서 땅의 습기를 막을 수 없다.
④ 마루는 사방이 벽으로 둘러싸인 구조로 되어 있다.

33

신재생 에너지는 신에너지와 재생 에너지를 합쳐 부르는 말이다. 재생 에너지에는 자연 상태에서 만들어진 에너지를 사용하는 것으로 태양광, 태양열, 풍력, 수력 등이 이에 해당한다. 신에너지에는 연료 전지, 수소 에너지 등이 있다. 신재생 에너지가 주목받고 있는 이유는 석유, 석탄, 천연가스 등의 화석 연료와는 다르게 환경 오염이 심하지 않고, 안정적으로 에너지를 생산할 수 있기 때문이다. 하지만 개발과 설치에 드는 비용이 비싼 것이 단점으로 지적되고 있다.

① 신에너지와 재생 에너지는 같은 것이다.
② 신재생 에너지는 환경을 덜 오염시킨다.
③ 석유나 석탄, 천연가스는 신재생 에너지이다.
④ 신재생 에너지는 초기 비용이 저렴한 편이다.

34

정부는 전국의 주요 명소를 해설사와 함께 관광하는 '도보해설관광 프로그램'을 운영하고 있다. 주요 명소를 걸으면서 그 지역의 역사, 문화, 자연 환경 등에 대해서 해설사의 전문적인 설명을 들을 수 있다. 한국어를 비롯해서 영어, 중국어, 일본어 등의 해설 서비스가 제공된다. 참가비는 무료이고 이용 희망일 전날까지 해당 홈페이지에서 예약하면 이용할 수 있다. 정부는 도보해설관광 프로그램의 운영을 통해서 향후 관광객이 해당 지역에 많이 유입되어 지역 경제가 활성화되기를 기대하고 있다.

① 이 프로그램은 지역 상인들에 의해서 운영되고 있다.
② 이 프로그램은 전국의 명소를 버스를 타고 여행하는 것이다.
③ 해설 서비스를 받으려면 미리 예약한 후 참가비도 내야 한다.
④ 이 프로그램에 참여하면 한국어를 포함한 외국어 설명도 들을 수 있다.

※ [35~38] 다음을 읽고 글의 주제로 가장 알맞은 것을 고르십시오. (각 2점)

35

그동안 주로 사용되던 경영 전략은 제한된 자원을 성공할 가능성이 높은 곳에 집중적으로 투자하는 것이었다. 물론 이런 선택과 집중 전략으로 회사를 운영하면 성공할 가능성이 높다. 하지만 실패할 경우 손해가 아주 크며 다양성이 무시될 수 있다. 21세기에 세계적인 경쟁력을 갖춘 기업들은 선택과 집중 전략만을 고집하지 않고 전과는 다른 혁신적인 경영 전략을 시도하고 있다. 전에는 사소하게 생각해서 선택하지 않고 무시했던, 작지만 다양한 시장과 고객들을 중시하게 된 것이다. 예를 들면 어떤 유명 화장품 회사는 고가의 최고급 브랜드와 중저가의 대중적인 브랜드를 동시에 출시하며 다양한 소비자층을 공략했고 그 결과 큰 성과를 거두었다.

① 선택과 집중 전략은 자원이 풍부한 경우에 사용하면 효과가 있다.
② 선택과 집중은 화장품 회사의 경영에 도움이 되지 않는 전략이다.
③ 성공적인 기업 경영을 위해서는 다양성을 존중하는 전략이 필요하다.
④ 최고급 브랜드와 대중적인 브랜드를 모두 만들어야 기업의 매출을 올릴 수 있다.

36

사람들은 대부분 돼지는 게으르고 더럽고 멍청한 동물이라고 생각한다. 그러나 동물학자들은 돼지가 어느 동물보다도 부지런하고 깔끔하고 똑똑한 동물이라고 주장한다. 이런 오해가 생긴 이유는 농가에서 돼지를 키우던 공간이 좁고 위생적이지 않았기 때문이다. 넓은 공간에서 돼지의 활동성은 꽤 높은 편이며 따로 배설 장소를 만들어 주면 배설 장소도 구분할 만큼 깔끔하다고 한다. 또 돼지는 개보다 지능이 더 높고 침팬지나 돌고래와는 지능이 비슷할 정도로 똑똑하다.

① 돼지가 멍청하고 지저분하다는 생각은 오해일 뿐이다.
② 돼지는 배설 공간을 마련해 줘도 아무 데서나 배설한다.
③ 돼지는 개, 침팬지, 돌고래보다 지적인 능력이 떨어진다.
④ 농가에서는 돼지를 여유 있고 깨끗한 공간에서 키워 왔다.

37

시대의 변화와 흐름에 따라서 주거 선택의 기준도 변하고 있다. 전에는 투자와 교육이 주요 선택 기준이었다. 그런데 최근에는 미세 먼지와 황사 등 환경 오염이 심각해지고 일과 삶의 균형을 추구하는 사회적인 분위기가 확산되면서 삶의 질을 높이는 쾌적한 주거 환경이 주목받고 있다. 이와 관련해서 '숲세권', '공세권'이라는 신조어가 등장했는데 숲세권은 숲이나 산이 가까이에 있는 주거 지역이란 뜻이고 공세권은 공원이 인접해 있는 주거 지역이라는 뜻이다. 숲과 공원은 깨끗한 공기뿐만 아니라 휴식을 위한 공간도 제공해 주기 때문에 주변에 숲과 공원이 있는 자연 친화적인 주거지의 인기가 높아지고 있다.

① 일과 삶의 균형을 중요하게 생각하는 사람들이 많아졌다.
② 숲이나 공원 근처에 있는 주거지에 대해서 전보다 큰 관심이 생겼다.
③ 어디에서 살 것인지를 결정하는 기준은 전과 비교해서 달라진 점이 없다.
④ 투자나 교육 환경은 주거지를 선택할 때 별로 중요하지 않은 기준이 되었다.

38

댓글은 독자가 인터넷에 올라온 게시물을 읽고 그 아래에 개인적인 의견이나 느낌을 짧게 쓴 글이다. 댓글은 많은 사람들이 자신의 의견을 자유롭게 표현할 수 있다는 긍정적인 측면이 있는 반면에 익명성을 이용하여 의도적으로 남을 공격하고 허위 사실을 퍼뜨릴 수 있다는 부정적인 측면도 있다. 최근 들어 인터넷상의 악의적인 댓글로 인해 개인뿐만 아니라 기업이나 국가가 입는 피해도 점점 늘고 있다. 피해자들은 정신적인 고통에 시달리고 있으며 피해자들 중에는 이를 견디지 못하고 자살이라는 극단적인 선택을 한 경우도 있다.

① 인터넷상의 익명 댓글의 부작용이 나날이 심각해지고 있다.
② 인터넷상에서 표현의 자유를 더욱 확대해서 보장해야 한다.
③ 댓글을 금지하면 거짓 정보가 퍼지는 것을 방지할 수 있다.
④ 인터넷상에서 실명으로만 댓글을 작성할 수 있게 해야 한다.

※ [39~41] 주어진 문장이 들어갈 곳으로 가장 알맞은 것을 고르십시오. (각 2점)

39

그것은 어떤 일이 생겼을 때 부정적인 감정을 마음에 담아 두지 않는 것이다.

심리학자인 이나희 씨는 스트레스로 고통 받고 있는 현대인들을 위해서 『스트레스, 잘 가!』라는 책을 펴냈다. (㉠) 우리는 스트레스가 쌓일 때 맛있는 음식을 먹거나 친구를 만나서 수다를 떨거나 여행을 떠나거나 하면서 각자의 방법으로 스트레스를 해소한다. (㉡) 하지만 작가는 이런 방법들은 일시적인 방편일 뿐이며 우리는 곧 다시 스트레스 때문에 괴로워한다고 말한다. (㉢) 이 책에서는 근본적으로 스트레스에서 자유로워질 수 있는 아주 간단하고도 쉬운 방법을 조심스럽게 제안한다. (㉣) 개인적으로 나쁘다고 생각되는 일이 생겨도 그것에 대해서 좋다거나 나쁘다거나 하는 판단을 하지 말고 그 상황을 있는 그대로 바라보라고 작가는 덧붙인다.

① ㉠
② ㉡
③ ㉢
④ ㉣

40

그런데 최근 영상의 조회 수를 높이기 위해서 자극적인 영상이나 거짓 정보가 담긴 유해한 영상들을 많이 올리고 있다.

> 무료 인터넷 공유 사이트의 이용자들이 늘고 있다. (㉠) 이용자들은 무료로 영상을 시청하면서 생활에 유용한 정보도 얻을 수 있고 영상을 올리면 사람들이 영상을 조회한 수에 따라서 돈도 벌 수 있다. (㉡) 문제는 이런 유해 영상을 관리하고 통제할 수 있는 장치가 거의 없다는 것이다. (㉢) 앞으로 사이트를 이용하는 사람들이 더욱 증가할 것으로 보이기 때문에 유해 영상이 사회에 미치는 부정적인 영향력도 커질 것으로 예상된다. (㉣) 그러므로 정부와 관계 기관 및 관련 기업들은 문제의 심각성을 인식하고 대책을 세워야 할 것이다.

① ㉠
② ㉡
③ ㉢
④ ㉣

41

잠을 잘 자면 뇌의 노폐물 청소가 정상적으로 이루어져서 다음 날 몸도 정신도 상쾌한 하루를 보낼 수 있다.

> 소음 공해나 빛 공해, 스트레스 등 여러 가지 이유로 수면 장애를 겪고 있는 현대인들이 많다. (㉠) 잠을 제대로 못 자면 보통 정신도 맑지 않고 몸도 피곤하다. (㉡) 최근 한 연구에서 그 이유가 밝혀졌는데 자는 동안 잠든 뇌가 노폐물을 씻어내기 때문이라고 한다. (㉢) 반면에 잠을 잘 못 자면 노폐물 청소가 제대로 되지 않기 때문에 쌓였던 노폐물들이 뇌 안에 그대로 남아 있게 된다. (㉣) 이런 노폐물들로 인해서 우리는 기억력과 집중력도 떨어지고 몸도 더 피곤한 것이다.

① ㉠
② ㉡
③ ㉢
④ ㉣

※ [42~43] 다음을 읽고 물음에 답하십시오. (각 2점)

사이가 좋은 부부가 있었는데, 결혼한 지 얼마 되지 않아 이웃 나라와 전쟁이 났다. 깨가 쏟아지는 신혼 생활을 해야 할 부부는 전쟁으로 인해서 갑작스러운 이별을 해야 했다. 남편은 사랑하는 아내를 고향에 혼자 두고 떠나게 된 것이 가슴 아팠고 아내 역시 사랑하는 남편과 떨어져 지내게 된 것이 너무 슬펐다. 간간이 오는 남편의 편지가 그나마 아내에게 위안이 되었다. 그런데 얼마 후부터 남편에게 오던 소식도 끊겼다. 시간이 지날수록 아내의 속은 바짝바짝 타 들어갔다. 그러던 어느 날 기다리던 편지가 한 통 도착했는데 아내는 그 편지를 읽고 나서 얼굴이 하얘졌다. 그것은 전쟁 중에 남편이 사망했다는 통보였다. 하지만 아내는 남편의 죽음을 믿을 수 없었고 남편이 어딘가에 꼭 살아있을 거라고 믿었다. 전쟁이 끝났고 전쟁에 참가했던 마을 남자들이 속속 돌아왔다. 아내는 기차역에 가서 몇 날 며칠을 기다렸지만 남편은 보이지 않았다. 포기하고 돌아서려던 그때 누가 아내의 이름을 불렀다.
"미선 씨, 미선 씨, 맞지요?"
그 목소리는 몇 년 동안 듣고 싶어도 들을 수 없었던 남편의 목소리였다. 두 사람은 오랫동안 아무 말 없이 부둥켜안고 뜨거운 눈물을 흘렸다.

42 밑줄 친 부분에 나타난 '아내'의 심정으로 가장 알맞은 것을 고르십시오.

① 불안하다 ② 담담하다
③ 난처하다 ④ 감격스럽다

43 윗글의 내용으로 알 수 있는 것을 고르십시오.

① 두 사람이 결혼하기 전에 전쟁이 일어났다.
② 아내는 남편이 많이 다쳤다는 통보를 받았다.
③ 전쟁에 나간 남편은 종종 아내에게 편지를 보냈다.
④ 아내는 남편이 전쟁터로 떠나자 다른 남자와 결혼했다.

※ [44~45] 다음을 읽고 물음에 답하십시오. (각 2점)

천재의 의미를 사전에서 찾아보면 태어날 때부터 남들보다 뛰어난 재능을 가진 사람이라고 나와 있다. 하지만 천재들이 쌓은 업적이나 성과가 단지 타고난 능력만으로 이루어졌다고 할 수 있을까? 과학자인 뉴턴은 1666년 사과가 떨어지는 것을 보고 영감을 얻었는데 1687년이 되어서야 비로소 만유인력이라는 개념을 정리했다. 작곡가인 모차르트도 천재적인 영감으로 명작들을 쉽고 빠르게 작곡한 것으로 알려져 있지만 실제로 모차르트는 28살이 되었을 때 손이 기형이 되었을 정도로 한 곡을 작곡하기 위해 악보를 쓰고 지우는 작업을 수없이 반복했다고 한다. 두 천재들은 오랜 기간 (   ). 이와 같이 뛰어난 업적을 이루기 위해서는 재능 못지않게 노력도 중요하다. 그리고 타고난 재능도 훈련과 연습을 통해서 더욱 향상시킬 수 있다.

44 (   )에 들어갈 말로 가장 알맞은 것을 고르십시오.

① 노력을 기울였던 것이다
② 집중하지 않았던 것이다
③ 재능만 믿고 있었던 것이다
④ 연구와 작곡을 미루어 왔던 것이다

45 윗글의 주제로 가장 알맞은 것을 고르십시오.

① 타고난 재능이 노력보다 더 중요하다.
② 새로운 것을 만들기 위해서 긴 시간이 필요하다.
③ 천재라도 노력해야 성공적인 결과물을 얻을 수 있다.
④ 천재라면 타고난 재능만으로 뛰어난 업적을 쌓을 수 있다.

※ [46~47] 다음을 읽고 물음에 답하십시오. (각 2점)

지구 온난화로 인해 녹고 있는 빙하는 지구 해수면 상승에 영향을 미친다. IPCC(기후 변화에 대한 정부 간 협의체)의 보고서에 따르면 20세기 들어 기후 변화 때문에 지구의 빙하가 녹아 매년 세계 해수면의 높이가 평균 1.7mm씩 높아진 것으로 나타났다. 또한 여러 나라에서 온실가스 감축 정책이 시행되고 있기는 하지만 100년 안에 해수면의 높이는 40~63cm 더 올라갈 것이다. 과학자들은 그동안 이러한 해수면 상승이 우리의 삶에 미칠 영향에 대해서 우려의 목소리를 내 왔다. 먼저 해수면이 높아지면 해안과 접한 도시의 일부가 물에 잠겨 사라질 것이다. 뉴욕, 런던, 상하이와 같이 해안가 근처에 위치한 주요 도시들이 이런 침수 피해를 보게 될 것이라고 예상했다. 이 밖에도 해수면 상승으로 홍수가 더 자주 발생하게 되고 태풍도 더 강력해져서 홍수나 태풍 피해도 더 커질 것이라고 경고했다.

46 윗글에 나타난 필자의 태도로 가장 알맞은 것을 고르십시오.

① 기후 변화로 발생하는 피해가 심각하다는 것에 공감하고 있다.
② 온실가스의 배출을 줄이는 데 협력하지 않는 국가를 비판하고 있다.
③ 해수면의 상승으로 인해 발생하게 될 여러 피해에 대해서 염려하고 있다.
④ 침수 피해를 효과적으로 예방하기 위한 대책이 필요하다고 주장하고 있다.

47 윗글의 내용과 같은 것을 고르십시오.

① 지구 온난화로 인해서 전 세계의 빙하가 늘었다.
② 빙하가 녹고 있기 때문에 바닷물의 높이가 낮아지고 있다.
③ 온실가스를 효과적으로 줄이면 21세기 말에 해수면이 내려갈 것이다.
④ 해수면 높이의 상승으로 미래에 해안가 도시들이 침수될지도 모른다.

※ [48~50] 다음을 읽고 물음에 답하십시오. (각 2점)

올해 들어 세계의 식량 가격은 지난해와 비교해서 30% 이상 올랐다고 한다. 이렇게 식량 가격이 폭등한 원인은 여러 가지가 있겠지만 지구 온난화로 농업 생산량이 급감하고 있는 것이 주요 원인으로 꼽히고 있다. 날이 갈수록 식량 위기가 심화되면서 국내 식량 공급에 대한 위기감도 고조되고 있다. 한국의 곡물 자급률은 약 20%에 불과하며 쌀을 제외한 콩, 밀, 옥수수 등과 같은 주요 곡물의 (   ) 탓에 식량 위기에 더 쉽게 노출될 수 있기 때문이다. 이와 같은 상황은 주요 곡물을 생산하는 국가들이 수출을 제한할 경우, 콩이나 밀, 옥수수 등을 국내로 공급하는 것 자체가 불가능해질 수도 있음을 의미한다. 그러나 전문가들은 심각한 식량 위기에 직면하고 있음에도 불구하고 이에 대비하는 국가적인 대응 체계가 매우 취약하다고 지적하며 정부가 국내에 식량을 안정적으로 공급할 수 있는 기반을 시급히 마련해야 한다고 강조한다. 정부는 우선 주요 곡물의 비축량을 확대해야 할 뿐만 아니라 국내의 곡물 생산을 늘려서 자급률도 높여야 한다. 또한 소수의 국가에 의존하고 있는 곡물의 수입 구조를 다변화하고 이와 동시에 주요 곡물 수출국과의 국제 협력도 강화해야 할 것이다.

48 윗글을 쓴 목적으로 가장 알맞은 것을 고르십시오.

① 식량 확보의 중요성을 강조하기 위해서
② 세계 식량 위기의 원인을 설명하기 위해서
③ 세계 식량 가격의 동향을 전망하기 위해서
④ 정부의 식량 확보 대책을 소개하기 위해서

49 (   )에 들어갈 내용으로 가장 알맞은 것을 고르십시오.

① 국제 수요가 줄어든
② 수입 의존도가 높은
③ 국내 비축량이 많은
④ 세계 생산량이 증가한

50 윗글의 내용과 같은 것을 고르십시오.

① 최근 세계적으로 식량 가격이 안정세를 보이고 있다.
② 국내의 곡물 생산량은 국내 수요를 충족시키고 있다.
③ 현재 한국이 곡물을 수입하는 나라는 다양하지 않은 편이다.
④ 전문가들은 정부의 식량 대책에 대해서 긍정적으로 평가했다.

제3회 읽기(01번~50번)

→ '한·영·중 미니 사전' 60쪽 / '정답 및 해설' 23쪽

※ [01~02] (   )에 들어갈 말로 가장 알맞은 것을 고르십시오. (각 2점)

01 아무리 (   ) 매일 아침을 꼭 먹는다.

① 바빠서 ② 바빠도
③ 바쁘면 ④ 바쁘거나

02 길이 많이 막히는 걸 보니 교통사고가 (   ).

① 나 왔다 ② 났나 보다
③ 나는 편이다 ④ 난 적이 있다

※ [03~04] 다음 밑줄 친 부분과 의미가 가장 비슷한 것을 고르십시오. (각 2점)

03 지구 환경을 <u>보호하려면</u> 에너지 절약을 실천할 필요가 있다.

① 보호하더라도 ② 보호하는 대신
③ 보호하고 싶으면 ④ 보호하는 것보다

04 아이들의 미래는 부모님이 <u>어떻게 교육하느냐에</u> 달려 있다.

① 교육할 수 없다 ② 교육하기 어렵다
③ 교육할 모양이다 ④ 교육하기 나름이다

※ [05~08] 다음은 무엇에 대한 글인지 고르십시오. (각 2점)

05

눈이 아주 편하다!
이제 작은 글자도 잘 볼 수 있어요.

① 모자　　　　② 안경
③ 신발　　　　④ 가방

06

큰 화면으로 더 실감나게
최신 인기 영화를 즐겨 보자!

① 식당　　　　② 공원
③ 카페　　　　④ 극장

07

가스레인지 주변에 타기 쉬운 물건을 놓지 않습니다.
건조한 계절에 나와 이웃 모두 위험해질 수 있습니다.

① 화재 예방 ② 환경 보호
③ 건강 관리 ④ 생활 예절

08

• 배송 완료 후 7일 이내에 고객 센터에 접수하세요.
• 택배 기사님이 오시면 바꾸실 상품을 전달해 주세요.

① 안전 규칙 ② 사용 순서
③ 구입 문의 ④ 교환 안내

※ [09~12] 다음 글 또는 그래프의 내용과 같은 것을 고르십시오. (각 2점)

09

제주도의 아름다운 모습을 보내 주세요.

- **기간**: 20○○년 4월 1일(토) ~ 5월 31일(일)
- **대상**: 제주도를 여행하면서 찍은 5분 이내의 동영상
- **방법**: 온라인 접수(제주시청 홈페이지)

※ 참가하신 모든 분께 음료 쿠폰을 드립니다.

① 이 행사는 일주일 동안 진행한다.
② 제주도에서 찍은 여행 사진을 내면 된다.
③ 동영상을 보내면 음료 쿠폰을 받을 수 있다.
④ 참가 신청을 하려면 제주시청에 직접 가야 한다.

10

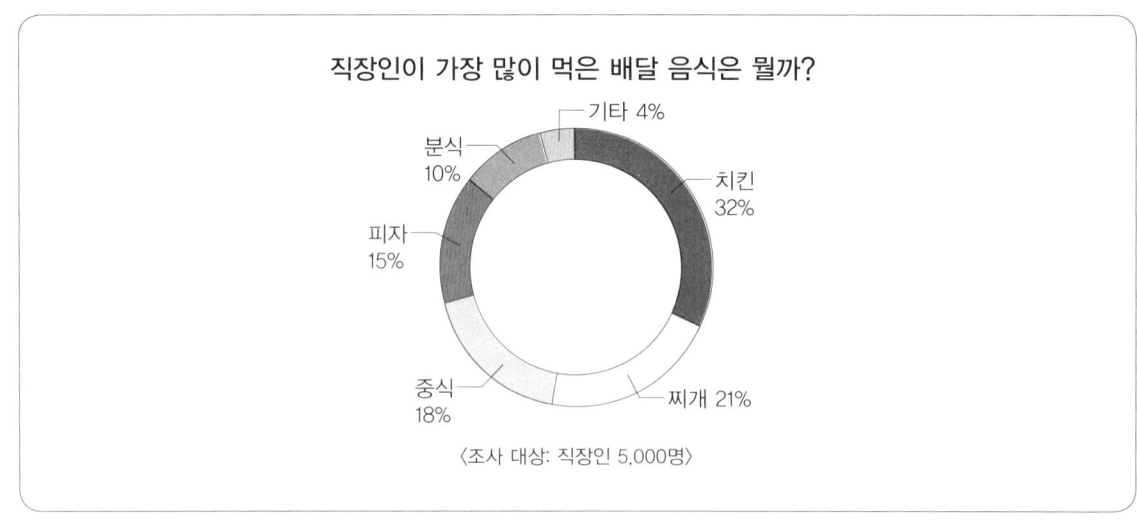

① 분식을 주문한 비율이 가장 높았다.
② 중식 배달이 피자보다 두 배 이상 많았다.
③ 치킨을 가장 많이 주문했다는 응답이 절반을 넘는다.
④ 직장인들은 찌개보다 치킨을 더 많이 배달해서 먹었다.

11

　　수학자인 하 모 교수가 한국 수학자 최초로 '수학 노벨상'인 필즈상을 받았다. 필즈상은 1936년에 만들어졌으며 4년마다 열리는 세계수학자대회에서 40살 미만의 수학자에게 주는 상으로 알려져 있다. 하 교수는 오랫동안 풀리지 않던 수학적 난제를 증명해서 이 상을 수상하게 되었다고 한다.

① 하 교수가 받은 상은 4년 전에 만들어졌다.
② 하 교수는 한국 수학자 중에서 처음으로 이 상을 받았다.
③ 하 교수가 받은 상은 마흔 살 이상의 수학자만 받을 수 있다.
④ 하 교수는 난제를 못 풀었지만 오랫동안 연구해서 상을 받았다.

12

　　최근 한반도의 진주 지역에서 많은 공룡 발자국이 발견됐다. 세계 최대의 육식 공룡 발자국을 비롯해 1만여 개의 다양한 동물의 발자국들이 잘 보존된 상태로 발굴되었다. 전문가들은 이 지역의 화석은 1억 년 전 한반도에 살았던 동물들에 대한 정보를 담고 있어서 연구 가치가 크다고 전했다. 진주시는 이러한 화석들을 체계적으로 보관하고 활용하기 위한 시설을 만들기 위해 노력하고 있다.

① 최근 진주시에 화석들을 잘 보관할 수 있는 시설이 지어졌다.
② 최근 진주 지역에서 세계에서 제일 많은 동물의 발자국이 발견됐다.
③ 발자국 화석의 종류는 다양하지만 보존 상태는 별로 좋지 않은 편이다.
④ 발굴된 화석으로 1억 년 전에 한국에서 살았던 동물들을 연구할 수 있다.

※ [13~15] 다음을 순서에 맞게 배열한 것을 고르십시오. (각 2점)

13

(가) 무릎은 일상생활에서 걷거나 달릴 때 매우 중요한 역할을 한다.
(나) 그런데 나이가 들수록 무릎에 통증을 느끼는 사람들이 늘고 있다.
(다) 예를 들면 몸을 움직일 때 마찰을 줄여 부드럽게 움직일 수 있게 한다.
(라) 이를 예방하기 위해 전문가들은 무릎 주변의 근력 운동을 하라고 조언한다.

① (가)-(나)-(라)-(다)
② (가)-(다)-(나)-(라)
③ (다)-(라)-(가)-(나)
④ (다)-(라)-(나)-(가)

14

(가) 지갑에는 5,000원밖에 없었지만 아이를 데리고 피자 가게에 갔다.
(나) 어느 날 아들은 오늘이 자기의 생일이니까 피자를 사 달라고 했다.
(다) 나는 몇 달 전에 회사에서 해고된 후 생활에 어려움을 겪고 있었다.
(라) 사장님은 사정을 들으시더니 돈은 나중에 내라고 하시면서 피자를 주셨다.

① (가)-(나)-(다)-(라)
② (가)-(다)-(라)-(나)
③ (다)-(라)-(가)-(나)
④ (다)-(나)-(가)-(라)

15

(가) 그래서 나침반만 있으면 동서남북 방향을 쉽게 알 수 있다.
(나) 사람들은 산이나 바다에서 길을 잃었을 때 나침반을 본다.
(다) 나침반 바늘은 두 개인데 붉은 바늘과 파란 바늘로 되어 있다.
(라) 붉은 바늘은 항상 지구의 북쪽을 가리키고 파란 바늘은 남쪽을 가리킨다.

① (나)-(다)-(라)-(가)
② (나)-(다)-(가)-(라)
③ (라)-(다)-(나)-(가)
④ (라)-(가)-(다)-(나)

※ [16~18] (   )에 들어갈 말로 가장 알맞은 것을 고르십시오. (각 2점)

16

사람들의 (   ) 앱이 인기가 높다. 이 프로그램은 자는 동안 자동으로 코골이를 녹음해서 코를 얼마나 심하게 고는지 분석해 준다. 사용 방법은 간단한데 스마트폰에 이 앱을 설치하고 실행한 후에 스마트폰을 머리 근처에 놓고 자면 된다.

① 잠을 깨워주는
② 깊은 수면을 돕는
③ 콧속 염증을 진단하는
④ 코를 고는 습관을 측정하는

17

정부는 다음 달부터 '심야 귀갓길 안심 동행 서비스'를 진행한다고 밝혔다. 이 서비스는 오후 10시부터 다음 날 오전 1시까지 여성이나 청소년이 (   ) 지원하려는 것이다. 집 근처의 지하철역이나 버스정류장에 도착하기 30분 전에 관련 앱으로 서비스를 신청하면 여성 봉사자 2명이 집 앞까지 데려다준다.

① 대중 교통을 이용할 수 있게
② 안전하게 집에 갈 수 있게
③ 봉사 활동에 참여할 수 있게
④ 걱정 없이 잠을 잘 수 있게

18

오징어는 놀라거나 화가 나면 흔히 먹물이라고 불리는 검은색 액체를 몸 밖으로 뿜는다. 전문가들은 먹물이 오징어가 적을 피할 때 아주 유용하다고 한다. 먹물은 적의 시야를 가려서 적이 (   ) 효과가 있을 뿐만 아니라 적의 후각이나 미각 등을 마비시키는 등의 기능도 있기 때문이다.

① 냄새를 못 맡도록 하는
② 앞을 보지 못하도록 하는
③ 맛을 못 느끼도록 하는
④ 소리를 듣지 못하도록 하는

※ [19~20] 다음을 읽고 물음에 답하십시오. (각 2점)

> 최근 휴대 전화를 사용해서 평균 10~60초 정도 길이의 아주 짧은 동영상을 즐겨 보는 사람이 많다. 영화나 드라마를 간단하게 요약한 동영상으로 보기도 하고 심지어 그 영상을 1.5배나 2배 빠른 속도로 보기도 한다. 그러나 이렇게 동영상의 길이가 짧아질수록 내용은 점점 자극적으로 변해서 우려의 목소리가 커지고 있다. 짧게 자극적으로 만들어진 콘텐츠들은 보는 사람들에게 흥분과 즐거움을 줄 수 있지만 (   ) 경계하지 않고 무의식적으로 계속 본다면 쉽게 중독으로 이어질 수 있기 때문이다.

19 (   )에 들어갈 말로 가장 알맞은 것을 고르십시오.

① 마치
② 만약
③ 게다가
④ 오히려

20 윗글의 주제로 가장 알맞은 것을 고르십시오.

① 영화나 드라마를 만들 때 길이가 중요하다.
② 동영상을 자극적인 내용으로 만들면 안 된다.
③ 동영상을 너무 오랫동안 보지 않도록 주의해야 한다.
④ 요즘 긴 영상 시청에 중독된 휴대 전화 사용자들이 많다.

※ [21~22] 다음을 읽고 물음에 답하십시오. (각 2점)

> 100세 시대라는 말이 나올 만큼 인간의 평균 수명이 늘고 있는데 주된 일자리에서 퇴직하는 평균 나이는 점점 어려지고 있다. 이렇게 일찍 퇴직하고 오래 살게 되면 그동안 저축해 놓은 돈과 연금만으로는 남은 노후를 경제적으로 풍족하고 편하게 살기 어렵다. 이러한 이유로 다수의 은퇴자들은 퇴직 후에도 은퇴하지 못하고 계속 일을 해야 한다. 실제로 재취업과 창업에 관심을 갖고 이에 유리한 자격증을 따기에 (   ) 50대 이상의 중장년층의 수가 매년 늘고 있다고 한다.

21 (   )에 들어갈 말로 가장 알맞은 것을 고르십시오.

① 손을 떼는
② 발목을 잡는
③ 열을 올리는
④ 등을 떠미는

22 윗글의 내용과 같은 것을 고르십시오.

① 직장에서 퇴직하는 연령이 높아지고 있다.
② 은퇴 후에 연금만으로 편하게 살 수 있다.
③ 은퇴 후에도 재취업이 필요한 사람이 많다.
④ 중장년층은 은퇴 후의 경제 활동에 대해 관심이 없다.

※ [23~24] 다음을 읽고 물음에 답하십시오. (각 2점)

> 나는 사진 찍는 것을 좋아해서 주말에 시간이 나면 사진을 찍으러 이곳저곳을 다닌다. 처음에는 카메라가 없어서 휴대 전화로만 사진을 찍어야 했는데 좀 아쉬웠다. 요즘 휴대 전화의 카메라는 성능이 좋은 편이지만 내 전화기는 좀 오래된 것이라서 전화기로 찍으면 사진의 화질이나 색감이 마음에 들지 않았기 때문이다. 그래서 좀 비싸더라도 좋은 카메라를 하나 구입하기로 결심하고 편의점에서 아르바이트를 하기 시작했다. 드디어 6개월 후에 열심히 아르바이트를 해서 모은 돈으로 사고 싶은 카메라를 살 수 있게 됐다. <u>인터넷으로 주문한 카메라를 받자마자 새 카메라를 들고 경치가 아름다운 곳으로 갔다.</u> 예쁘게 핀 꽃, 하얀 구름이 떠 있는 파란 하늘, 바람에 흔들리는 나뭇잎 등 아름다운 자연의 모습을 찍고 또 찍었다. 아침부터 정신없이 사진을 찍다 보니 벌써 해가 지고 있었다. 마지막으로 해가 지는 빨간 하늘까지 카메라에 담고 나서 집으로 돌아왔다.

23 밑줄 친 부분에 나타난 '나'의 심정으로 가장 알맞은 것을 고르십시오.

① 슬프고 후회스럽다
② 고맙고 감격스럽다
③ 아쉽고 실망스럽다
④ 설레고 만족스럽다

24 윗글의 내용과 같은 것을 고르십시오.

① 나는 휴대 전화로 사진을 찍는 것에 만족한다.
② 나는 친구에게 돈을 빌려서 카메라를 사기로 했다.
③ 나는 여섯 달 동안 사진을 찍는 아르바이트를 했다.
④ 나는 새 카메라를 받은 날 하루 종일 사진을 찍었다.

※ [25~27] 다음 신문 기사의 제목을 가장 잘 설명한 것을 고르십시오. (각 2점)

25

정부 폭설 피해 늦장 대응, 시민 '부글부글'

① 정부가 폭설로 생긴 피해를 늦게 복구하자 시민들이 화가 났다.
② 정부가 갑자기 쏟아진 눈을 발빠르게 치우면서 시민들이 안심했다.
③ 정부가 폭설 예방을 제대로 하지 않는 바람에 시민들의 피해가 커졌다.
④ 정부가 눈이 쏟아질 것이라는 것을 늦게 알린 탓에 시민들이 불편을 겪었다.

26

국제 에너지 가격 상승, 식품 물가 '고공 행진'

① 국제 에너지 값이 올라서 식품 가격이 안정됐다.
② 국제 에너지 값이 오르면서 음식 가격도 치솟았다.
③ 국제 에너지 값이 상승해서 과일과 채소의 판매가 늘었다.
④ 국제 에너지 값의 상승으로 모든 물건의 가격이 하락했다.

27

인공 지능 인류 위협 가능성, 정부 대비 부족

① 인공 지능의 인류 위협을 막기 위해서 정부가 효과적으로 대비하고 있다.
② 인공 지능이 인류를 안전하게 지켜줄 수 있도록 정부가 충분히 준비하고 있다.
③ 인공 지능이 인류를 위험에 빠뜨릴 가능성이 있어서 정부가 대비 계획을 세웠다.
④ 인공 지능으로 인해 인류가 위험해질지도 모르는데 이에 대한 정부의 준비가 미흡하다.

※ [28~31] (   )에 들어갈 말로 가장 알맞은 것을 고르십시오. (각 2점)

28

추석을 '한가위'라고도 부르는데 '한가위'는 크다는 뜻의 '한'과 8월의 한가운데 또는 가을의 가운데라는 뜻의 '가위'가 합쳐진 말이다. 즉, 8월의 한가운데에 있는 큰 날, 또는 가을의 한가운데에 있는 큰 날을 의미한다. 가을은 수확의 계절이기 때문에 일 년 중 가장 먹을 것이 넘치는 때이다. 추석에 들을 수 있는 '더도 말고 덜도 말고 한가위만 같아라.'라는 말은 (   ) 즐겁게 놀듯이 평생을 부족함 없이 넉넉하게 지내고 싶은 마음을 나타낸 것이다.

① 추석이 되면 농사일을 쉬고
② 추석에 음식을 많이 차려 놓고
③ 추석에 가족들과 이야기를 나누고
④ 고향에 돌아가서 여럿이 식사를 하고

29

'직주근접'은 직장과 주거지가 가까운 것을 말한다. 일자리가 많은 지역의 집값이 상대적으로 비싼 것은 직주근접에 대한 높은 선호도를 보여 주는 예이다. 앞으로 직주근접은 주거지를 선택할 때 우선적으로 고려하는 요소가 될 것으로 보인다. 과거에 비해 사람들이 삶의 질을 중요하게 생각하면서 (   ) 여가 시간을 확보하려는 욕구도 점점 커지고 있기 때문이다.

① 편의 시설이 많은 곳을 선택해서
② 자신의 적성에 맞는 일을 찾아서
③ 출퇴근에 소요되는 시간을 줄여서
④ 야근이 많지 않은 직장에 들어가서

30

사과를 깎아 놓으면 색깔이 점차 갈색으로 변하는 것을 볼 수 있다. 이러한 갈변 현상이 일어나는 이유는 과일이나 채소에 포함된 성분이 공기 중의 산소와 만나서 산화가 되기 때문이다. 사과의 갈변을 막는 방법 중 하나는 설탕물에 담가 두는 것이다. 깎은 사과를 설탕물에 담그면 설탕물이 사과의 표면을 덮어 (　　　　　) 하기 때문에 갈변을 방지할 수 있다.

① 산소의 양이 감소하도록
② 사과에 포함된 성분이 변하도록
③ 산화를 막는 물질이 발생되도록
④ 공기 중의 산소와 접촉하지 않도록

31

자동차에 붙어 있는 초보 운전 스티커는 운전이 서툰 운전자로 인해 돌발 상황이 일어날 수 있다는 것을 알려준다. 한국의 초보 운전 스티커는 문구와 디자인이 정해져 있지 않다. 그래서 (　　　　　) 의견도 있었다. 이런 이유로 한국에서도 다른 운전자들이 쉽게 알아볼 수 있도록 초보 운전 표시를 한 가지로 정한 적이 있다. 1995년에 초보 운전 표시를 규격화하고 6개월 동안 의무적으로 스티커를 부착하도록 하였다. 그러나 초보 운전자인 것을 알고 오히려 초보 운전자를 위협하거나 무시하는 일이 생겨 4년 만에 폐지되었다.

① 초보 운전자라는 사실을 알려야 한다는
② 사고 예방을 위한 스티커가 필요하다는
③ 초보 운전 스티커를 한눈에 알아보기 어렵다는
④ 다양한 디자인의 초보 운전 스티커가 필요하다는

※ [32~34] 다음을 읽고 글의 내용이 같은 것을 고르십시오. (각 2점)

32

고물가 시대에 학생들이 천 원으로 아침 식사를 해결할 수 있는 곳이 있어 화제가 되고 있다. 최근 한 대학이 이른바 '천 원의 아침'을 학생들에게 제공하기로 한 것이다. '천 원의 아침'이 시작된 날, 평소에는 한산한 교내 식당에 학생들이 길게 줄을 섰고 준비한 100인분의 식사는 30분 만에 모두 팔렸다. 대학 측은 고물가로 인한 대학생들의 식비 부담을 줄이고 결식률을 낮추고자 하는 취지로 정부와 협력해서 '천 원의 아침'을 시작하게 되었다고 밝혔다.

① '천 원의 아침'이 시작된 날에 모든 학생이 '천 원의 아침'을 먹었다.
② 대학과 정부가 비용을 공동으로 부담해서 '천 원의 아침'을 제공했다.
③ 한 대학에서 '천 원의 아침'을 과거부터 꾸준히 제공해서 화제가 되었다.
④ 교내 식당은 '천 원의 아침'이 시작되기 전에도 매일 아침 학생들로 붐볐다.

33

품앗이는 일을 한다는 뜻의 '품'과 교환을 의미하는 '앗이'가 결합된 말로, 힘든 일을 서로 돕는 공동 노동의 관습이다. 품앗이는 모내기, 추수 등의 농사일뿐만 아니라 집을 수리하거나 잔치 음식을 장만하는 일에 이르기까지 널리 활용된다. 품앗이의 노동력 교환은 이웃 간의 신뢰와 인정을 바탕으로 한다. 일손이 부족할 때 언제든지 이웃 사람에게 요청해서 노동력을 빌려 쓰고 나중에 갚는 형태로 품앗이가 이루어진다.

① 품앗이를 통해서 도울 수 있는 일은 농사일로 한정된다.
② 품앗이로 노동력을 빌려 썼다면 정해진 기간 내에 갚아야 한다.
③ 이웃에게 요청해서 부족한 노동력을 빌릴 수 있는 시기가 정해져 있다.
④ 나중에 자신도 도움을 받을 수 있다고 믿고 품앗이로 이웃을 도와준다.

34

식곤증은 음식을 먹은 뒤에 몸에 기운이 없고 졸음이 오는 증상을 말한다. 우리가 음식을 섭취하면 그 음식을 소화하기 위해서 혈액이 소화 기관으로 몰린다. 그러면 뇌로 가는 혈액이 줄어들게 되고 혈액에 의해 운반되는 산소의 양도 그만큼 감소한다. 뇌가 정상적으로 활동하기 위해서는 산소가 필요한데, 산소가 충분히 공급되지 않으면 뇌의 활동량이 현저히 줄어들어 집중력이 저하되고 잠이 오게 되는 것이다.

① 혈액량 감소로 뇌에 산소가 부족해지면 집중력이 떨어진다.
② 식사를 하고 나면 뇌와 소화 기관으로 가는 혈액이 증가하게 된다.
③ 각 기관으로 가는 혈액의 양이 달라져도 공급되는 산소의 양은 같다.
④ 뇌에 공급되는 산소의 양의 변화는 뇌의 활동량에 영향을 주지 않는다.

※ [35~38] 다음을 읽고 글의 주제로 가장 알맞은 것을 고르십시오. (각 2점)

35

초식 동물과 육식 동물은 각자가 살아가기에 적합한 눈을 가졌다. 토끼와 같은 초식 동물을 보면 눈이 얼굴의 양쪽 측면에 붙어 있고 두 눈 사이가 멀다. 초식 동물은 자신을 위협하는 육식 동물을 피해야 하기 때문에 넓은 시야를 확보해서 주위의 움직임을 포착할 수 있는 눈을 가지게 된 것이다. 반면 육식 동물의 눈은 얼굴의 정면에 있고 초식 동물에 비해 두 눈 사이가 좁다. 육식 동물은 먹이를 사냥하는 것이 중요하기 때문에 목표물에 초점을 맞추기 쉬운 눈을 가지게 되었다.

① 초식 동물과 육식 동물의 눈의 위치는 생존 방식과 관련이 있다.
② 초식 동물과 육식 동물이 확보할 수 있는 시야의 범위는 다르다.
③ 두 눈 사이가 멀면 시야가 넓어지고 가까우면 초점이 정확해진다.
④ 초식 동물의 눈은 육식 동물의 눈보다 더 우수한 기능을 갖추고 있다.

36

요즘은 직원이 없이 운영되는 무인 매장이 많고 그 종류도 다양하다. 무인 매장은 인건비를 절약할 수 있고, 24시간 운영하면서 매출을 올릴 수 있다. 일반적인 매장을 여는 것보다 창업 비용도 저렴해서 무인 매장 창업에 관심을 가지는 사람이 늘고 있다. 그러나 무인 매장을 운영해 본 사람들은 만만하게 봐서는 안 된다고 조언한다. 무인 매장 창업은 진입 장벽이 낮지만 그만큼 매장 간의 경쟁도 치열해서 문을 닫는 곳도 많기 때문이다. 그리고 절도 등의 범죄가 발생할 위험이 크고 상품과 매장을 훼손하는 사람도 있어서 매장 관리도 쉽지 않다고 한다.

① 무인 매장에서 발생하는 범죄를 막을 수 있는 방안을 마련해야 한다.
② 무인 매장과 일반적인 매장의 차이를 이해해야 매출을 올릴 수 있다.
③ 무인 매장을 창업하려면 경쟁에서 살아남을 수 있는 방법을 먼저 찾아야 한다.
④ 무인 매장 운영의 어려움과 문제점을 알고 신중하게 창업을 결정할 필요가 있다.

37

세계적으로 관광 산업이 발달하면서 자연환경이 훼손되는 사례가 늘고, 그로 인해 관광객의 발길이 끊기는 경우도 생기게 되었다. 이러한 문제를 해결하기 위해 생태 관광이 등장했다. 생태 관광은 환경에 대한 피해를 최소화하는 여행 방식이나 여행 문화를 말한다. 관광으로 인해 자연환경이 훼손되는 것은 막으면서도 관광지의 지역 경제가 활성화되는 것을 목표로 하는 것이다. 생태 관광은 자연환경의 보호를 통해 미래 세대가 관광할 수 있는 기회를 보장한다는 점에서 현재만이 아닌 미래를 위한 관광이라고 할 수 있다.

① 일반적인 관광보다 생태 관광을 이용하는 것이 더 편리하고 효율적이다.
② 생태 관광은 관광으로 얻는 이익을 포기하고 자연환경을 보호하는 관광이다.
③ 생태 관광은 관광과 자연환경 보존을 함께 추구하는 미래 지향적인 관광이다.
④ 자연환경이 훼손되는 것을 막기 위해서는 다양한 관광 방식을 도입해야 한다.

38

카페에 책이나 노트북을 가지고 와서 공부하는 '카공족'이 늘고 있다. 카공족들은 조용한 도서관보다 적당한 소음이 있는 카페에서 오히려 집중이 잘 된다는 이유로 카페를 찾는다. 그런데 카페를 운영하는 사람의 입장에서 오랜 시간 자리를 차지하고 있는 카공족은 반갑지 않은 손님이다. 최근에는 카공족을 쫓아내기 위해 일부러 공부하기 불편한 낮은 테이블로 바꾸거나 노트북을 충전할 수 없도록 콘센트를 막아 버린 곳이 있다고 한다.

① 카공족의 영향으로 카페에서 공부하는 문화가 확산되고 있다.
② 카공족이 늘어나면서 카공족의 방문을 꺼리는 카페가 생기고 있다.
③ 적당한 소음이 있는 곳에서 공부하는 것은 집중력 향상에 도움이 된다.
④ 카페를 방문하는 고객과 카페의 주인은 서로 존중하는 태도를 가져야 한다.

※ [39~41] 주어진 문장이 들어갈 곳으로 가장 알맞은 것을 고르십시오. (각 2점)

39

불면증 개선과 면역력 향상, 근육 강화 등의 효과도 기대할 수 있다.

최근 '맨발 걷기'가 인기를 끌면서 전국 곳곳에서 맨발로 걸을 수 있는 길을 조성하고 있다. (㉠) 맨발로 걸으면 발바닥이 지면에 직접 닿아 자극이 되기 때문에 신체 장기들의 기능이 활성화되고 혈액 순환에 도움이 된다. (㉡) 그러나 토양에 존재하는 세균에 쉽게 노출될 수 있고 상처를 통해 감염이 될 위험도 있으므로 항상 주의해야 한다. (㉢) 또한 걷기 전에 충분한 준비 운동으로 근육과 관절을 풀어 주고, 올바른 자세를 유지하는 것이 중요하다. (㉣)

① ㉠
② ㉡
③ ㉢
④ ㉣

40

예를 들어 온라인 쇼핑몰에서는 코트를 산 고객에게 코트와 잘 어울리는 구두나 가방의 광고를 보여 준다.

19세기 프랑스 사상가인 드니 디드로는 빨간색 고급 가운을 선물 받은 후 자기 집의 낡은 가구들이 그 가운과 어울리지 않는다고 생각해서 모든 가구를 빨간색으로 바꿨다. (㉠) 이렇게 어떤 물건을 하나 사면 그 물건과 어울리는 다른 제품을 계속 구매하는 현상을 가리켜 '디드로 효과'라고 한다. (㉡) 디드로 효과는 불필요한 소비를 비판할 때 자주 언급되지만 기업의 판매 전략에도 활용된다. (㉢) 이런 광고 방식은 소비자들이 물건 간의 조화를 추구한다는 점에 주목해서 새로운 소비를 하도록 유도하는 것이다. (㉣)

① ㉠
② ㉡
③ ㉢
④ ㉣

41

우리 생활 곳곳에서 수학이 활용되는 예를 통해 이런 의문을 해소할 수 있다.

『수학으로 보는 세계』는 수학이 얼마나 유용한 학문인지 알려주는 책이다. (㉠) 수학을 왜 배워야 하고 어디에 쓸 수 있을까? (㉡) 일상생활에 숨겨진 수학을 발견하고 수학으로 문제를 해결해 가는 방법을 배우며 우리에게 수학이 왜 필요한지 깨닫게 될 것이다. (㉢) 우리 삶과 수학의 밀접한 관련성을 통해 세상의 변화를 이해하고 미래를 예측하고 싶은 사람, 세계를 보는 눈을 넓히고자 하는 사람들에게 이 책을 추천한다. (㉣)

① ㉠
② ㉡
③ ㉢
④ ㉣

※ [42~43] 다음을 읽고 물음에 답하십시오. (각 2점)

> 준수에게서 태호가 지금 한국에 있다는 말을 들은 민아는 며칠 동안 망설였다. 4년 동안 아무에게도 연락을 하지 않은 태호였기에 선뜻 전화하기가 어려웠다. 목소리를 가다듬고 준수가 알려준 낯선 번호를 누르자 익숙한 목소리가 들렸다.
> 며칠 후 민아는 카페에 앉아 출입문 쪽을 응시하고 있었다. 카페 문을 열고 들어오는 태호는 예전 모습 그대로였다. 민아가 손을 들자 그녀를 발견한 태호가 활짝 웃으며 다가왔다.
> "요즘 어디서 지내?"
> "누나 집. 당분간 거기 있으려고."
> 민아의 집에서도 멀지 않은 누나의 집에 그가 있다는 사실이 아직은 실감이 나지 않았다.
> "애들 다 알아? 너 돌아온 거?"
> "준수하고. 세희를 한 번 만났어"
> "세희는 벌써 알고 있구나."
> 태호의 입에서 듣고 싶지 않은 이름이 나왔다. 태호에 관한 일은 언제나 세희가 자신보다 먼저 알았다. 태호가 유학을 떠난다는 것도 세희를 통해 알았다.

42 밑줄 친 부분에 나타난 '민아'의 심정으로 가장 알맞은 것을 고르십시오.

① 민망하다
② 안타깝다
③ 섭섭하다
④ 혼란스럽다

43 윗글의 내용으로 알 수 있는 것을 고르십시오.

① 태호는 한국에 돌아온 후에 누나와 함께 살고 있다.
② 민아는 태호가 귀국한 것을 세희보다 먼저 알고 있었다.
③ 태호는 유학을 떠나기 전에 민아에게 그 사실을 알렸다.
④ 민아는 태호가 한국에 온 사실을 알자마자 연락을 했다.

※ [44~45] 다음을 읽고 물음에 답하십시오. (각 2점)

한국 사람들은 남쪽으로 창문이 나 있는 남향집을 매우 선호한다. 그러나 개개인의 생활 방식에 따라 각자에게 맞는 집의 방향이 다를 수 있다. 집에 머무는 시간이 긴 사람에게는 하루 종일 햇빛이 들어오는 남향집이 좋다. 남향집은 따뜻해서 겨울에 난방비를 절약할 수 있지만 가구 등의 물건이 햇빛에 오랫동안 노출되어 손상된다는 단점도 있다. 다음으로 동향집은 (　　　　　　) 때문에 일찍 기상해야 하는 학생이나 직장인에게 좋다. 오후부터는 햇빛이 들어오지 않아서 겨울에 춥다는 것은 동향집의 단점이 된다. 반면 서향집은 오후에 햇빛이 잘 들어와서 겨울에 따뜻하게 지낼 수 있지만 여름에는 덥다. 북향집은 한국 사람들이 가장 선호하지 않는 집으로 햇빛이 부족해서 낮에도 집이 어둡고 겨울에 춥다. 그러나 업무 공간으로는 북향을 선택하는 경우도 많은데, 1년 내내 안으로 들어오는 햇빛의 양이 일정해서 일에 집중하기 좋은 환경을 제공하기 때문이다.

44 (　　)에 들어갈 말로 가장 알맞은 것을 고르십시오.

① 햇빛이 가장 먼저 들어오기
② 햇빛이 하루 종일 들어오기
③ 햇빛이 강하지 않게 들어오기
④ 햇빛이 오후에 충분히 들어오기

45 윗글의 주제로 가장 알맞은 것을 고르십시오.

① 남향집이 다른 방향의 집보다 살기 좋은 집이라고 할 수 없다.
② 거주자의 상황과 특성을 고려해서 집의 방향을 선택하는 것이 좋다.
③ 주거 공간과 달리 업무 공간은 남향보다 북향을 선택하는 것이 낫다.
④ 모든 집에는 장단점이 있으므로 꼼꼼하게 비교해서 집을 구해야 한다.

※ [46~47] 다음을 읽고 물음에 답하십시오. (각 2점)

공유경제는 이미 생산된 제품을 여럿이 공유해서 쓰는 협력 소비의 경제 활동을 말한다. 1인 가구의 증가와 합리적 소비를 지향하는 분위기의 확산으로 공유경제는 점점 더 다양한 분야에서 활용되고 있다. 대표적인 예로는 여행객에게 집을 빌려주는 서비스와 차량을 공유하는 서비스가 있다. 공유경제에서 물건은 '소유하는 것'에서 '공유하는 것'으로 그 개념이 바뀐다. 개인은 물건을 소유할 필요 없이 필요한 만큼 빌려 쓰고, 자신에게 필요 없는 물건은 다른 사람에게 빌려주는 방식으로 새로운 가치를 창출할 수 있다. 공유경제는 자원의 낭비를 막고 자원을 효율적으로 활용할 수 있게 함으로써 환경 보호에 기여한다. 물론 기존 산업과의 갈등이나 관련 규정의 미비함 등 공유경제에서 나타난 문제점도 있다. 그러나 환경 보호의 중요성이 강조되고, 전 세계가 환경 문제의 해결을 공동의 과제로 인식하고 있는 만큼 공유경제는 시대적인 흐름이 될 것으로 보인다.

46 윗글에 나타난 필자의 태도로 가장 알맞은 것을 고르십시오.

① 공유경제의 가치를 인정하고 긍정적으로 전망하고 있다.
② 공유경제가 가진 한계를 지적하고 대안을 제시하고 있다.
③ 공유경제와 기존 산업의 이해관계가 충돌하는 것을 우려하고 있다.
④ 공유경제가 안정적으로 성장할 수 있도록 제도적 지원을 촉구하고 있다.

47 윗글의 내용과 같은 것을 고르십시오.

① 앞으로 숙박과 교통 관련 서비스에 공유경제가 도입될 예정이다.
② 공유경제에서는 다수의 사람이 공유할 목적으로 물건을 생산한다.
③ 공유경제로 물건을 공유해서 쓰면 자원 절약의 효과를 얻을 수 있다.
④ 물건에 대한 사람들의 개념이 바뀌면서 합리적 소비를 지향하게 되었다.

※ [48~50] 다음을 읽고 물음에 답하십시오. (각 2점)

> 인공 지능 기술이 발전함에 따라 예술과 문화 분야에서도 인공 지능이 만든 작품들이 등장하기 시작했다. 인공 지능에 의한 창작물이 증가하고 그 수준도 높아지면서 저작권의 인정 여부가 쟁점이 되고 있다. 인간의 창작물과 마찬가지로 인공 지능의 창작물도 저작권을 인정하고 보호해야 한다고 주장하는 이들도 있다. 저작권의 보호로 창작에 대한 대가를 받게 되면 (   ) 인공 지능 기술의 발전과 산업의 활성화로 이어지게 된다는 것이다. 그러나 이것은 저작권의 인정으로 발생할 문제들을 간과한 것이라 할 수 있다. 인공 지능은 인간보다 더 빠른 속도로 많은 양의 창작물을 만들어 낼 수 있다. 만약 인공 지능이 만든 창작물의 저작권이 인정된다면 인간의 창작 활동이 제약을 받을 우려가 있다. 또한 인공 지능은 기존의 자료를 학습하거나 활용하는 방식으로 창작을 하기 때문에 타인의 저작권을 침해할 가능성이 항상 존재한다. 이 외에도 저작권법을 기준으로 할 때 인공 지능의 창작물이 창작물에 해당되는지, 해당된다면 저작권자를 누구로 볼 것인지 등도 명확하게 규정되지 않았다.

48 윗글을 쓴 목적으로 알맞은 것을 고르십시오.

① 인공 지능 창작물의 저작권에 대한 논란을 해결할 방안을 제안하려고
② 인공 지능 창작물이 저작권을 인정받기 위해 필요한 조건을 설명하려고
③ 인공 지능 창작물의 저작권 보호를 위해 저작권법의 개정을 요청하려고
④ 인공 지능 창작물의 저작권 인정을 부정적으로 보는 근거를 제시하려고

49 (   )에 들어갈 내용으로 가장 알맞은 것을 고르십시오.

① 창작물의 기준이 낮아져서
② 관련 분야의 투자가 확대되어서
③ 인간의 창작 활동이 활발해져서
④ 저작권의 침해 사례가 줄어들어서

50 윗글의 내용과 같은 것을 고르십시오.

① 인공 지능 창작물의 저작권자는 저작권법에서 확인할 수 있다.
② 인공 지능이 만든 작품의 등장이 인공 지능 기술의 발전을 촉진하였다.
③ 인공 지능의 창작 방식은 저작권 침해의 위험을 줄이는 데 효과적이다.
④ 인공 지능 창작물이 저작권을 인정받으면 인간의 창작 활동이 위축될 수 있다.

CHAPTER 02 실제 기출문제

 읽기(01번~50번)

모바일 OMR 자동채점

→ '한·영·중 미니 사전' 72쪽 / '정답 및 해설' 33쪽

※ [01~02] (　)에 들어갈 말로 가장 알맞은 것을 고르십시오. (각 2점)

01 나는 오래전에 설악산을 (　　).

① 등산하고 싶다　　　　② 등산해도 된다
③ 등산할 것 같다　　　　④ 등산한 적이 있다

02 새집으로 (　　) 가구를 새로 샀다.

① 이사한 지　　　　② 이사하거든
③ 이사하려면　　　　④ 이사하고 나서

※ [03~04] 밑줄 친 부분과 의미가 가장 비슷한 것을 고르십시오. (각 2점)

03 어려운 이웃을 <u>돕고자</u> 매년 봉사 활동에 참여하고 있다.

① 돕기 위해서　　　　② 돕는 대신에
③ 돕기 무섭게　　　　④ 돕는 바람에

04 지난 3년 동안 영화를 한 편 봤으니 거의 안 본 <u>셈이다</u>.

① 본 척했다 ② 보기 나름이다
③ 볼 수밖에 없었다 ④ 본 거나 마찬가지이다

※ [05~08] 다음은 무엇에 대한 글인지 고르십시오. (각 2점)

05

입속 치아 사이사이를 깨끗이!
부드럽게 잘 닦여요~

① 비누 ② 칫솔
③ 안경 ④ 수건

06

아이들의 예쁜 꿈과 희망을 키워 주는 곳
부모의 마음으로 보살핍니다.

① 은행 ② 서점
③ 유치원 ④ 우체국

07

계단으로 다니기! 하루 30분 운동하기!
우리 몸을 위해 실천하세요.

① 건강 관리　　② 안전 운전
③ 전화 예절　　④ 절약 습관

08

☑ 공연장 내에서는 사진 촬영을 금지합니다.
☑ 휴대 전화는 전원을 끄거나 진동으로 해 주십시오.

① 관람 규칙　　② 제품 소개
③ 사용 방법　　④ 예약 문의

※ [09~12] 다음 글 또는 그래프의 내용과 같은 것을 고르십시오. (각 2점)

09

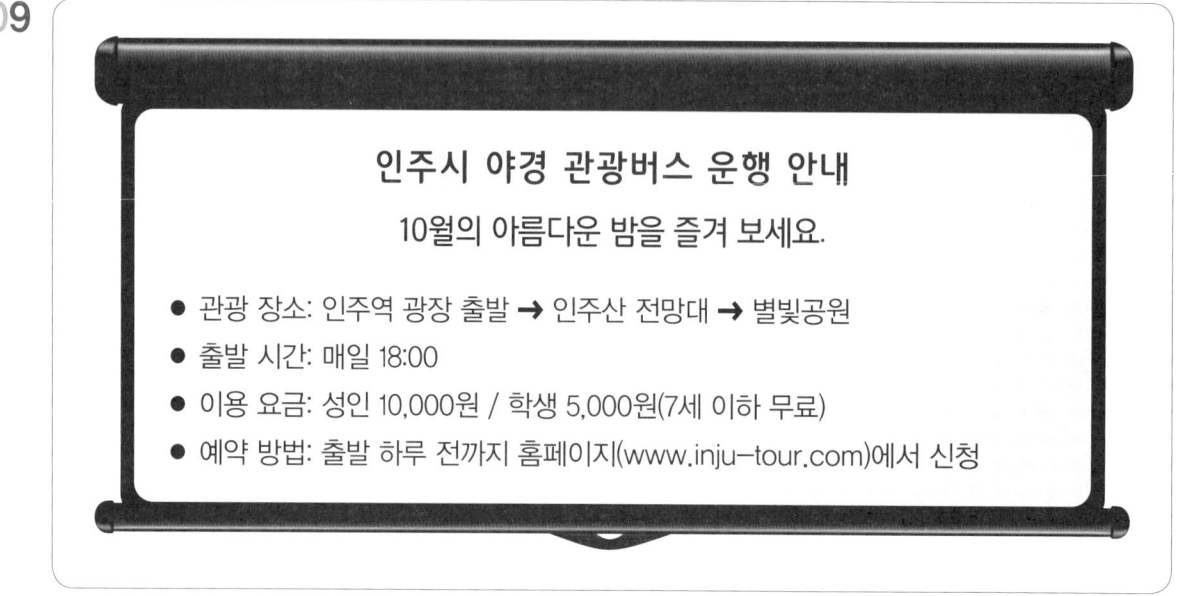

① 성인과 학생의 버스 요금이 같다.
② 이 버스는 별빛공원에서 출발한다.
③ 매일 오전에 이 버스를 탈 수 있다.
④ 이 버스를 타려면 미리 신청해야 한다.

10

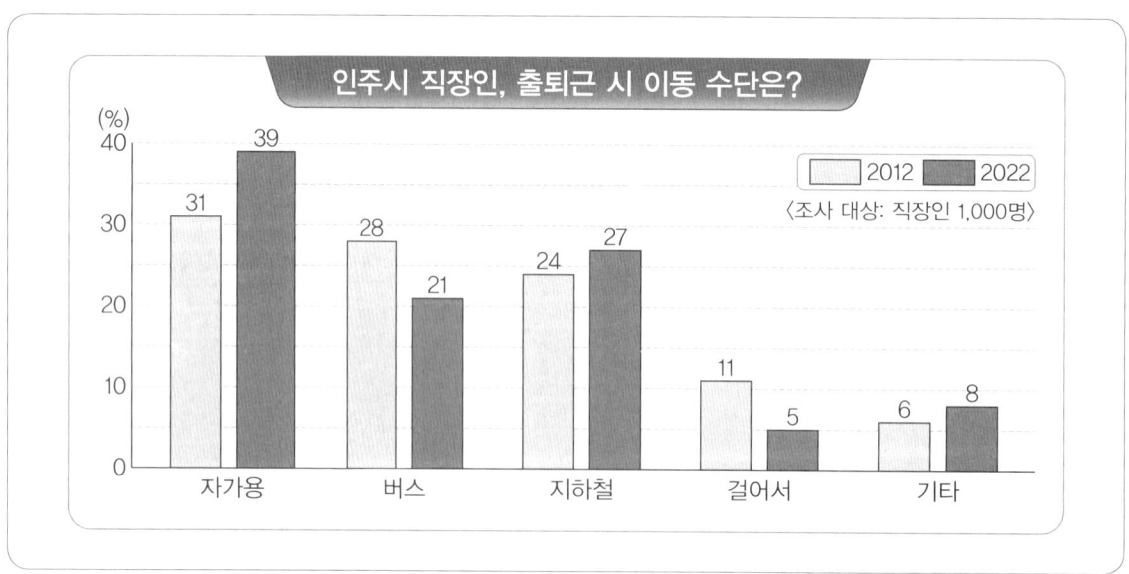

① 자가용으로 출퇴근한다고 응답한 직장인들의 비율이 줄었다.
② 걸어서 출퇴근하는 직장인은 2012년보다 2022년이 더 적었다.
③ 2022년에는 지하철을 타고 출퇴근하는 직장인이 가장 많았다.
④ 2012년에 직장인들은 출퇴근할 때 버스를 제일 많이 이용했다.

11

인주시가 작년에 이어 올해도 10월 한 달간 '찾아가는 자전거 수리 센터'를 운영한다. 평일에는 여러 지역을 직접 방문해 고쳐 주고 주말에는 인주공원에서 수리 서비스를 제공한다. 전문 수리 기사가 자전거를 무료로 고쳐 주고 부품 교체가 필요한 경우에는 저렴한 가격으로 바꿔 준다. 시는 시민들의 자전거 타기 생활화를 위해 이 수리 센터를 운영하는 것이라고 밝혔다.

① 이 서비스는 일 년 내내 운영된다.
② 올해 처음으로 이 센터가 운영되기 시작했다.
③ 주말에는 인주공원에서 수리를 받을 수 있다.
④ 이 수리 센터에서는 무료로 부품을 교체해 준다.

12

피자 가게를 운영하는 김민수 씨의 사연이 잔잔한 감동을 주고 있다. 최근 김 씨는 피자를 배달하러 가다가 오토바이가 빗길에 미끄러지는 사고를 당했다. 다행히 사람이 다치는 피해는 없었지만 피자가 망가져서 배달에 문제가 생겼다. 배달이 늦어지는 것에 대해 김 씨가 고객에게 연락하자 고객은 "천천히 오셔도 돼요. 몸은 괜찮나요?"라며 따뜻한 말부터 전했다고 한다.

① 고객은 주문한 피자를 취소하겠다고 말했다.
② 사고가 생겨서 배달 중이던 피자가 망가졌다.
③ 오토바이가 빗길에 미끄러져서 김 씨가 다쳤다.
④ 김 씨는 피자를 시킨 고객에게 연락하다 사고가 났다.

※ [13~15] 다음을 순서에 맞게 배열한 것을 고르십시오. (각 2점)

13

(가) 짧게는 하루, 길게는 한 달 정도 반짝 운영하는 임시 매장이다.
(나) 사람이 붐비는 장소에서 짧은 기간 동안 운영하는 매장이 유행이다.
(다) 기업은 이 임시 매장을 이용해 주로 특정 제품을 팔거나 홍보를 한다.
(라) 또 기업 이미지를 친숙하게 만들기 위해 재미있는 행사를 열기도 한다.

① (가)-(다)-(라)-(나) ② (나)-(가)-(다)-(라)
③ (가)-(라)-(나)-(다) ④ (나)-(라)-(다)-(가)

14

(가) 그런데 전화를 끊고 뒤늦게 미안한 마음이 들었다.
(나) 친구는 나의 합격 소식을 듣고 자신의 일처럼 기뻐했다.
(다) 얼마 전 나는 회사 합격 소식을 듣고 친한 친구에게 전화했다.
(라) 아직 취업 못한 친구를 내가 배려하지 못했다는 생각 때문이었다.

① (나)-(다)-(라)-(가) ② (나)-(라)-(가)-(다)
③ (다)-(나)-(가)-(라) ④ (다)-(나)-(라)-(가)

15

(가) 빵이나 고기를 구울 때 갈색으로 바뀌는 것이 그 예이다.
(나) 갈색으로 바뀌면서 빵이나 고기의 맛도 더 깊어지고 풍부해진다.
(다) 식품에 들어 있는 당과 단백질이 열을 만나면 색깔이 바뀌게 된다.
(라) 만약 열이 너무 가해져서 검게 타게 되면 그런 맛을 낼 수가 없다.

① (가)-(나)-(라)-(다) ② (다)-(가)-(나)-(라)
③ (가)-(다)-(라)-(나) ④ (다)-(라)-(나)-(가)

※ [16~18] (   )에 들어갈 말로 가장 알맞은 것을 고르십시오. (각 2점)

16

타조는 멀리서 적이 다가와도 머리를 모래에 파묻고 있다. 그래서 위험이나 위기를 모르는 척 피하는 사람을 타조에 비유하곤 한다. 그런데 사실 타조는 (   ) 위해 이런 행동을 한다. 시각보다 청각이 발달한 타조는 땅에서 울리는 발소리를 듣고 적이 오는지를 파악하려는 것이다.

① 적의 움직임을 알기   ② 먹이를 빨리 구하기
③ 머리를 깨끗이 씻기   ④ 다른 타조를 공격하기

17

섬유 유연제는 섬유에 막을 씌워 옷감을 부드럽게 하고 향기도 남긴다. 그래서 세탁할 때 유연제를 넣는 사람들이 많다. 그런데 수건처럼 물기를 빠르게 흡수해야 하는 소재에는 유연제를 넣는 것이 좋은 것만은 아니다. 유연제가 만든 막이 오히려 섬유의 (   ).

① 향기를 없애기   ② 색깔을 변형시키기
③ 흡수력을 떨어뜨리기   ④ 촉감을 거칠게 만들기

18

디지털 기기에 대한 의존도가 높아지면서 사람들이 무언가 직접 기억해야 할 일은 줄었다. 그래서 이전보다 (   ) 생각할 수 있다. 그런데 뇌를 사용하는 방식이 이전과 달라졌을 뿐 사용량이 줄어든 것이 아니다. 과거에는 단순히 정보를 기억하는 데 뇌를 썼다면 이제는 과거보다 압도적으로 많아진 정보를 처리하는 데 사용하고 있는 것이다.

① 뇌를 덜 사용한다고   ② 기억력이 좋아졌다고
③ 저장해야 할 정보가 많다고   ④ 디지털 기기를 많이 쓴다고

※ [19~20] 다음을 읽고 물음에 답하십시오. (각 2점)

> 매서운 남극의 겨울, 황제펭귄들은 겹겹이 붙어 서로의 체온으로 추위를 견딘다. 무리 전체가 돌면서 바깥쪽과 안쪽에 있는 펭귄들이 계속 서로의 위치를 바꾼다. 안에서 몸을 데운 펭귄은 밖으로 나가고 밖에서 추위에 떨던 펭귄은 안으로 들어오는 것이다. (   ) 그 움직임은 아주 느리지만 쉬지 않고 이루어져 한 마리의 펭귄이 줄곧 찬바람을 맞고 서 있는 일이 없다. 그렇게 쉼 없이 둥글게 돌면서 펭귄들은 다 함께 살아남는다.

19 (   )에 들어갈 말로 가장 알맞은 것을 고르십시오.

① 혹시 ② 또는
③ 비록 ④ 만약

20 윗글의 주제로 가장 알맞은 것을 고르십시오.

① 황제펭귄은 서로 도우면서 추위에 맞서 생존해 왔다.
② 황제펭귄은 둥글게 돌면서 날씨에 대한 정보를 알린다.
③ 황제펭귄은 추위에서 살아남기 위해 움직임이 느려졌다.
④ 황제펭귄은 무리 생활을 통해 경쟁에서 이기는 법을 배운다.

※ [21~22] 다음을 읽고 물음에 답하십시오. (각 2점)

최근 미술 전시회 수요가 증가하면서 돈벌이에 급급한 전시회가 늘고 있다. 일부 전시 관계자들이 전시 포스터 등 홍보 자료에 복제품 전시임을 밝히지 않고 입장료 수입만을 챙기는 것이다. 전시장을 찾아와서야 이런 사실을 알게 된 관람객들은 불만을 쏟아 내고 있다. 전문가들은 이런 전시 행태가 미술계 발전의 (   ) 수 있다고 우려한다. 전시회에 실망한 사람들이 미술에 대한 관심을 아예 끊을 수 있기 때문이다.

21 (   )에 들어갈 말로 가장 알맞은 것을 고르십시오.

① 입맛에 맞을
② 가슴을 울릴
③ 발목을 잡을
④ 손을 맞잡을

22 윗글의 내용과 같은 것을 고르십시오.

① 복제품 전시회는 입장료를 받지 않는다.
② 최근 미술 전시회를 찾는 사람들이 많지 않다.
③ 전시회에서 복제품을 전시하는 일이 점점 줄고 있다.
④ 복제품 전시회인지 모르고 전시회를 방문한 관람객들이 있다.

※ [23~24] 다음을 읽고 물음에 답하십시오. (각 2점)

> 꽃집을 지나다가 이끌려 금잔화 꽃씨를 샀다. 화분에 심어 사무실의 내 책상 위에 두었더니 어느 날 싹이 텄다. 때맞춰 물도 주며 나는 수시로 들여다보았다. 신기했다. 작고 여린 싹은 눈에 띄게 쑥쑥 자랐다. 그런데 내가 상상한 모습이 아니었다. 도대체 여기서 어떻게 꽃이 핀다는 건지. 무순처럼 길쭉하게 위로만 자라는 것이었다. 하루는 출근해 보니 금잔화가 쓰러져 있었다. 그럼 그렇지. 내가 무슨 식물을 키우나. 그날 나는 화분을 창가로 옮겨 놓았다. 죽을 것 같은 모습을 눈앞에서 보고 싶지 않았다. 그런데 어느 날부턴가 점점 줄기가 굵어지더니 잎도 제법 풍성해지기 시작했다. 어느 날에는 꽃망울도 올라와 있었다. 금잔화는 창문으로 들어오는 풍성한 햇볕 속에서 스스로 튼튼해졌다. 금잔화에게는 햇빛이 더 많이 필요했나 보다. 사람도 식물도 사랑하려면 그 대상을 제대로 알아야 하는 건 똑같구나 싶었다. 씩씩하게 꽃피운 금잔화의 꽃말은 '반드시 올 행복'이다.

23 밑줄 친 부분에 나타난 '나'의 심정으로 가장 알맞은 것을 고르십시오.

① 의심스럽다
② 고통스럽다
③ 조심스럽다
④ 부담스럽다

24 윗글의 내용과 같은 것을 고르십시오.

① 내 책상 위에 둔 금잔화는 금방 말라 죽었다.
② 나는 금잔화 화분에 물을 제대로 주지 못했다.
③ 나는 꽃집에서 금잔화가 피어 있는 화분을 샀다.
④ 내가 금잔화 화분을 옮긴 곳은 햇볕이 잘 들었다.

※ [25~27] 다음 신문 기사의 제목을 가장 잘 설명한 것을 고르십시오. (각 2점)

25

가수 진영, 3년 만의 콘서트에 구름 관중

① 가수 진영이 3년 만에 콘서트를 열자 수많은 관중이 몰렸다.
② 가수 진영이 3년 내에 다시 콘서트를 열기로 관중에게 약속했다.
③ 가수 진영이 3년간 준비한 콘서트를 열었으나 관중의 호응이 적었다.
④ 가수 진영이 3년 만에 하는 콘서트에 많은 관중을 모으려고 홍보했다.

26

한국 탁구의 간판 김수미, 올해 국제 대회 금메달 싹쓸이

① 올해 국제 탁구 대회에서 한국 대표 김수미의 금메달 가능성이 높아졌다.
② 한국 탁구계가 김수미를 내세워 올해 국제 대회의 금메달을 노리고 있다.
③ 한국의 대표 탁구 선수 김수미가 올해 국제 대회에서 모두 금메달을 땄다.
④ 한국 탁구 선수 김수미가 올해 국제 대회에서 금메달을 따고자 훈련 중이다.

27

대출 금리 하락세, 부동산 시장 기지개

① 대출 금리가 떨어지면서 부동산 시장이 살아나기 시작했다.
② 부동산 시장에 대한 규제가 대출 금리 하락에 영향을 미쳤다.
③ 대출 금리가 하락했지만 부동산 시장의 거래는 줄어들고 있다.
④ 부동산 시장을 활성화하려고 대출 금리 안정화 대책이 논의되고 있다.

※ [28~31] (   )에 들어갈 말로 가장 알맞은 것을 고르십시오. (각 2점)

28

선글라스는 보통 햇빛이 강할 때 눈 건강을 위해 쓴다. 그런데 선글라스의 렌즈는 사용 기한이 있다. 선글라스의 렌즈에는 자외선 차단을 위한 엷은 막이 입혀져 있는데 열에 계속 노출되면 자외선 차단 기능이 점점 떨어지게 된다. 자외선 차단 기능이 약해진 선글라스로는 눈을 보호하기 어려우므로 5년 정도 쓰고 나면 (   ) 것이 좋다.

① 렌즈를 바꿔 주는
② 렌즈를 꼼꼼히 잘 닦는
③ 렌즈의 색을 어둡게 하는
④ 렌즈의 엷은 막을 벗겨 내는

29

사진에서 구도는 전체적인 분위기를 살리는 중요한 요소이다. 보통 동적인 느낌을 주고 싶을 때는 대각선 구도를 쓰는데 도로나 폭포 등의 풍경 사진 등에 쓰여 생동감을 표현한다. 한편 전통적인 가족사진은 (   ) 위해서 삼각형 구도를 가장 많이 활용한다. 이 구도는 연장자를 중심으로 가족 구성원이 옆이나 뒤에 배치되어 전체적으로 편안하고 균형 잡힌 분위기를 만들어 낸다.

① 동적인 효과를 살리기
② 안정적인 느낌을 주기
③ 풍경을 중앙에 배치하기
④ 긴장된 분위기를 연출하기

30

풍부한 자원은 경제 성장의 필요조건이나 충분조건은 아니다. 풍부한 천연자원을 갖추고 있음에도 (　　　　　) 경우도 있다. 풍부한 자원에만 의존해 경제 성장의 중심 산업인 제조업이나 서비스업 등에 투자를 하지 않게 되는 것이다. 반면에 천연자원이 빈약해도 새로운 기술 개발이나 교육을 통해 생산 능력을 높이는 나라도 있다.

① 제조업에 의존하려는
② 자원을 생산하지 못하는
③ 경제 발전을 이루지 못하는
④ 기술 개발에 무리하게 투자하는

31

의사의 모습을 생각하면 우리는 보통 흰색 가운을 떠올리게 된다. 그런데 의사 가운이 처음부터 흰색이었던 것은 아니다. 중세 시대에는 성직자가 의사를 겸하는 경우가 많아 성직자용 검은색 가운을 입고 진료를 했다. 그런데 검은색 옷은 세균으로 오염된 얼룩이 잘 보이지 않았다. 이후 세균 감염의 위험성에 대한 인식이 높아지면서 (　　　　　) 가운의 색이 흰색으로 바뀌었다.

① 염색하기 편하게
② 환자와 구분이 되도록
③ 오염이 쉽게 눈에 띄도록
④ 밝은 이미지를 줄 수 있게

※ [32~34] 다음을 읽고 글의 내용이 같은 것을 고르십시오. (각 2점)

32

당뇨 환자들을 위해 고추 품종인 '살리초'가 개발되었다. 고추는 보통 열매를 얻기 위해 재배하지만 살리초는 열매가 없고 잎을 먹는 품종이다. 일반 고추에 비해 혈당을 낮추는 성분이 10배 이상 많이 함유되어 있어 당뇨병, 비만증 등 성인병의 예방과 치료에 이용될 수 있다. 또한 살리초에는 칼슘, 비타민 등 각종 영양 성분이 풍부하다. 병해충에도 강하고 생육 기간도 짧아서 농가의 고소득 작물로 주목받고 있다.

① 살리초는 해충에 취약하다는 단점이 있다.
② 살리초의 열매는 크고 영양 성분이 풍부하다.
③ 살리초는 생육 기간이 길어 관심을 받지 못하고 있다.
④ 살리초의 잎에는 혈당을 떨어뜨리는 성분이 들어 있다.

33

『임원경제지』는 조선 시대 서유구가 쓴 백과사전이다. 선비가 시골에서 살아가는 데 필요한 지식을 탐색한 것으로 농업, 건축, 의학 등 16개 분야를 정리했다. 서유구는 이 책을 쓸 때 조선의 생활상을 직접 관찰하고 여러 서적들을 참고했으며 거기에 자신의 논평을 첨부했다. 이 과정에서 인용한 책들을 밝혀 놓아 서지학적 가치도 크다. 총 52권의 책을 편찬했는데 개인이 완성했다고 보기 어려울 만큼 방대하고 전문적인 지식이 담겨 있다.

① 이 책은 각 분야의 전문가가 모여 만든 책이다.
② 서유구는 집필하면서 참고한 문헌을 이 책에 기록해 놓았다.
③ 서유구는 객관적인 책을 쓰기 위해 자신의 의견은 배제했다.
④ 이 책은 내용이 특정 분야에 한정되어 서지학적 가치는 크지 않다.

34

코알라는 유칼립투스라는 나뭇잎을 먹고 산다. 이 나뭇잎은 독성이 강해서 일반적인 동물들은 먹을 수 없다. 하지만 코알라는 유칼립투스의 독을 해독하는 효소가 있어서 다른 동물들과 경쟁할 필요 없이 유칼립투스 잎을 충분히 먹을 수 있다. 다만 새끼 코알라는 독성을 분해하는 효소가 없어서 유칼립투스 잎 대신 어미의 배설물을 먹는다. 이를 먹다 보면 새끼 코알라의 몸속에도 유칼립투스의 독을 해독하는 효소가 생기게 된다.

① 다양한 동물들이 유칼립투스 잎을 차지하기 위해 경쟁한다.
② 어미 코알라는 유칼립투스의 독성을 분해하는 효소를 가지고 있다.
③ 코알라는 태어난 직후부터 많은 양의 유칼립투스 나뭇잎을 먹는다.
④ 새끼 코알라는 유칼립투스의 독성 때문에 어미의 배설물을 먹지 않는다.

※ [35~38] 다음을 읽고 글의 주제로 가장 알맞은 것을 고르십시오. (각 2점)

35

태양계에 존재하는 수많은 소행성에는 천문학적인 가치를 지닌 광물이 있는 것으로 예상된다. 그래서 많은 나라들이 이에 관심을 가지고 있다. 실제로 최근 몇몇 국가에서는 소행성에 있는 광물 시료를 채취하는 데 성공하기도 했다. 하지만 대부분의 나라들에서는 소행성 탐사가 아직 논의 단계에 머무르고 있다. 미래 자원을 확보하기 위해서 적극적으로 소행성 탐사에 대한 투자와 기술 개발에 나설 필요가 있다.

① 태양계에는 아직 발견되지 않은 소행성이 많이 존재한다.
② 소행성에서 자원을 가져오는 것은 실현 가능성이 희박하다.
③ 소행성 탐사를 성공시키기 위해 국제 협력을 확대해야 한다.
④ 미래 자원 확보를 위해 소행성 탐사에 대한 노력을 기울여야 한다.

36

경기 침체에 빠지면 사람들은 소비보다는 저축을 늘리려고 한다. 그런데 저축이 언제나 긍정적인 것만은 아니다. 소비가 줄면 기업의 매출이 감소해서 생산과 고용이 줄 수밖에 없고 결국 근로자들의 소득도 줄어들게 된다. 그러면 미래가 불확실해진 사람들이 더욱 소비를 줄여 전체 경기가 다시 침체에 빠지는 악순환이 되풀이된다. 개인 차원에서는 저축이 합리적인 행동이지만 경제 전체적으로는 비합리적인 상황을 초래하게 되는 것이다.

① 불경기에는 비합리적인 소비로 인해 근로자들의 저축이 줄어든다.
② 경기가 침체하면 개인의 소득이 줄어들지 않도록 투자를 늘려야 한다.
③ 경제 상황을 고려해서 생산과 고용을 적절히 조절하는 것이 중요하다.
④ 경기 침체 시에는 저축이 국가 경제 전체에 부정적인 영향을 줄 수 있다.

37

참치 쿼터제는 참치의 무분별한 포획을 막기 위해 어획량을 국가별로 정해 놓은 제도이다. 한국은 참치 어획량이 매우 적게 배정돼 있는데 이는 한국 연안에서는 참치가 거의 잡히지 않기 때문이다. 최근 수온이 상승함에 따라 한국 연안에 유입되는 참치가 급격히 늘어나고 있지만 쿼터제 때문에 그물에 걸린 참치를 대부분 바다에 버리고 있다. 쿼터제의 필요성은 인정하지만 국가별 개체 수 증감을 반영한 융통성 있는 조정이 필요하다.

① 국가별 상황에 따라 참치 쿼터제를 현실에 맞게 수정해야 한다.
② 참치의 무분별한 포획을 방지하기 위해 쿼터제를 도입해야 한다.
③ 수온 상승으로부터 참치를 보호하기 위한 대책을 마련해야 한다.
④ 참치의 유입량을 늘리기 위한 실질적인 연구가 이루어져야 한다.

38

　　기업들은 기술 혁신을 통해 고객에게 편의와 혜택을 제공하려고 한다. 하지만 아무리 획기적인 혁신이라도 고객에게 낯설고 커다란 행동 변화를 요구한다면 외면당하기 쉽다. 예를 들어 초창기 전기 자동차는 전기로 오래 충전을 해야 하는 것이 낯설고 불편해서 큰 관심을 끌지 못했다. 반대로 전자 칠판과 전자 펜처럼 대단한 혁신은 아니지만 사용하는 방법이 고객에게 익숙하고 간단해서 환영받는 경우도 있다.

① 고객들의 무리한 요구 때문에 기술 혁신에 어려움을 겪게 된다.
② 혁신적인 기업은 고객들에게 신기술의 사용 방법을 잘 설명해 준다.
③ 기술 혁신에 실패한 기업은 자연스럽게 고객들의 외면을 받게 된다.
④ 기술 혁신은 고객이 쉽게 받아들일 수 있을 때 성공할 가능성이 높다.

※ [39~41] 주어진 문장이 들어갈 곳으로 가장 알맞은 것을 고르십시오. (각 2점)

39

　　그런데 심판이 아무리 위치 선정을 잘해도 필연적으로 선수의 몸에 가려서 볼 수 없는 사각지대가 생긴다.

　　스포츠 경기를 진행할 때 득점이나 반칙 등의 판정은 심판에 의해서 이루어진다. (㉠) 이렇게 눈에 보이지 않는 곳에서 벌어진 상황에 대해서는 심판도 정확한 판단을 하기 어렵다. (㉡) 비디오 판독은 이런 스포츠 경기에서 초고속 카메라를 판정의 근거로 사용하는 기술이다. (㉢) 이처럼 비디오 판독을 활용하면 심판이 판단하기 어려운 부분을 객관적으로 확인할 수 있어 판정에 대한 신뢰도를 높일 수 있다. (㉣)

① ㉠　　　　　　　　　　　　② ㉡
③ ㉢　　　　　　　　　　　　④ ㉣

40

그 증거로 지중해 전역에서 발견되고 있는 소금 퇴적층을 들 수 있다.

> 유럽과 아시아, 아프리카 대륙으로 둘러싸인 바다를 지중해라고 한다. (㉠) 오늘날 지중해 연안은 기후가 온화해서 살기 좋은 곳으로 손꼽힌다. (㉡) 그런데 지중해는 오래전 사막이었던 적이 있었다. (㉢) 이 소금 퇴적층은 바닷물이 증발되고 남은 소금이 쌓여 만들어진 것으로 지중해가 이전에는 사막이었음을 보여 준다. (㉣) 사막이었던 지중해에 이후 큰 홍수가 발생하면서 다시 오늘날과 같은 바다가 되었다.

① ㉠ ② ㉡
③ ㉢ ④ ㉣

41

이런 상소문들을 저자는 왕을 향한 깨우침의 죽비 소리로 비유하고 있다.

> 최근 역사학자 김경민 씨가 『응답하라, 조선』을 펴냈다. (㉠) 이 책은 왕과 신하의 소통을 다루고 있어 사람들의 관심을 끈다. (㉡) 그 소통의 내용 중에서 특히 왕의 노여움을 무릅쓰고 신하가 왕의 잘못을 지적한 상소문을 다룬 부분이 주목받고 있다. (㉢) 『응답하라, 조선』은 눈치를 살피며 윗사람의 잘못을 모르는 체 넘기곤 하는 현대인들을 깨우는 죽비인 것이다. (㉣)

① ㉠ ② ㉡
③ ㉢ ④ ㉣

※ [42~43] 다음을 읽고 물음에 답하십시오. (각 2점)

민욱이 주말에 친구 부부를 초대해도 되냐고 물었을 때, 미연은 말없이 한참 뜸을 들였다. 그녀는 그날 민욱과 함께 아파트의 발코니 벽을 페인트 칠할 계획이었다. (중략) 그들은 육 개월 전에 E시의 아파트를 사서 이사했다. 지은 지 이십 년도 더 된 낡은 아파트였지만, 누구의 도움도 받지 않고 그들 스스로 이룬 일이었다. 미연은 직접 발품을 팔아 수도부터 새시까지 새로 손을 보았다. 하지만 집수리는 대강 되었다 해도, 미연이 생각해 둔 대로 인테리어가 완성되려면 아직 부족했다.

"손님 초대는 좀 이르지 않아? 집 단장도 덜 되었는데……."

"성재가 한국에 왔대."

민욱이 무거운 목소리로 말했다. (중략)

민욱과 성재는 고등학교 동창이고, 그들을 통해 만난 미연과 연주도 십여 년이 넘는 인연이었다. 꽤나 가까운 사이였지만 성재가 사업 실패로 한국을 떠나면서 연락이 끊겼다. 미연은 자신이 연주의 이름을 오랫동안 잊고 있었다는 사실을 깨달았다. 더 이상 뭐라고 할 말이 없었다. (중략)

토요일 오전에 미연은 두 딸아이를 데리고 마트에 가서 고기와 채소를 샀다. 누군가를 초대해 음식을 대접하는 것이 정말로 오랜만이었다.

42 밑줄 친 부분에 나타난 '미연'의 심정으로 가장 알맞은 것을 고르십시오.

① 후련하다
② 불만스럽다
③ 허전하다
④ 자랑스럽다

43 윗글의 내용으로 알 수 있는 것을 고르십시오.

① 미연은 민욱과 성재를 통해 연주를 알게 되었다.
② 민욱은 주변 도움을 받아 E시의 새 아파트를 샀다.
③ 미연은 육 개월 전에 산 아파트로 이사 갈 계획이다.
④ 민욱은 인테리어를 완성한 후에 마트에 장을 보러 갔다.

※ [44~45] 다음을 읽고 물음에 답하십시오. (각 2점)

'수로왕 신화'는 왕이 알에서 탄생하는 여느 건국 신화와 유사하다. 고대에 아직 나라가 없던 낙동강 하류에 황금알 여섯 개가 하늘에서 내려왔다. 그중 맨 먼저 알을 깨고 나온 아이를 '수로'라 하였고 하늘의 뜻에 따라 수로는 지상의 첫 번째 왕이 되었다. (   ) 다섯 아이 역시 각각 왕이 되었다. 수로왕 신화는 이렇게 한꺼번에 여섯 개 알이 나타나 거기서 태어난 이가 모두 왕이 된다는 점에서 다른 건국 신화와 큰 차이가 있다. 당시 세워진 여섯 나라는 강력한 왕권 국가가 아니었다. 황금알은 하늘로부터 부여받은 절대적 권위를 상징하는데 수로가 알에서 최초로 탄생했다는 부분은 수로왕이 중심이 되어 여섯 나라를 하나의 강력한 국가 '가야'로 통합하려 했다는 것을 말해 준다.

44 (   )에 들어갈 말로 가장 알맞은 것을 고르십시오.

① 알을 가지고 내려온
② 기존의 왕을 물리치고
③ 수로에 이어 알에서 태어난
④ 탄생을 축하하며 몹시 기뻐하던

45 윗글의 주제로 가장 알맞은 것을 고르십시오.

① 이 신화는 전형적인 건국 신화의 특성을 지니고 있다.
② 이 신화는 낙동강 일대의 유용한 지리적 정보를 담고 있다.
③ 이 신화는 고대의 문학 작품으로서 훌륭한 가치를 지니고 있다.
④ 이 신화는 강력한 왕권 국가를 이루려고 한 통합 의식을 반영한다.

※ [46~47] 다음을 읽고 물음에 답하십시오. (각 2점)

주가 조작이나 공금 횡령 등의 경제 범죄는 사람에게 직접적인 상해를 가하는 흉악 범죄보다 범죄 정도가 낮다고 생각하기 쉽다. 그러나 경제 범죄의 수법이 날이 갈수록 다양해지고 지능화되어 사회에 미치는 충격과 피해가 막심하다. 최근 증권사 직원의 주가 조작으로 고객들이 천억 넘게 손해 본 사건만 해도 그렇다. 이러한 경제 범죄는 개인 손해를 넘어 국가 경제와도 직결될 수 있다. 따라서 이를 가벼이 여겨서는 안 되며 관대하게 처벌해서도 안 된다. 건전한 경제 질서를 확립하기 위해 경제 사범을 엄벌할 필요가 있다. '한탕 크게 해 먹고 몸으로 때우면 된다'는 한탕주의가 만연하지 않도록 처벌 수준을 더 높여야 한다. 지금까지 미진했던 부당 이익 환수도 앞으로 잘 이루어져 경제 범죄가 재발되지 않도록 해야 할 것이다.

46 윗글에 나타난 필자의 태도로 가장 알맞은 것을 고르십시오.

① 경제 범죄가 사회에 미치는 영향을 부정하고 있다.
② 경제 사범에 대한 처벌을 강화하도록 촉구하고 있다.
③ 경제 사범의 처벌로 생길 결과에 대해 우려하고 있다.
④ 경제 사범의 다양한 수법을 객관적으로 분석하고 있다.

47 윗글의 내용과 같은 것을 고르십시오.

① 경제 범죄로 생긴 부당 이익을 문제없이 잘 환수해 왔다.
② 공금을 불법으로 가로채는 범죄는 경제 범죄에 포함된다.
③ 개인이 저지른 주가 조작 범죄는 국가 경제와 큰 관련이 없다.
④ 경제 범죄 수법이 교묘해졌지만 사회에 미치는 충격은 크지 않다.

※ [48~50] 다음을 읽고 물음에 답하십시오. (각 2점)

예술인은 독창적인 문화를 창조하고 고유한 문화를 보존하는 동시에 예술 활동을 업으로 삼아 수익을 내서 생활하는 사람이다. 그런데 많은 예술인이 기본 생활이 불가능한 적은 수입 탓에 예술 활동을 포기한다. 그 결과 예술인이 감소하며 고령화되는 현상이 나타나고 있다. 2011년에는 생활고로 한 작가가 사망하는 사건까지 일어났다. 이 사건이 계기가 되어 2012년부터 예술인의 권리 보호를 위해 '예술인 복지법'이 시행되었다. 그러나 이는 예술 현장의 실상에 맞지 않아 많은 예술인이 여전히 (　　　　　). 이런 상황에서 올해 예술 활동을 증명하지 못해 지원을 못 받았던 예술인을 위해 예술인 복지법이 개정되었다. 개정안은 이런 예술인도 일반 직업인과 같이 권리를 보호받을 수 있는 대상임을 명확히 하고 있다. 또 예술인이 불리한 처우를 받지 않도록 세부 조치를 마련하는 등 예술인의 고용 안정을 위한 여러 내용을 담고 있다. 앞으로는 이를 바탕으로 유능한 예술인이 활동을 포기하지 않도록 해야 할 것이다.

48 윗글을 쓴 목적으로 알맞은 것을 고르십시오.

① 예술인의 자질에 대해 분석하려고
② 예술 발전의 어려움을 토로하려고
③ 예술 작품의 창작 활동을 설명하려고
④ 예술인 생활 보장의 필요성을 강조하려고

49 (　　　)에 들어갈 내용으로 가장 알맞은 것을 고르십시오.

① 안정을 중요시해야 한다
② 생계의 어려움을 겪고 있다
③ 한 번에 큰돈을 모을 수 있다
④ 창작에 관한 기밀을 지켜야 한다

50 윗글의 내용과 같은 것을 고르십시오.

① 예술인 복지법은 한 번 신설된 후 개정된 적이 없다.
② 전국에서 예술 분야에 종사하는 사람들 수가 늘고 있다.
③ 올해부터 예술인은 활동을 반드시 증명해야 지원을 받을 수 있다.
④ 2021년의 예술인 복지법은 현장의 실상을 반영하는 데 한계가 있었다.

| 제83회 | 읽기(01번~50번)

※ [01~02] (   )에 들어갈 가장 알맞은 것을 고르십시오. (각 2점)

01 책을 많이 (   ) 지식을 쌓을 수 있다.

① 읽으면 ② 읽든지
③ 읽지만 ④ 읽거나

02 꽃이 피기 시작하는 걸 보니 봄이 (   ).

① 오곤 한다 ② 온 모양이다
③ 오는 편이다 ④ 온 적이 있다

※ [03~04] 밑줄 친 부분과 의미가 가장 비슷한 것을 고르십시오. (각 2점)

03 시험이 시작되자 교실은 숨소리가 <u>들릴 만큼</u> 조용해졌다.

① 들리다가 ② 들리더라도
③ 들릴 정도로 ④ 들릴 때까지

04 집의 분위기는 <u>꾸미기 나름이다.</u>

① 꾸밀 만하다 ② 꾸미기가 쉽다
③ 꾸밀 수도 있다 ④ 꾸미기에 달려 있다

※ [05~08] 다음은 무엇에 대한 글인지 고르십시오. (각 2점)

05

> **가벼움을 신다!**
> 어떤 길에서도 편한 세상을 경험해 보세요.

① 안경 ② 침대
③ 운동화 ④ 노트북

06

> **매일 정성을 담아 더 맛있게~**
> 자연에서 얻은 신선한 재료만을 사용합니다.

① 공원 ② 식당
③ 꽃집 ④ 서점

07

웃는 얼굴, 밝은 인사
모두가 기분 좋은 하루의 시작입니다.

① 환경 보호 ② 생활 예절
③ 건강 관리 ④ 봉사 활동

08

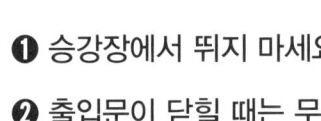
❶ 승강장에서 뛰지 마세요.
❷ 출입문이 닫힐 때는 무리하게 타지 마세요.

① 안전 규칙 ② 신청 방법
③ 사용 순서 ④ 교환 안내

※ [09~12] 다음 글 또는 그래프의 내용과 같은 것을 고르십시오. (각 2점)

09

인주시의 과거 모습을 찾습니다

- **기간**: 2022년 9월 1일(목) ~ 9월 30일(금)
- **대상**: 1980년 이전에 찍은 사진
- **방법**: 인주 시청 홍보실로 방문 제출

※ 사진을 제출하신 분께는 문화 상품권(3만 원)을 드립니다.

① 이 행사는 한 달 동안 진행된다.
② 사진은 이메일로 제출해야 한다.
③ 인주시에서 올해 찍은 사진을 내면 된다.
④ 이 행사에 참여하면 인주시의 옛날 사진을 받는다.

10

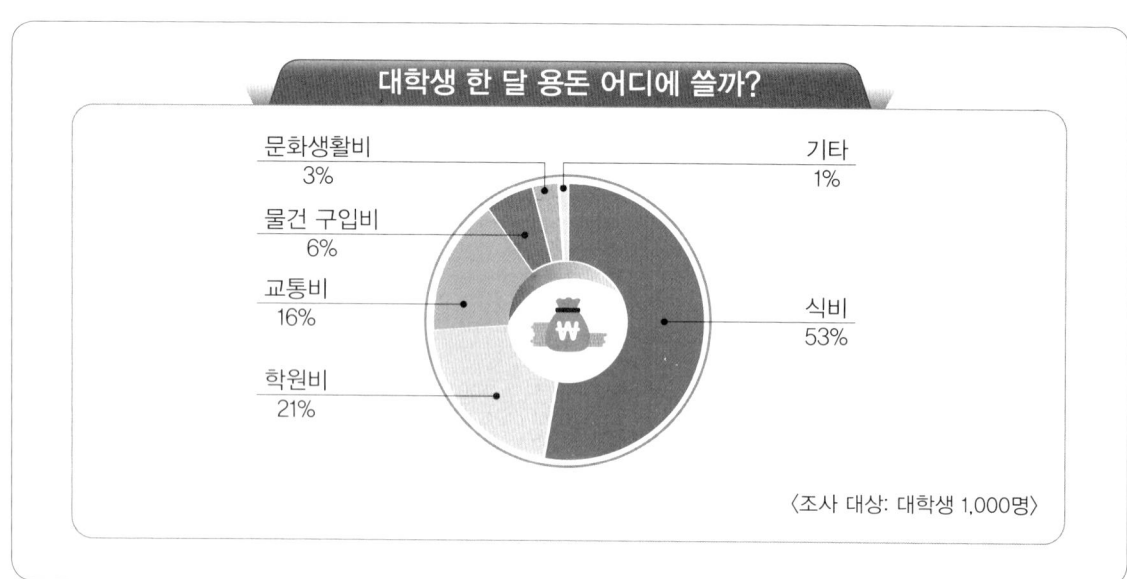

① 용돈 중 물건 구입비의 비율이 가장 낮았다.
② 학원비 사용은 교통비보다 두 배 이상 많았다.
③ 대학생들은 용돈의 절반 이상을 식비로 지출했다.
④ 대학생들은 문화생활비보다 교통비를 더 적게 사용했다.

11

　　그림책 작가 이수지 씨가 한국인 최초로 어린이책 노벨상이라는 안데르센상을 받아 주목받고 있다. 이 상은 1956년에 만들어진 상으로 작가가 발표한 모든 작품을 대상으로 심사한다. 이 작가는 어린이들이 꿈꾸고 상상하는 세계를 그림으로 잘 표현해 낸다는 평을 받았다.

① 이 작가가 받은 상은 작년에 만들어졌다
② 이 작가는 한국인 중 처음으로 이 상을 받았다.
③ 이 작가는 자신이 직접 경험한 이야기를 그림으로 표현했다.
④ 이 작가는 자신의 작품 중 한 편을 골라 심사 대상으로 제출했다.

12

　　17일 오전 6시 22분 인주시에서 규모 3.2의 지진이 발생했다. 이날 지진은 올해 인주시에서 발생한 지진 중 가장 큰 규모다. 119 상황실에는 지진을 느낀 시민들의 신고가 여러 건 접수됐다. 그러나 이번 지진으로 입은 큰 피해는 없는 것으로 조사됐다. 기상청은 이번 주 내로 규모 2.0 정도의 지진이 몇 번 더 발생할 것으로 보고 있다.

① 이번 지진은 늦은 밤에 일어났다.
② 시민들이 지진을 느껴 상황실에 신고를 했다.
③ 이번 지진으로 큰 피해를 입은 사람들이 많다.
④ 이번 주에는 더 이상 지진이 일어나지 않을 것이다.

※ [13~15] 다음을 순서에 맞게 배열한 것을 고르십시오. (각 2점)

13

(가) 그러나 이를 닦을 때는 순서에 맞춰 닦는 것이 좋다.
(나) 사람들은 보통 이를 닦을 때 순서에 별로 신경 쓰지 않는다.
(다) 전문가들은 안쪽 구석에서부터 앞쪽 방향이 좋다고 조언한다.
(라) 안쪽 이가 상하기 쉬워서 더 꼼꼼하게 닦아야 하기 때문이다.

① (나)-(가)-(다)-(라)
② (나)-(라)-(가)-(다)
③ (다)-(가)-(라)-(나)
④ (다)-(나)-(라)-(가)

14

(가) 그 사업이 쉽지는 않겠지만 한번 시도해 보고 싶다.
(나) 친구들은 마지막까지 퇴사를 다시 고민해 보라고 했다.
(다) 내일은 내가 10년 동안 다니던 회사를 그만두는 날이다.
(라) 하지만 나는 오랫동안 생각해 온 사업을 시작해 보려고 한다.

① (나)-(가)-(라)-(다)
② (나)-(다)-(가)-(라)
③ (다)-(라)-(가)-(나)
④ (다)-(나)-(라)-(가)

15

(가) 모래시계는 모래를 이용해 일정 단위의 시간을 재는 기구이다.
(나) 또한 모래시계의 구멍 크기를 통해서도 시간 단위를 조절한다.
(다) 구멍 크기가 작을수록 큰 시간 단위의 모래시계를 만들 수 있다.
(라) 모래의 양을 조절하면 다양한 시간 단위의 모래시계를 만들 수 있다.

① (가)-(다)-(나)-(라)
② (가)-(라)-(나)-(다)
③ (라)-(다)-(나)-(가)
④ (라)-(가)-(다)-(나)

※ [16~18] (　　　)에 들어갈 말로 가장 알맞은 것을 고르십시오. (각 2점)

16

　　필름형 스피커는 종이보다 얇고 투명해서 (　　　　　) 사용할 수 있다. 이 스피커를 활용하면 컴퓨터 화면이나 액자뿐만 아니라 벽이나 천장에서도 소리가 나오게 할 수 있다. 또 소재가 부드러워서 옷이나 커튼에 달아도 불편함 없이 사용이 가능하다.

① 소리 크기를 높여　　　　　　② 단독 형태로 분리해
③ 다양한 물건에 붙여　　　　　　④ 특수한 영역을 제한해

17

　　여권은 국제 신분증으로 통할 뿐만 아니라 한 국가의 정체성과 문화를 드러내기도 한다. 그래서 많은 국가들은 여권의 (　　　　　) 결정한다. 여권 표지의 색깔을 국가의 상징색으로 표현하거나 국가를 상징하는 문양을 넣기도 한다. 또한 여권에 불빛이 비치면 주요 문화재가 화려하게 보이도록 한 것도 있다.

① 두께를 자율적으로　　　　　　② 디자인을 신중하게
③ 이용 범위를 확실히　　　　　　④ 발급 방식은 구체적으로

18

　　얼마 전 일본에서만 사는 텃새 두 마리가 한국의 작은 섬에서 발견됐다. 텃새는 자리를 옮기지 않고 한 지역에서만 살기 때문에 장거리 이동을 거의 하지 않는다. 따라서 전문가는 이번에 발견된 텃새가 태풍에 휩쓸려 한국에 온 것으로 추측된다며 이 섬에서 (　　　　　) 것이 매우 보기 드문 사례라고 언급했다.

① 살던 텃새가 줄어든　　　　　　② 한국의 텃새가 사라진
③ 일본의 텃새가 관찰된　　　　　　④ 부상당한 텃새가 보호된

※ [19~20] 다음을 읽고 물음에 답하십시오. (각 2점)

> 흥미와 재미 요소를 내세워 홍보하는 마케팅 전략이 주목받고 있다. 이런 마케팅은 소비자의 호기심을 자극해 구매로 이어지게 한다. 그러나 제품의 품질이 소비자의 기대에 미치지 못하는 경우 (　　) 브랜드 이미지까지 나빠지기도 한다. 실제로 한 햄버거 회사에서 '주머니 버거', '눌러 먹는 버거'를 만들어 소비자의 관심을 끌었지만 품질이 기대에 못 미치자 회사의 다른 제품까지 판매가 감소한 경우가 있었다.

19 (　　)에 들어갈 말로 가장 알맞은 것을 고르십시오.

① 과연
② 비록
③ 차라리
④ 오히려

20 윗글의 주제로 가장 알맞은 것을 고르십시오.

① 마케팅도 중요하지만 제품의 품질이 더 중요하다.
② 식품 기업은 먼저 소비자의 요구를 확인해야 한다.
③ 제품에 재미 요소를 포함하는 마케팅 전략이 필요하다.
④ 특이한 제품보다 소비자에게 익숙한 것이 홍보에 더 좋다.

※ [21~22] 다음을 읽고 물음에 답하십시오. (각 2점)

소방관은 재난 현장에서 끔찍한 상황을 자주 접하기 때문에 정신 건강에 위험이 따른다. 최근 이러한 문제가 심각해지자 인주시가 해결을 위해 (　　　　). 인주시는 빠른 시일 내에 정신 건강에 대해 조사를 실시하고 문제를 겪는 소방관이 있으면 전문 상담사를 보내 상담을 진행하기로 했다. 이와 더불어 심리 안정 프로그램 개발과 진료비 지원을 위한 예산을 확보했다고 발표했다.

21 (　　)에 들어갈 말로 가장 알맞은 것을 고르십시오.

① 등 떠밀었다
② 눈을 맞췄다
③ 발 벗고 나섰다
④ 손에 땀을 쥐었다

22 윗글의 내용과 같은 것을 고르십시오.

① 소방관의 심리적 어려움은 최근 많이 해소되었다.
② 인주시는 소방관의 정신 건강 조사를 모두 마쳤다.
③ 인주시는 소방관 심리 안정 프로그램을 운영할 계획이다.
④ 소방관이 정신 건강 상담을 받으려면 상담사를 찾아가야 한다.

※ [23~24] 다음을 읽고 물음에 답하십시오. (각 2점)

> 며칠 전 창고 선반 위에 올려 둔 가방을 꺼내는데 공책 한 권이 톡 하고 떨어졌다. 나는 '뭐지?' 하고 별 생각 없이 안을 펼쳐 보고는 눈물이 왈칵 나올 뻔했다. 그것은 바로 어렸을 때 돌아가신 아버지의 일기장이었다. 아버지 물건이 아직도 집에 남아 있을 줄은 전혀 생각하지 못했다. 두근거리는 마음으로 거실로 나와 일기장을 펼쳤다. 30년 전 날짜가 적힌 일기장의 누렇게 변한 페이지마다 아버지의 하루하루가 적혀 있었다. 내가 초등학교에 입학한 날, 여행한 날, 혼났던 날……. 그때의 추억들이 펼쳐졌다. 아버지는 언제 어디서 무엇을 하셨는지 빼곡히 적어 두셨다. 일기장에 적혀 있는 곳을 인터넷으로 찾아보니 자주 가시던 빵집과 국숫집이 아직도 그대로 있었다. 그곳에 가면 아버지의 흔적을 느낄 수 있을까? 나는 이번 주말에 일기장에 적혀 있는 곳에 한번 찾아가 보려고 한다.

23 밑줄 친 부분에 나타난 '나'의 심정으로 가장 알맞은 것을 고르십시오.

① 반갑고 감격스럽다
② 편하고 만족스럽다
③ 아쉽고 걱정스럽다
④ 기쁘고 자랑스럽다

24 윗글의 내용과 같은 것을 고르십시오.

① 나는 아버지의 물건을 많이 가지고 있다.
② 나는 전에 아버지의 일기장을 자주 꺼내 읽었다.
③ 나는 거실에 아버지의 일기장을 보관하고 있었다.
④ 나는 아버지가 자주 가시던 빵집에 가 보려고 한다.

※ [25~27] 다음 신문 기사의 제목을 가장 잘 설명한 것을 고르십시오. (각 2점)

25

드라마 '진실' 인기 효과, 원작 베스트셀러 1위

① 드라마 '진실'이 인기를 얻으면서 원작이 판매량 1위를 차지했다.
② 드라마 '진실'이 시청률 1위가 되자 원작 작가에 대한 관심이 높아졌다.
③ 드라마 '진실'의 인기로 원작 작가의 모든 작품들의 판매율이 상승했다.
④ 드라마 '진실'이 원작의 인기 요소를 추가해 시청률 1위의 드라마가 됐다.

26

기습 폭우에 차량 '엉금엉금', 출근길 정체

① 폭우로 피해를 입은 차량들이 늘면서 사람들의 출근이 늦어졌다.
② 큰비에 차량 사고가 잇따르면서 출근하던 사람들이 곤란을 겪었다.
③ 갑자기 많이 쏟아진 비로 차들이 천천히 운행하면서 출근길이 막혔다.
④ 계속된 비에 대중교통 이용자가 한꺼번에 몰리면서 출근길이 혼잡해졌다.

27

온라인 거래 사기 급증, 정부 대책 마련은 미흡

① 온라인 거래 사기가 늘었지만 정부의 대책 마련은 충분하지 않다.
② 온라인 시장에서 거래 사기가 증가해 정부가 대책을 수립하고 있다.
③ 온라인 거래 사기를 막기 위해 마련한 정부의 대책은 큰 효과가 없었다.
④ 온라인 거래 사기 피해자들을 위해 정부가 대책을 마련하겠다고 발표했다.

※ [28~31] (   )에 들어갈 말로 가장 알맞은 것을 고르십시오. (각 2점)

28

최근 한국의 편의점 업체가 해외로 진출하면서 현지에서 큰 인기를 끌고 있다. 인테리어에서 판매 상품까지 (   ) 전략을 썼기 때문이다. 보통 마트가 해외에 진출할 때는 현지인의 취향에 맞추려고 하는데 이 편의점 업체는 이와 반대되는 방법을 써서 성공한 것이다.

① 빠뜨리지 않고 홍보하는
② 판매자의 기호에 맞추는
③ 편의점의 특성을 최대한 감추는
④ 한국 편의점을 그대로 재현하는

29

고대 이집트 피라미드를 건축할 때 거대한 바위를 모래 위에서 운반해야 했는데 이를 위해서는 (   ) 기술이 중요했다. 모래에 수분이 일정하게 유지되면 모랫길이 단단해져서 운반이 수월했기 때문이다. 실제로 고대 벽화에는 바위를 운반하는 길 위에 사람들이 물을 뿌리고 있는 장면이 묘사되어 있다.

① 적정량의 물을 뿌리는
② 모래를 부드럽게 만드는
③ 바위의 무게를 계산하는
④ 운반하는 사람들을 배치하는

30

일부 프로 농구 리그에서는 반드시 주황색 공을 쓰게 하고 있다. 여러 이유가 있지만 그중 하나는 (　　　　　) 데 있다. 바닥에 공을 많이 튕겨야 하는 농구의 특성상 공이 바닥의 색과 많이 다르면 선수나 관중 모두 부담을 느낄 수 있기 때문이다.

① 골을 잘 넣게 하려는
② 공이 잘 보이게 하려는
③ 눈의 피로감을 줄이려는
④ 선수들의 운동복과 구별하려는

31

'가면 증후군'이란 사회적으로 인정을 받고 있지만 그것이 자신의 진짜 실력 때문이 아니라는 생각으로 괴로워하는 현상이다. 성과를 내고 있음에도 (　　　　　) 언젠가 가면이 벗겨질지도 모른다는 생각에 불안해하는 것이다. 이런 현상이 생긴 원인은 다양한데 양육 과정에서 부모의 인정을 받지 못했거나 겸손을 강조하는 분위기 속에서 자랐기 때문이다.

① 일을 계속 미루면서
② 타인의 평가를 원하면서
③ 낮은 지위에 머무르면서
④ 자신의 능력을 의심하면서

※ [32~34] 다음을 읽고 글의 내용과 같은 것을 고르십시오. (각 2점)

32

오케스트라는 연주하기 전에 악기들의 음을 서로 맞춰 보는 과정을 거친다. 그때 오케스트라의 한가운데에 자리 잡은 오보에가 기준 음을 낸다. 오보에는 다른 관악기와 달리 나무 떨림판인 '리드'를 두 장 겹쳐 사용해서 소리가 더 정확하고 또렷하기 때문이다. 또 음을 안정적으로 길게 유지할 수 있어서 다른 악기들이 음을 쉽게 맞출 수 있도록 해 준다.

① 오보에는 다른 악기와 달리 리드 하나로 음을 낸다.
② 오보에의 첫 음과 함께 오케스트라 연주가 시작된다.
③ 오보에는 소리가 작아서 오케스트라의 앞쪽에 위치한다.
④ 오보에는 오케스트라에서 소리를 맞출 때 기준 역할을 한다.

33

애기장대는 각종 식물 실험에 빠지지 않고 등장하는 식물이다. 식물 중에서는 처음으로 유전체 해독이 완료되어 식물의 유전자 연구를 할 때 주로 이용된다. 전 세계에 고루 분포하고, 곤충의 도움 없이 씨앗을 맺을 수 있어서 재배도 쉽다. 또한 한 세대 기간이 6주 정도밖에 되지 않아 실험 결과를 빨리 확인할 수 있기 때문에 실험에 널리 이용되고 있다.

① 애기장대는 세계 곳곳에서 볼 수 있는 식물이다.
② 애기장대의 유전체 해독을 위한 연구가 진행 중이다.
③ 애기장대가 씨앗을 만드는 데에 곤충의 역할이 필요하다.
④ 애기장대는 성장 기간이 길어 유전자 연구에 효율적이다.

34

아이가 '엄마' 다음으로 빨리 배우는 말 중에는 '이것'과 같이 여러 물건을 가리키는 지시어가 있다. 지시어는 대화하는 상황을 타인과 공유해야 그 의미를 이해할 수 있다는 특성이 있다. 아기들은 이러한 지시어를 사용해 자연스럽게 부모의 관심을 끄는 것이다. 대부분의 아기들이 생후 12~18개월 무렵에 이런 지시어를 사용한다는 것은 이미 여러 언어 연구에서 밝혀진 바 있다.

① 아기는 혼잣말을 할 때 지시어를 자주 사용한다.
② 아기는 엄마라는 단어보다 지시어를 먼저 습득한다.
③ 지시어를 습득하는 시기는 언어권마다 다르게 나타난다.
④ 지시어는 상대방과 상황을 공유해야 의미를 전달할 수 있다.

※ [35~38] 다음을 읽고 글의 주제로 가장 알맞은 것을 고르십시오. (각 2점)

35

대중을 대상으로 한 예술 입문서가 작품의 역사적 배경, 작가에 대한 일화 등 독자의 흥미를 끄는 이야기에 집중하는 경우를 많이 볼 수 있다. 작품에 관한 이런 지식은 작품 이해에 도움이 된다. 그러나 예술의 본질은 작품 그 자체에 있다. 작품 외적인 사실들보다 작품에 초점을 두고 작품의 구성 요소, 표현 방식 등을 충분히 설명하는 입문서가 늘어나기를 희망한다.

① 예술 입문서는 작품 외적인 사실들을 다양하게 다뤄야 한다.
② 작품 자체에 대해 충실히 소개하는 예술 입문서가 많아져야 한다.
③ 대중이 예술 작품에 관해 궁금해 하는 것이 무엇인지 알아야 한다.
④ 예술 입문서는 대중이 예술을 어려운 것이 아니라고 느끼게 해야 한다.

36

점자 표기의 위치, 방식 등이 제조사나 제품별로 달라 시각 장애인들이 불편과 혼란을 겪고 있다. 시각 장애인을 위한 점자 정보가 여러 제품에 표기되고는 있지만 아직 통일된 규정이 없기 때문이다. 현재는 의약품에 한해서만 표기 규정이 정해져 있다. 관계 기관은 더 많은 제품을 대상으로 점자 표기에 대한 규정을 정해야 한다.

① 의약품의 점자 표기 규정을 검토해야 한다.
② 점자 표기의 필요성에 대한 인식이 높아져야 한다.
③ 제품에 잘못 표기된 점자 정보가 없는지 조사해야 한다.
④ 다양한 제품에 적용할 점자 표기 규정이 마련되어야 한다.

37

'자기 길들이기'는 동물이 스스로 공격성을 억제하고 친화력을 높이는 방향으로 진화하는 현상을 말한다. 호모 사피엔스도 이것을 생존 전략으로 삼았다는 가설이 있다. 네안데르탈인은 호모 사피엔스보다 체격도 좋고 뇌의 용량도 컸지만 살아남지 못했다. 반면 호모 사피엔스는 서로를 포용하고 보호하는 친화력을 무기로 살아남았다. 높은 친화력으로 더 큰 집단을 형성함으로써 외부의 공격과 환경 변화에 대응한 것이다.

① 자기 길들이기는 인간이 가진 고유한 특성이다.
② 자기 길들이기는 네안데르탈인의 생존 전략이었다.
③ 호모 사피엔스는 신체 능력이 가장 뛰어난 종이었다.
④ 호모 사피엔스는 높은 친화력 덕분에 생존할 수 있었다.

38

뚜렷한 신념 없이 사안에 따라 의견을 바꾼다는 인식 때문에 중도층은 부정적 존재로 여겨진다. 그러나 이들에 대한 긍정적 평가도 있다. 주관 없이 흔들리는 것처럼 보이지만 쟁점에 대해 좀 더 유연하고 객관적으로 사고한다고 보는 관점이다. 중도층의 의견이 정치적 양극화를 완화하고 합리적으로 사회적 합의가 도출되도록 이끄는 토대가 될 수 있다는 것이다.

① 중도층은 사회적 쟁점에 대해 대체로 비판적인 태도를 취한다.
② 중도층은 사회가 균형을 이루며 발전하도록 돕는 역할을 할 수 있다.
③ 정치적 신념을 적극적으로 표출하는 것은 사회의 발전에 도움이 된다.
④ 정치적 사안에 대해 그때그때 의견을 바꾸는 것은 사회 발전을 저해한다.

※ [39~41] 주어진 문장이 들어갈 곳으로 가장 알맞은 것을 고르십시오. (각 2점)

39

이 책은 크게 두 부분으로 구성되어 있는데 먼저 옛 다리들과 그에 얽힌 이야기를 다룬다.

이영천의 『다시, 오래된 다리를 거닐다』는 다리를 소재로 한국인의 삶을 돌아본 책이다. (㉠) 여기에서는 수백 년 전에 놓인 징검다리, 왕을 위한 다리 등을 통해 우리 고유의 풍속과 역사를 만난다. (㉡) 이어서 근현대식 다리와 함께 기술의 발전이 다리와 우리 사회에 가져온 변화를 살펴본다. (㉢) 이 책은 과거와 현재의 다리를 거닐며 우리가 거닐며 우리가 지나온 길과 가야 할 길을 생각해 보게 한다. (㉣)

① ㉠
② ㉡
③ ㉢
④ ㉣

40

장 신경계는 주로 장 내의 근육 운동과 소화액을 조절하여 소화를 촉진하는 일을 한다.

뇌는 신경계를 통해 몸 전체의 움직임을 관장하는데 장의 경우에는 뇌의 명령 없이 자율적으로 작동하기도 한다. (㉠) 생존에 필수적인 식사와 소화를 위해 장에 별도의 신경계를 두었기 때문이다. (㉡) 한편 장 신경계가 오로지 장에만 관여하는 것은 아니다. (㉢) 과학자들은 장 신경계와 뇌가 서로 소통하고 있어서 장의 문제가 심리적 변화에 영향을 줄 수 있다고 말한다. (㉣)

① ㉠
② ㉡
③ ㉢
④ ㉣

41

이처럼 정밀하면서도 실제와 같은 그림은 외부인이 궁궐에 침입할 목적으로 사용할 수 있다.

동궐도는 창덕궁과 창경궁 전체를 그린 조선 시대의 그림이다. (㉠) 세로 2m, 가로 5m가 넘는 대작으로 건축물은 물론 주변의 산과 궁궐 안 연못, 나무까지 그대로 그려 넣었다. (㉡) 건물 배치와 건물 사이의 거리도 완벽하게 재현했다. (㉢) 이러한 이유로 제작자와 제작 연도를 포함하여 그림에 관련된 정보 일체가 왕실 기밀이었을 것으로 추정된다. (㉣)

① ㉠
② ㉡
③ ㉢
④ ㉣

※ [42~43] 다음을 읽고 물음에 답하십시오. (각 2점)

올해 서른두 살인 준은 어렸을 때부터 특출나게 뛰어난 재능이 없다는 점이 큰 불만이었다. 공부도 그럭저럭, 외모도 그럭저럭, 이었다. (중략) 특이한 재능이 있긴 했다. 준은 본능적으로 동서남북을 감지할 수 있었다. 어느 장소에 가든지 북쪽과 동쪽이 어디인지 본능적으로 느낄 수 있는 감각이었다. 이게 남들은 못하는 특이한 재능이란 걸 알게 된 건 가족들과 3박 4일 일정으로 포항에 놀러갔던 중학생 때였다. 부모님은 유명하다는 포항 바닷가의 해돋이를 꼭 보고 싶어 했다. (중략)

"여보, 이쪽으로 걸어가면 되겠지? 동쪽이 저쪽인가?"
"아냐, 자기야. 호텔 지배인이 선착장으로 가라고 했잖아. 그러니까 저기가 동쪽이지!"
"아냐, 엄마. 동쪽은 이쪽이잖아."

준은 후드 주머니에 꼼지락거리고 있던 손을 꺼내 반대편으로 가려는 부모를 잡았다. 준이 심드렁한 표정으로 반대쪽을 턱짓으로 가리키자 부모님은 고개를 갸웃했다.

"네가 그걸 어떻게 알아?"
"이 방향이 북쪽이잖아. 그러니까 동쪽은 이쪽이지." (중략)

처음에 부모님은 반신반의했지만, 준이 물어볼 때마다 오차 없이 정확히 맞추는 걸 확인하고는 자기들이 천재를 낳았다며 즐거워했다.

42 밑줄 친 부분에 나타난 '부모님'의 심정으로 가장 알맞은 것을 고르십시오.

① 후회스럽다
② 의심스럽다
③ 실망스럽다
④ 짜증스럽다

43 윗글의 내용으로 알 수 있는 것을 고르십시오.

① 준은 여행지에서 해 뜨는 방향을 한 번에 찾았다.
② 준의 부모님은 아들과 같은 능력을 가지고 있었다.
③ 준은 공부를 잘해서 학교에서 모르는 사람이 없었다.
④ 준의 부모님은 아들의 재능을 발견한 후 걱정하기 시작했다.

※ [44~45] 다음을 읽고 물음에 답하십시오. (각 2점)

> 서양 역사에서는 15·16세기를 '위대한 발견의 시대'라고 부른다. 콜럼버스처럼 유럽의 많은 탐험가들이 금이나 향신료 등을 얻고자 (　　　　　) 때문이다. 그러나 이 시대에 이루어진 발견의 진정한 의미는 대륙의 발견이 아니라 바다의 발견이었다. 탐험을 통해 지구상의 모든 바다가 하나로 이어져있다는 인식이 생겼다는 것, 또 이러한 인식을 바탕으로 다양한 해상 항로를 발견한 것이 이 시대의 진정한 소산이라는 것이다. 실제로 탐험가들은 아프리카를 돌아 인도양, 더 나아가 극동까지 가는 바닷길을 열었고 콜럼버스도 대서양을 왕복할 수 있는 경로를 만들었다. 바닷길이 열리자 전 세계가 하나의 지구가 되었고 이로 인해 경제, 기술, 문화뿐만 아니라 생태계의 교환까지 이루어지는 계기가 마련되었다.

44 (　　)에 들어갈 말로 가장 알맞은 것을 고르십시오.

① 값비싼 물건을 매매했기
② 다양한 지도를 수집했기
③ 미지의 땅을 찾아 떠났기
④ 탐험에 대한 기록을 남겼기

45 윗글의 주제로 가장 알맞은 것을 고르십시오.

① 콜럼버스는 새로운 대륙을 개척하는 데 기여한 바가 크다.
② 신대륙 발견은 동방의 대륙 탐험을 시작하는 계기가 되었다.
③ 신대륙 발견으로 대륙 간에 문물과 생물의 이동이 증가할 수 있었다.
④ 유럽인들의 탐험은 항로를 만들어 세계를 연결시켰다는 데 의의가 있다.

※ [46~47] 다음을 읽고 물음에 답하십시오. (각 2점)

세계는 신에너지, 자동화, 우주여행 등이 주도하는 시대로 급속히 접어들고 있다. 세계 각국은 풍력, 태양광 등 재생 가능한 에너지를 개발하는 회사에 대한 정부 보조금을 늘리고 있고 그에 따라 대체 에너지의 사용 비율도 점차 증가하고 있다. 민간 우주 산업 육성을 위해 인공위성 주파수 사용과 우주선 발사 등에 대한 대대적인 규제 완화를 한 국가도 있다. 그 덕분에 한 민간 기업은 화성 여행이 가능한 호텔급 우주여행선을 제작할 수 있었다. 민간 기업이 과학 기술 개발을 주도하며 성장할 수 있게 된 것은 정부가 지원을 확대하면서도 간섭을 최소화했기 때문이다. 이처럼 과학 기술이 유의미하게 발전하기 위해서는 과학 전문가들이 정책 수립을 주도하고 전문 기업이 그 정책의 수행을 담당할 수 있게 해야 한다. 이때 정부는 모든 과정에 지원은 하되 과도하게 관여하는 일은 없어야 할 것이다.

46 윗글에 나타난 필자의 태도로 가장 알맞은 것을 고르십시오.

① 과학 정책에 대한 정부의 지나친 개입을 경계하고 있다.
② 과학 기술 발전을 위해서는 연구가 중요함을 강조하고 있다.
③ 과학 기술 발전이 경제 성장에 미치는 영향력에 감탄하고 있다.
④ 과학 정책 수립 시 우주 과학이 소홀히 다루어질 것을 우려하고 있다.

47 윗글의 내용과 같은 것을 고르십시오.

① 많은 국가들이 신에너지 개발에 대한 투자를 줄이고 있다.
② 과학 정책이 빠르게 변해서 과학 기술이 발전할 수 있었다.
③ 정부가 우주 산업에 대한 규제를 풀어 성장한 민간 기업이 있다.
④ 우주 개발에 참여 중인 민간 기업이 화성에 호텔을 건설하고 있다.

※ [48~50] 다음을 읽고 물음에 답하십시오. (각 2점)

　　많은 사람들은 결혼, 수입 등의 객관적 조건이 행복을 결정하는 요인이라고 생각한다. 그러나 이런 요인들로는 행복의 이유를 10% 정도밖에 설명할 수 없다고 한다. 그렇다면 행복을 결정하는 요인은 무엇일까? 그것은 행복에 대해 가지는 믿음과 태도이다. 행복에 대한 태도는 행복의 유한성과 무한성 중 어느 한쪽을 선택함으로써 결정된다. 이 세상에 존재하는 행복의 (　　　　　) 믿는 사람들은 항상 타인이 행복한 정도를 예의 주시하는 특징이 관찰되었다. 남이 행복하면 내 행복이 줄어든다고 생각하는 사람에게는 타인의 행복이 자신의 행복에 위협적인 요소가 되기 때문이다. 반면 행복의 무한성을 믿는 사람들은 타인의 행복에 그다지 관심을 가지지 않는다. 따라서 행복하려면 행복이 무한한 것이라는 믿음을 가질 필요가 있다. 이러한 생각만으로도 행복감은 증대될 수 있으며 자신이 어떻게 할 때 행복해지는지에 집중할 수 있게 되기 때문이다.

48 윗글을 쓴 목적으로 가장 알맞은 것을 고르십시오.

① 행복의 사회적 특성을 파악하려고
② 행복을 측정하는 방법을 소개하려고
③ 행복에 대한 관점의 변화를 유도하려고
④ 행복이 인간에게 미치는 영향을 분석하려고

49 (　　)에 들어갈 말로 가장 알맞은 것을 고르십시오.

① 개인차가 크지 않다고
② 총량이 정해져 있다고
③ 양상이 매우 다양하다고
④ 크기가 계속 증가한다고

50 윗글의 내용과 같은 것을 고르십시오.

① 행복에 대한 사람들의 태도는 대체로 유사하다.
② 행복은 결혼 여부나 수입 정도의 영향을 많이 받는다.
③ 행복의 양이 유한하다고 믿는 사람들은 더 많이 행복할 수 있다.
④ 행복이 무한하다고 믿는 사람들은 자신을 남과 잘 비교하지 않는다.

제64회 읽기(01번~50번)

→ '한·영·중 미니 사전' 90쪽 / '정답 및 해설' 53쪽

※ [01~02] (   )에 들어갈 가장 알맞은 것을 고르십시오. (각 2점)

01 나는 주말에는 보통 영화를 (   ) 운동을 한다.

① 보지만 ② 보거나
③ 보려고 ④ 보더니

02 동생이 점점 아버지를 (   ).

① 닮아 간다 ② 닮기도 한다
③ 닮았나 보다 ④ 닮은 적이 없다

※ [03~04] 다음 밑줄 친 부분과 의미가 가장 비슷한 것을 고르십시오. (각 2점)

03 정부는 일자리를 <u>늘리고자</u> 새로운 정책을 수립했다.

① 늘리자마자 ② 늘리더라도
③ 늘리는 대신 ④ 늘리기 위해

04 태어난 지 얼마 안 되어 서울로 왔으니 서울이 <u>고향인 셈이다.</u>

① 고향일 뿐이다 ② 고향이면 좋겠다
③ 고향일 리가 없다 ④ 고향이나 마찬가지이다

※ [05~08] 다음은 무엇에 대한 글인지 고르십시오. (각 2점)

05

> 더위를 싹~
> 자연 바람을 선물합니다.

① 에어컨 ② 청소기
③ 냉장고 ④ 세탁기

06

> 똑똑하게 모으자!
> 매일매일 쌓여 가는 행복한 미래

① 병원 ② 은행
③ 여행사 ④ 체육관

07

추억은 마음속에, 쓰레기는 가방 안에
건강한 산, 함께 만들어요.

① 건강 관리　　② 화재 예방
③ 이웃 사랑　　④ 환경 보호

08

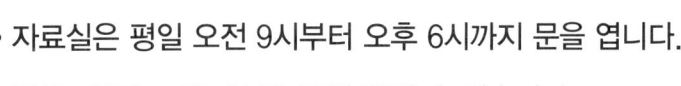
- 자료실은 평일 오전 9시부터 오후 6시까지 문을 엽니다.
- 책은 1인당 10권, 한 달 동안 빌릴 수 있습니다.

① 이용 안내　　② 구입 문의
③ 사용 순서　　④ 교환 방법

※ [09~12] 다음 글 또는 그래프의 내용과 같은 것을 고르십시오. (각 2점)

09

제3회 한마음 걷기 대회

- **일   시**: 2019년 9월 14일(토) 9:00~13:00
- **참가 대상**: 제한 없음
- **내   용**: 3.8km 걷기(시민공원부터 인주기념관까지)
- **참 가 비**: 무료

① 이 대회는 이번에 처음으로 열린다.
② 이 대회에는 누구나 참가할 수 있다.
③ 이 대회에 참가하려면 돈을 내야 한다.
④ 이 대회의 출발 장소는 인주기념관이다.

10

고등학생 희망 직업 어떻게 달라졌을까?

조사 대상: 고등학생 10,000명

2008년	-	2018년
교사	1위	교사
회사원	2위	간호사
공무원	3위	건축가
간호사	4위	공무원
개인 사업	5위	군인

① 1위 순위의 직업이 바뀌었다.
② 공무원은 순위의 변화가 없었다.
③ 군인이 새롭게 5위 안에 들었다.
④ 간호사는 4위로 순위가 떨어졌다.

11

지난 24일에 '제7회 소비자 선정 최고 브랜드 대상' 시상식이 인주신문사 대강당에서 개최됐다. 이 상은 소비자의 온라인 투표로 수상 브랜드가 선정되어 의미가 크다. 지난해와 같이 100개 브랜드가 상을 받았는데 올해는 처음으로 친환경 화장품 브랜드 두 개가 포함되었다.

① 소비자가 수상 브랜드를 선정했다.
② 기업들이 직접 온라인 투표에 참여했다.
③ 지난해보다 더 많은 브랜드가 선정됐다.
④ 친환경 화장품 브랜드는 상을 못 받았다.

12

최근 한 나라에서 4,400년 전에 만들어진 무덤이 발견됐다. 이 무덤의 주인은 당시 왕으로 밝혀졌으며 무덤 벽에는 고대 문자와 다양한 색의 그림이 가득했다. 이 무덤은 오랜 시간이 지났지만 색이 거의 그대로 보존되어 있어 역사적 가치가 높다고 전문가들은 전했다. 무덤의 일부는 일반인에게도 곧 공개될 예정이다.

① 무덤의 주인이 누구인지 찾고 있다.
② 무덤 안을 구경하는 사람들이 많아졌다.
③ 무덤 안의 그림은 색의 상태가 좋은 편이다.
④ 무덤 바닥에서 다양한 문자와 그림이 발견됐다.

※ [13~15] 다음을 순서대로 맞게 배열한 것을 고르십시오. (각 2점)

13

(가) 회사의 1층 로비를 외부인에게 개방하는 회사가 많아졌다.
(나) 사람들은 작품을 감상하고 커피를 마시면서 시간을 보낸다.
(다) 미술관과 카페를 만들어 사람들이 와서 즐길 수 있게 한 것이다.
(라) 이 공간을 이용하는 사람이 늘면서 회사의 이미지도 좋아지고 있다.

① (가)-(다)-(나)-(라)
② (나)-(라)-(다)-(가)
③ (다)-(나)-(라)-(가)
④ (라)-(나)-(가)-(다)

14

(가) 차에서 내려 앞차의 주인에게 사과하고 사정을 설명했다.
(나) 앞차 주인은 큰 사고가 아니니 괜찮다며 그냥 가라고 했다.
(다) 친절한 배려 덕분에 딸은 무사히 병원에 도착해 치료를 받았다.
(라) 아픈 딸을 병원으로 급하게 데려가다가 앞차와 부딪쳐서 사고를 냈다.

① (나)-(가)-(다)-(라)
② (나)-(가)-(라)-(다)
③ (라)-(가)-(나)-(다)
④ (라)-(가)-(다)-(나)

15

(가) 선택에 대한 부담으로 구매를 망설이다가 포기하기도 한다.
(나) 선택에 대한 고객의 부담을 줄여 구매를 유도하려는 것이다.
(다) 그래서 마트에서는 품목별로 몇 가지의 제품만 매장에 진열한다.
(라) 소비자는 선택의 폭이 넓을수록 물건을 고를 때 어려움을 겪는다.

① (나)-(가)-(라)-(다)
② (나)-(라)-(가)-(다)
③ (라)-(가)-(다)-(나)
④ (라)-(다)-(가)-(나)

※ [16~18] 다음을 읽고 ( )에 들어갈 내용으로 가장 알맞은 것을 고르십시오. (각 2점)

16

상담을 통해 책을 추천해 주는 서점이 있어 화제가 되고 있다. 서점 주인은 손님과 오랜 시간 대화를 나눈 후 ( ) 책을 추천해 준다. 상처 받은 사람에게는 위로가 되는 책을, 자신감이 부족한 사람에게는 용기를 주는 책을 추천하는 방식으로 서비스를 제공한다.

① 내용이 재미있는
② 지식을 전달하는
③ 사람들이 많이 읽는
④ 손님의 상황에 맞는

17

샌드위치나 샐러드 등은 오래 보관할 수 없어 신선할 때 팔아야 한다. 이런 식품을 영업 마감 시간을 앞두고 사람들에게 할인된 가격으로 판매하는 서비스가 큰 호응을 얻고 있다. 음식점은 남은 음식을 팔아 수익을 얻을 수 있고, 소비자는 ( ) 이용자들의 만족도가 높다.

① 자원을 아낄 수 있어서
② 식품을 저렴하게 살 수 있어서
③ 요리법을 배울 수 있기 때문에
④ 음식을 선택할 수 있기 때문에

18

뮤지컬은 보통 한 역할에 여러 명의 배우들이 출연한다. 배우에 따라 연기나 분위기가 다르기 때문에 같은 작품이라도 색다른 느낌을 받을 수 있다. 그래서 뮤지컬 팬들은 ( ) 작품을 즐기기 위해 공연을 반복해서 관람한다.

① 입장료를 할인해 주는
② 공연장에서 인기가 있는
③ 유행하는 노래가 나오는
④ 각 배우들의 개성이 담긴

※ [19~20] 다음을 읽고 물음에 답하십시오. (각 2점)

> 해파리는 몸의 95%가 물로 구성되어 있어 열량이 낮다. 그래서 해파리를 먹고 사는 동물이 거의 없다고 알려져 있었다. 하지만 새나 펭귄, 뱀장어 등 많은 동물들에게 해파리는 좋은 먹잇감이다. 해파리는 비타민이나 콜라겐 같은 영양 성분이 있기 때문이다. (   ) 해파리는 바다 어디에나 있고 도망치지 않아 사냥하기 쉽기 때문이다.

19 (   )에 들어갈 알맞은 것을 고르십시오.

① 과연
② 만약
③ 게다가
④ 이처럼

20 위 글의 내용과 같은 것을 고르십시오.

① 해파리는 바다 생태계에 피해를 준다.
② 해파리는 잡기 어려운 먹이 자원이다.
③ 해파리는 여러 동물의 먹이가 되고 있다.
④ 해파리는 대부분 콜라겐으로 이루어져 있다.

※ [21~22] 다음을 읽고 물음에 답하십시오. (각 2점)

> 내비게이션은 목적지까지 길을 안내해 주는 기기이다. 내비게이션이 없이 낯선 곳에 갔다가 길을 못 찾아 (　　　　) 본 적이 있는 사람이라면 내비게이션이 얼마나 편리한지 느꼈을 것이다. 그러나 우리의 뇌는 스스로 정보를 찾았을 때 그 정보를 오래 기억하는 특성이 있다. 따라서 지나치게 디지털 기기에만 의존하다 보면 정보를 찾고 기억하는 능력이 점점 줄어들어 결국 그 능력을 사용할 수 없게 될지도 모른다.

21 (　　) 에 들어갈 알맞은 것을 고르십시오.

① 앞뒤를 재어
② 진땀을 흘려
③ 발목을 잡아
④ 귀를 기울여

22 위 글의 중심 생각을 고르십시오.

① 디지털 기기는 편리한 생활을 위해 필요하다.
② 운전자에게 내비게이션은 활용도가 매우 높다.
③ 스스로 정보를 찾고 기억하려는 노력을 해야 한다.
④ 내비게이션을 잘 활용하면 기억력 향상에 도움이 된다.

※ [23~24] 다음을 읽고 물음에 답하십시오. (각 2점)

> 놀이공원 매표소에서 아르바이트를 했다. 아르바이트가 처음이라 실수를 하지 않으려고 늘 긴장하면서 일을 했다. 어느 날, 놀러 온 한 가족에게 인원수만큼 표를 줬다. 그런데 그 가족을 보내고 나서 이용권 한 장의 값이 더 결제된 것을 알아차렸다. 바로 카드사로 전화해 고객의 전화번호를 물었지만 상담원은 알려 줄 수 없다고 했다. 하지만 내 연락처를 고객에게 전달해 주겠다고 했다. 일을 하는 내내 일이 손에 잡히지 않았다. 퇴근 시간 무렵 드디어 그 가족에게서 전화가 왔다. 내가 한 실수에 <u>화를 낼지도 모른다는 생각에</u> 떨리는 목소리로 상황을 설명하자 그 가족은 "놀이 기구를 타고 노느라 문자 메시지가 온 줄 몰랐어요. 많이 기다렸겠어요."라고 하며 따뜻하게 말해 주었다.

23 밑줄 친 부분에 나타난 '나'의 심정으로 알맞은 것을 고르십시오.

① 걱정스럽다
② 불만스럽다
③ 후회스럽다
④ 당황스럽다

24 위 글의 내용과 같은 것을 고르십시오.

① 그 가족은 나에게 화를 냈다.
② 카드 회사는 그 가족에게 연락을 했다.
③ 나는 그 가족에게 직접 전화를 걸었다.
④ 나는 그 가족을 찾아다니느라 일을 못 했다.

※ [25~27] 다음 신문 기사의 제목을 가장 잘 설명한 것을 고르십시오. (각 2점)

25

관광버스 추락, 안전벨트로 승객 전원 목숨 건져

① 관광버스가 추락했지만 승객들이 안전벨트 덕분에 모두 살았다.
② 관광버스 추락 사고 이후 안전벨트를 하는 승객이 더 많아졌다.
③ 관광버스가 추락하자 일부 승객이 안전벨트를 풀고 탈출하였다.
④ 관광버스가 추락하면서 안전벨트를 한 일부 승객이 크게 다쳤다.

26

침묵 깬 김민수 의원, 대통령 선거 출마설 부인

① 김 의원이 대통령 선거에 나가느냐는 질문에 계속 답하지 않고 있다.
② 김 의원이 마음을 바꾸어 대통령 선거에 나가겠다고 최종 발표하였다.
③ 김 의원이 대통령 선거에 나간다고 선언하자 사람들이 열렬히 환영했다.
④ 김 의원이 대통령 선거에 나간다는 것이 사실이 아니라고 입장을 밝혔다.

27

민간 우주선 무사 귀환, 우주여행 시대 '성큼'

① 사람들의 응원 속에 민간 우주선이 긴 우주여행을 마치고 돌아왔다.
② 사람들은 민간 우주선이 우주여행에서 무사히 돌아오기를 기대했다.
③ 민간 우주선이 무사히 돌아오면서 우주여행의 가능성이 더욱 높아졌다.
④ 민간 우주선이 돌아오지 않자 우주여행에 대한 우려의 목소리가 커졌다.

※ [28~31] 다음을 읽고 ( )에 들어갈 내용으로 가장 알맞은 것을 고르십시오. (각 2점)

28

새해에 세운 목표를 효과적으로 이루려면 한 주 단위로 계획을 세우는 것이 좋다. 주마다 계획을 세우면 ( ) 때문이다. '건강한 식습관 기르기'라는 새해 결심이 한 주 단위가 되면 '라면 안 먹기', '채소 챙겨 먹기'처럼 구체적인 계획으로 바뀐다. 이렇게 하면 작은 목표를 달성하는 횟수가 늘어 한 해의 목표에 가까워진다.

① 한 해의 목표를 확인하기
② 계획을 세우는 데 집중하기
③ 자신의 능력을 보여 줄 수 있기
④ 실천 가능한 계획을 세울 수 있기

29

무지개는 빛이 공기 중의 물방울을 통과할 때 굴절되어 나타나는 현상이다. 그래서 비가 그친 직후 해가 뜰 때 무지개가 잘 생긴다. 이때 ( ) 않으면 무지개가 만들어지기 어렵다. 공기에 먼지 등의 오염 물질이 섞이면 물방울들이 먼지 주위로 모여 빛을 통과하는 것을 막기 때문이다.

① 해가 뜨지
② 비가 그치지
③ 빛이 약하지
④ 공기가 깨끗하지

30

취재 경계선은 취재가 과열되어 발생할 수 있는 불상사를 예방하기 위해 설정한 것이다. 수백 명의 취재진이 화제의 인물에게 몰려들 경우 사고가 발생해 취재를 망칠 수 있다. 그래서 선을 그어 놓고 그 바깥에서 취재하자는 합의를 본 것이다. 비록 법으로 정해져 있지 않지만 언론계가 이 선을 지키려고 노력하는 것은 (   ) 순간 원활한 보도가 어려워진다는 것을 누구보다 잘 알고 있기 때문이다.

① 취재 정보를 공유하는
② 취재 경계선이 무너지는
③ 취재 내용을 잘못 해석하는
④ 취재 경계선이 새로 설정되는

31

병원의 규모에 따라 개인이 부담해야 하는 약값을 달리하는 제도가 생겼다. 감기와 같이 비교적 가벼운 병에 걸렸을 때 종합병원에서 진료를 받으면 (   ) 만든 것이다. 같은 약을 동네 의원에서 받은 처방전으로 사게 되면 약값이 더 적게 나온다. 이 제도를 통해 환자들이 진료에 대한 신뢰 때문에 종합병원으로만 몰리는 현상을 줄일 수 있을 것으로 예상된다.

① 환자가 약값을 조금 더 내게
② 개인이 약값을 비교할 수 있게
③ 병원에서 병원비를 올리지 못하게
④ 병원비의 일부를 병원에서 지원하게

※ [32~34] 다음을 읽고 내용이 같은 것을 고르십시오. (각 2점)

32

나비 박사 석주명은 나비의 종류를 분류하고 이름을 지어 준 생물학자이다. 1931년부터 나비를 연구한 그는 한국의 나비가 총 844종이라는 당시의 분류를 248종으로 수정하였다. 날개 무늬나 모양이 조금만 달라도 다른 종이라고 판단한 기존의 분류가 틀렸음을 배추흰나비 16만여 마리의 무늬를 비교해서 밝혔다. 또한 그때까지 한자어나 외래어로 명명된 나비에 '떠들썩 팔랑나비'와 같은 고유어 이름을 지어 주는 데 앞장섰다.

① 석주명은 한국의 나비를 총 844종으로 분류하였다.
② 석주명은 나비 이름을 고유어로 바꾸려고 노력하였다.
③ 석주명은 자신의 배추흰나비 연구에 문제가 있음을 알았다.
④ 석주명은 나비의 날개 모양이 다르면 종이 달라짐을 밝혔다.

33

저축의 방식을 가로 저축과 세로 저축으로 나눠 비유하여 설명할 수 있다. 차량 구입이나 주택 마련과 같이 특정 목적을 위해 한 통장에 집중하여 저축하는 것이 세로 저축이다. 반면 장기적으로 다양한 목적에 따라 자금을 여러 통장에 분산하여 저축하는 것을 가로 저축이라고 한다. 단기적으로 빨리 목돈을 만들고 싶다면 세로 저축을, 은퇴 후의 생활까지 고려한다면 가로 저축을 선택하는 것이 좋다.

① 노후 준비에는 세로 저축이 유리하다.
② 세로 저축보다 가로 저축을 하는 것이 더 좋다.
③ 저축의 목적이 다양하면 가로 저축이 유용하다.
④ 가로 저축은 단기적인 계획이 있을 때 효율적이다.

34

'책가도'는 책장과 책을 중심으로 하여 각종 문방구 등을 그린 그림이다. 학문을 중요시하는 왕의 바람과 출세를 원하는 양반의 마음이 더해져 책가도는 궁중과 사대부를 중심으로 발전하였다. 19세기에는 상인과 농민 계층으로도 확산되면서 그 형식도 자유로워졌다. 그림에서 책장 대신 작은 탁자가 활용되기도 하고 일상 용품이 함께 그려지기도 했다.

① 왕은 책가도에 대해 부정적 인식이 강했다.
② 점차 다양한 계층에서 책가도를 즐기게 되었다.
③ 초기의 책가도에는 일상 용품이 주로 그려졌다.
④ 책가도는 왕의 바람으로 그림의 형식이 바뀌었다.

※ [35~38] 다음 글의 주제로 가장 알맞은 것을 고르십시오. (각 2점)

35

문화재 복원 작업은 복원된 부분이 자연스러워야 하고 그 과정에서 문화재가 추가로 손상되지 않아야 한다. 이 때문에 정확한 측정으로 복원할 부분을 원래 모습과 동일하게 만들어 내는 것은 복원의 성공을 결정하는 중요한 요건이다. 최근 3D 스캐너와 프린터가 등장하여 이러한 요건을 충족할 수 있게 되면서 정밀하고 안전한 문화재 복원이 가능해졌다.

① 첨단 장비 덕분에 문화재 복원이 수월해졌다.
② 문화재는 손상 예방을 위한 사전 관리가 중요하다.
③ 복원 환경 탓에 원본이 변형되는 경우가 많아지고 있다.
④ 복원 기술자를 대상으로 한 3D 장치 사용 교육이 필요하다.

36

아기는 주변 사물을 손으로 더듬고 만지면서 지각 능력을 발달시킨다. 그런데 이렇게 능동적인 경험뿐만 아니라 사람, 햇빛, 바람 등에 의한 접촉도 주요한 촉각 경험이 된다. 그중 주변 인물과의 피부 접촉은 사랑, 유대감, 신뢰감 등 유아의 정서 발달과 사회성 발달에 매우 중요하다. 연구에 따르면 아기가 태어난 후 몇 년 사이에 이루어진 피부 접촉은 정서 발달에 필수적인 호르몬 분비를 촉진할 뿐만 아니라 지능 발달에도 영향을 미친다고 한다.

① 인간은 촉각을 통해 주변 사물을 이해한다.
② 정서 발달과 지능 발달은 상관관계가 높다.
③ 촉각 경험의 중요성에 대한 연구가 필요하다.
④ 유아의 발달을 위해서는 피부 접촉이 중요하다.

37

나무에 붙어 자라는 버섯을 보면 나무로부터 양분을 받으며 별다른 노력 없이 살아간다고 생각하기 쉽다. 하지만 버섯은 나무에게 없어서는 안 될 중요한 존재이다. 나무들은 위기 상황이 발생해도 자리를 옮겨 이를 알릴 수 없기 때문에 뿌리로 소통하며 위험에 대비한다. 이때 뿌리가 짧아 서로 닿지 않는 나무들 사이에서는 실처럼 뻗은 버섯 균사체가 메시지 전달을 대신한다. 그래서 학자들은 버섯 균류를 '숲의 통신망'이라고 부른다.

① 버섯은 다른 식물이 있어야 자랄 수 있다.
② 나무의 뿌리가 숲에서 하는 기능은 다양하다.
③ 버섯은 숲에서 나무들의 정보 교환을 돕는 역할을 한다.
④ 나무의 생활환경에 대한 학자들의 관심이 높아지고 있다.

38

음주 운전으로 인명 피해를 낸 사람에 대한 처벌 강화 법안이 국회에서 통과되었다. 하지만 새 법안은 원래 안건보다 처벌의 강도를 낮춘 것이라는 점에서 반쪽짜리 법안에 불과하다. 이 법안에 따르면 여전히 음주 운전 가해자의 처벌이 미뤄지거나 일정 기간이 지난 후 효력이 없어질 수도 있다. 이는 음주 운전에 대한 경각심을 높이고 재발 위험성을 낮추려던 본래의 취지에는 맞지 않는 것이다.

① 법안이 가진 본래의 취지를 널리 알려야 한다.
② 피해 정도에 따라 처벌의 수위를 조절해야 한다.
③ 새 법안이 통과가 더 이상 미루어져서는 안 된다.
④ 새 법안은 실질적 효과를 거두는 데 미흡한 점이 있다.

※ [39~41] 다음 글에서 〈보기〉의 문장이 들어가기에 가장 알맞은 곳을 고르십시오. (각 2점)

39

왕관은 과거 지배 계층이 착용했던 대표적인 장신구이다. (㉠) 장식도 화려하게 더해져 그것을 쓴 왕의 지위를 더욱 돋보이게 했다. (㉡) 오늘날 왕관이 가졌던 힘과 지위의 의미는 약화되었으나 고귀한 이미지는 남아 여러 디자인에서 발견된다. (㉢) 아름다움이 강조되어야 할 신부의 머리 장식이나 여러 액세서리에 왕관이 활용되고 있는 것이다. (㉣)

<보기>
그래서 백성들이 구하기 힘든 매우 귀하고 값비싼 재료로 만들어졌다.

① ㉠ ② ㉡
③ ㉢ ④ ㉣

40

멸종 위기에 처한 동물을 보호하려는 노력이 계속되고 있으나 주된 연구와 지원이 몇몇 동물에 쏠리고 있어 문제가 되고 있다. (㉠) 한 조사에 따르면 동물 보호 기금의 모금 액수도 북극곰, 판다같이 인기 있는 동물들에게 편중되었다고 한다. (㉡) 이런 가운데 그간 관심을 받지 못했던 동물들을 보호하기 위한 단체가 등장했다. (㉢) 이러한 노력은 동물 보호를 위한 마음에도 편견이 깃들어 있었음을 일깨우고 있다. (㉣)

보기

그들은 못생기고 혐오감을 준다는 이유만으로 외면당한 동물들을 대중에게 알리는 활동을 한다.

① ㉠
② ㉡
③ ㉢
④ ㉣

41

'젊은 작가상'을 수상한 최은영이 두 번째 소설집 『내게 무해한 사람』을 펴냈다. (㉠) 2년여에 걸쳐 여러 지면에 발표했던 작품들을 한 권에 모은 것이다. (㉡) 그들처럼 누군가에 대한 배반, 원치 않았던 이별 등 매듭짓지 못한 일들을 다시 떠올린다는 것은 괴로운 과정일 것이다. (㉢) 그러나 작가는 이미 지나간 시간에 대해 후회할 필요는 없으며 상처도 힘이 될 수 있다는 메시지로 독자의 마음을 움직인다. (㉣)

보기

일곱 편의 단편에는 오해와 잘못을 멀어진 사람들에 대한 이야기가 담겨 있다.

① ㉠
② ㉡
③ ㉢
④ ㉣

※ [42~43] 다음을 읽고 물음에 답하십시오. (각 2점)

> 그때 소희네는 이사를 앞두고 있었는데 엄마는 그렇게 집을 나가 돌아오지 않았다. 작별 인사는커녕 아무 신호도 낌새도 없이 휙 사라졌다. (중략) 엄마가 집 나가고 열흘쯤 지났을 땐가, 소희가 텔레비전을 보고 있는데 본희가 현관에서 신을 신으며 잠깐 나갔다 오겠다고 했다.
> "잠깐 어디?" "친구네." "친구 누구?" 소희가 눈을 맞추려 했지만 본희는 돌아보지 않았다. "늦으면 친구네서 자고 올지도 몰라. 기다리지 말고 자." 돌아서 나가는 본희가 멘 가방이 이상하게 커 보여 소희는 자리에서 벌떡 일어났다. 가만히 서 있다가 갑자기 현관문을 열고 맨발로 뛰어나가 계단을 올라가는 본희 뒷모습에 대고 외쳤다. "언니야, 올 거지?" 본희는 멈춰 섰지만 돌아보지 않았다. <u>소희는 묻고 또 물었다.</u> (중략)
> 한참 있다가, 몇 년은 지난 거 같은데 몇 시간쯤밖에 안 지난 한밤중에 언니가 문자를 했다. 소희는 언니가 올 때까지 휴대 전화를 손에 꼭 쥐고 문자를 보고 또 보았다. 그러지 않으면 문자가 감쪽같이 날아갈 것 같았다.
> 삼겹살 사가지고 가게. 라면 끓여먹지 말고 기다려.
> – 출처: 권여선, 『아직 멀었다는 말』 중 「손톱」, 문학동네

42 밑줄 친 부분에 나타난 '소희'의 심정으로 알맞은 것을 고르십시오.

① 불안하다
② 흡족하다
③ 실망스럽다
④ 감격스럽다

43 위 글의 내용과 같은 것을 고르십시오.

① 본희는 밤늦게 소희에게 연락을 줬다.
② 엄마는 이사하는 날에 집으로 돌아왔다.
③ 본희는 소희를 데리고 친구 집에 놀러 갔다.
④ 소희는 엄마를 기다리며 휴대 전화를 놓지 못했다.

※ [44~45] 다음을 읽고 물음에 답하십시오. (각 2점)

성대하고 까다로운 제사 준비 탓에 유교 예법을 비판하는 사람들이 많다. 하지만 현재 우리가 지키고 있는 예법은 (   ) 잘못된 예법이 전해져 온 것이다. 유교 전문가들은 제사든 차례든 조상을 공경하는 마음과 자손들의 화목이 중요하다고 말한다. 선조들은 제사를 드릴 때 좋은 음식을 많이 준비하는 것보다 그 음식을 준비하는 마음과 정성을 중시했던 것이다. 유서 깊은 집안에서는 이러한 제사의 본질을 제대로 이해하여 상차림은 간소하게 하되 집안사람들이 모두 모여 함께 제사를 드리는 경우가 많다. 형식보다 정성이 중요하다는 유교의 가르침을 지키고 있는 것이다.

44 위 글의 주제로 알맞은 것을 고르십시오.

① 조상을 모시는 제사상 차림은 점차 간소화되고 있다.
② 유교 문화는 후손들에 의해 유동적으로 변화되고 있다.
③ 명절에 제사를 드리는 전통은 예법에 맞게 유지되고 있다.
④ 유교 예법에서 중요한 것은 정성을 다해 예를 갖추는 것이다.

45 (   )에 들어갈 내용으로 가장 알맞은 것을 고르십시오.

① 상차림이 간소화된
② 후손들의 바람이 반영된
③ 유교의 본뜻을 살리지 못한
④ 현실에 맞게 축소되지 않은

※ [46~47] 다음을 읽고 물음에 답하십시오. (각 2점)

> 1인 미디어 시대가 되면서 개인 방송을 이용한 새로운 시장 형태가 등장해 주목받고 있다. 이 시장은 SNS를 통해 제품이 유통되고 판매된다는 특징이 있다. (㉠) 대표적인 판매 방식은 1인 미디어 운영자가 방송 중에 특정 물건을 의도적으로 노출하여 구매를 유도하는 것이다. 이때 관심이 생긴 시청자는 그 운영자에게서 물건을 산다. (㉡) SNS 계정만 있으면 누구든지 판매를 시작할 수 있으며 제품 홍보부터 구매까지 모든 과정이 SNS상에서 이루어진다. (㉢) 덕분에 초기 사업 비용이 거의 들지 않는다는 장점이 있다. (㉣) 하지만 개별 사업자의 수가 무한하게 늘 수 있기 때문에 향후 경제 변화를 이끌 핵심 시장으로서의 성장이 예상된다.

46 위 글에서 〈보기〉의 문장이 들어가기에 가장 알맞은 곳을 고르십시오.

> **보기**
> 이와 같은 시장 형태가 전체 소비 시장에 미치는 영향력은 아직 미미하다.

① ㉠
② ㉡
③ ㉢
④ ㉣

47 위 글의 내용과 같은 것을 고르십시오.

① 1인 미디어 운영자는 이 시장의 운영에 참여할 수 없다.
② 이 시장의 운영자들은 시장 경제에 부정적인 영향을 미친다.
③ 1인 미디어 시청자는 방송을 보다가 제품을 구매할 수 있다.
④ 이 시장을 처음 시작할 때는 충분한 자본 투자가 필수적이다.

※ [48~50] 다음을 읽고 물음에 답하십시오. (각 2점)

> 올해 '자치경찰제'가 전국으로 확대될 예정이다. 자치경찰제는 지방자치단체가 경찰의 운영 및 관리를 담당하도록 하는 제도를 말한다. <u>이 제도가 실시되면 경찰이 지역 주민의 삶에 밀착돼 지역 특성에 맞는 다양한 서비스를 주민들에게 제공할 수 있을 것으로 보인다.</u> 그러나 제도적 취약점과 예측되는 부작용이 있을 수 있다. 무엇보다 현장에서의 혼선이 예상된다. 제도에 따르면 자치경찰은 교통사고나 가정 폭력 조사 등 생활 안정 부분을 담당하고 국가 보안이나 전국 단위의 수사는 지금처럼 국가경찰이 맡는다. 이처럼 경찰 조직이 이중 구조일 때 어려움을 겪는 것은 국민이 될 수 있다. 영역 구분이 애매한 사건이 발생하면 자치경찰과 국가경찰이 함께 출동하거나 사건을 서로 떠넘기다가 신속하고 치밀한 대응이 이뤄지지 않을 수 있기 때문이다. (   ) 치안의 질이 떨어진다면 새 제도의 시행 의의가 퇴색될 수 있을 것이다.

48 위 글을 쓴 목적으로 알맞은 것을 고르십시오.

① 제도 확대 시행의 의의를 강조하기 위해서
② 제도 시행의 구체적 방안을 제시하기 위해서
③ 제도의 취지와 주민 요구의 차이를 설명하기 위해서
④ 제도 시행 후 생길 수 있는 문제를 지적하기 위해서

49 (   )에 들어갈 내용으로 가장 알맞은 것을 고르십시오.

① 경찰들의 업무 과다로   ② 업무의 충돌과 혼선으로
③ 자치경찰의 배치 감소로   ④ 제도의 단계적 시행으로

50 밑줄 친 부분에 나타난 필자의 태도로 알맞은 것을 고르십시오.

① 자치경찰과 지역 주민의 관계 변화에 대해 예상하고 있다.
② 자치경찰제가 주민에게 미칠 긍정적 영향을 기대하고 있다.
③ 자치경찰제가 제공해야 할 서비스의 조건을 강조하고 있다.
④ 지역 친화적 서비스가 특정 지역에 쏠릴 것을 우려하고 있다.

TOPIK 완벽 대비, 한 번에 제대로 공부하자!

TOPIK 전문 교수와 함께하는
〈토픽 I·II 한 번에 통과하기〉 무료 동영상 강의

영역별 공략 비법 + **핵심 이론** + **문제 풀이**

강의 도서

〈TOPIK I 한 번에 통과하기〉

〈TOPIK II 한 번에 통과하기〉

※ 임준 선생님의 YouTube 채널 'TOPIK STUDY'에서도 동일한 강의가 무료로 제공됩니다.

수강 방법

시대에듀 홈페이지(sdedu.co.kr) 접속 → 무료 강의 → 자격증/면허증 → 언어/어학 → TOPIK 클릭 →

'TOPIK I·II 한 번에 통과하기' 클릭

자격증/면허증 > 언어/어학 > TOPIK

- TOPIK II 한 번에 통과하기!
  교수: 임준 강의수: 14강 수강기간: 30일 수강료: 0원
- TOPIK I 한 번에 통과하기!
  교수: 임준 강의수: 9강 수강기간: 30일 수강료: 0원
- [토픽] TOPIK 영역별 공략강의
  교수: 임준 강의수: 8강 수강기간: 30일 수강료: 0원

※ 강의 제목 및 커리큘럼은 바뀔 수 있습니다.

진정한 한국인이 되기 위한
합격의 공식

POINT 1 — 어휘력 향상을 위한 가장 효율적인 방법

어휘로 기초 다지기 문법으로 실력 다지기

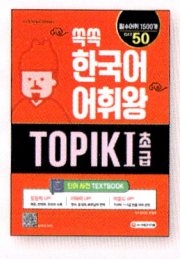   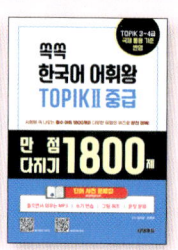  

- 체계적으로 익히는
  쏙쏙 한국어 어휘왕 TOPIK Ⅰ·Ⅱ

- 한국어 선생님과 함께하는
  TOPIK 한국어 문법 Ⅰ·Ⅱ

POINT 2 — 출제 경향에 맞추어 공부하는 똑똑한 학습법

핵심 이론 실전 모의고사 최신 기출문제 수록

- 영역별 무료 동영상 강의로 공부하는
  TOPIK Ⅰ·Ⅱ 한 번에 통과하기, 실전 모의고사, 쓰기, 말하기 표현 마스터, 읽기 전략·쓰기 유형·기출 유형 문제집

- 저자만의 특별한 공식 풀이법으로 공부하는
  TOPIK Ⅰ·Ⅱ 단기완성

최신개정판
모바일 OMR 자동채점 서비스

● 한국어능력시험

TOPIK II
읽기 전략 MASTER
Reading 阅读

15년 연속
시리즈
1위

IBT 시행 확대!
온라인 모의고사
쿠폰 제공(읽기)

저자 김지민 · 조아라

토픽 II
+ 온라인 시험

정답 및 해설

시대에듀

사각사각 매일 쓰는 한국어 일기 한 조각

지루한 한국어 글쓰기는 이제 그만!

매일 다양한 주제를 읽으며,
선생님의 글쓰기 Tip을 따라 꾸준히,
매일 조금씩 딱 10분만!

배워서 바로 써먹는 찰떡 한국어 시리즈

한국에서의 생존을 위한
필수 회화

재미있는 한국 생활을 위한
꿀잼 회화

한국에서의 자아실현을 위한
맞춤 회화

(출간 예정)

PART 03

정답 및 해설

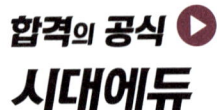  

CHAPTER 01 실전 모의고사

제1회 읽기(01번~50번)

| 수준 | 중·고급 | | 영역 | 읽기 | | 점수 | ____ 점/100점 |

문항 번호	정답	배점	문항 번호	정답	배점
01	②	2	26	④	2
02	③	2	27	①	2
03	④	2	28	①	2
04	④	2	29	①	2
05	②	2	30	②	2
06	①	2	31	③	2
07	②	2	32	③	2
08	①	2	33	③	2
09	②	2	34	③	2
10	②	2	35	③	2
11	④	2	36	④	2
12	①	2	37	④	2
13	①	2	38	③	2
14	②	2	39	②	2
15	③	2	40	③	2
16	②	2	41	③	2
17	③	2	42	②	2
18	④	2	43	④	2
19	③	2	44	①	2
20	①	2	45	④	2
21	④	2	46	③	2
22	③	2	47	④	2
23	③	2	48	①	2
24	②	2	49	①	2
25	②	2	50	④	2

01	**정답**	② 예약을 해야
	전략	[8-필수 문법] '꼭 필요한 조건'을 뜻하는 문법 표현 'A/V-아/어야'를 써야 한다.

02	**정답**	③ 쉬었더니
	전략	[8-필수 문법] '뒤에 나오는 결과의 원인이나 이유'를 뜻하는 문법 표현 'A/V-았/었더니'를 써야 한다.

03	**정답**	④ 나빠질 것 같아서
	전략	[7-유사 문법] 밑줄 친 부분의 의미는 '눈이 나빠질 것 같아서'이다. 'A/V-(으)ㄹ까 봐(서)'와 'A/V-(으)ㄹ 것 같아서'는 모두 걱정이나 추측을 나타낼 때 사용할 수 있다.

04	**정답**	④ 할인하는 것을 보고
	전략	[7-유사 문법] 밑줄 친 부분의 의미는 '화장품을 할인하는 것을 보고'이다. 'A/V-길래'와 'A-(으)ㄴ/V-는 것을 보고'는 모두 그 행동을 한 이유나 원인을 나타낼 때 사용할 수 있다.

05	**정답**	② 냉장고
	전략	[2-키워드] 키워드인 '온도', '신선하게', '보관'과 관계있는 단어가 답이다.

06	**정답**	① 도서관
	전략	[2-키워드] 키워드인 '책', '지식'과 관계있는 장소가 답이다.

07	**정답**	② 환경 보호
	전략	[2-키워드] 키워드인 '쓰기 전', '버릴 때', '깨끗한 세상'과 관계있는 내용이 답이다.

08	**정답**	① 주의 사항
	전략	[2-키워드] 키워드인 '어린이의 손이 닿지 않는 곳', '젖은 손', '만지지 마십시오'와 관계있는 내용이 답이다.

09	**정답**	② 고등학생은 2천 원을 할인받을 수 있다.
	전략	[7-유사 어휘] 특별할인권 – 8,000원 (특별할인 대상: 초·중·고등학생) ≒ ② 2천 원을 할인받을 수 있다. [9-필수 어휘] 안내문에 자주 나오는 어휘를 알면 유용하다.

	오답	① 이 행사는 주말에만 관람할 수 있다.
		→ 이 행사는 평일과 주말 모두 관람할 수 있다.
		③ 할인을 받으려면 입장권을 예매해야 한다.
		→ 할인권은 당일 현장에서만 구매할 수 있다.
		④ 궁금한 점은 언제든지 전화로 물어볼 수 있다.
		→ 주말에는 홈페이지로 문의해야 한다.

10

정답 ② 커피를 사는 사람은 남자보다 여자가 더 많다.

전략 [9-필수 어휘] 그래프에 자주 나오는 어휘를 사용해서 각 항목을 맞게 비교한 것이 답이 된다.

오답 ① 여자는 커피보다 라면을 더 많이 구입한다.
→ 여자는 라면보다 커피를 더 많이 구입한다.
③ 남자와 여자 모두 도시락을 가장 많이 구입한다.
→ 남자는 도시락을, 여자는 커피를 가장 많이 구입한다.
④ 물을 사는 남자와 여자의 비율은 큰 차이가 있다.
→ 물을 사는 남자와 여자의 비율은 거의 같다.

11

정답 ④ 관람을 원하면 공연 일주일 전까지 신청해야 한다.

전략 [7-유사 어휘] 10월 7일 공연, 9월 30일까지 신청
≒ ④ 공연 일주일 전까지 신청

오답 ① 올해 처음으로 열리는 공연이다.
→ 지난해에도 공연이 열렸다.
② 공연은 평일 저녁에 박물관에서 한다.
→ 공연은 토요일 저녁에 박물관에서 한다.
③ 공연에서 유명한 가수들의 노래를 들을 수 있다.
→ 공연에서 연주자들의 연주를 들을 수 있다.

12

정답 ① 영화에 나온 아이들은 연기 경험이 없었다.

전략 [7-유사 어휘] 이전에 연기를 한 적이 없다.
≒ ① 연기 경험이 없었다.

오답 ② 감독은 원작을 읽자마자 영화로 만들고 싶었다.
→ 감독은 처음에는 영화로 만드는 것을 망설였다.
③ 영화를 보면 관객들은 마음의 위로를 받을 수 있다.
→ 영화를 보면 어린 시절이 떠올라서 아이들의 마음에 공감할 수 있다.
④ 유명한 배우들 여러 명이 영화에 출연해서 화제가 되었다.
→ 연기를 처음 하는 아이들이 연기를 잘해서 화제가 되었다.

13
정답 ① (가)-(다)-(나)-(라)

전략 [1-글의 구조] 일반적인 사실을 쓴 (가)가 도입 문장이다. 다음에는 '야간 진료를 받을 때 불편한 점'인 (다)가 이어지고 관련 제도에 대해 설명한 (나)와 (라)가 차례로 오면 된다.

14
정답 ② (다)-(나)-(가)-(라)

전략 [1-글의 구조] 글의 화제인 '바나나'를 소개한 (다)가 도입 문장이다. 다음에는 바나나가 대표 다이어트 식품인 이유를 쓴 (나)가 이어지고 바나나의 열량에 대해 쓴 (가)와 (라)가 차례로 오면 된다.

15
정답 ③ (가)-(라)-(나)-(다)

전략 [1-글의 구조] 오랜만에 친구에게 전화가 온 상황을 설명한 (가)가 도입 문장이다. 다음에는 친구가 전화한 이유인 (라)가 이어지고 친구의 말을 들은 나의 기분과 행동에 대해 쓴 (나)와 (다)가 차례로 오면 된다.

16
정답 ② 음식 맛을 제대로 느끼지 못하기

전략 [2-키워드] 키워드인 '맛', '덜 느끼는 것', '감소'와 관계있는 내용이 답이다.

17
정답 ③ 농사의 시기를 결정하기 위해

전략 [4-빈칸 앞뒤] 빈칸 앞 문장에 '별을 살펴보면 적절한 농사의 시기를 알 수 있다.'는 내용이 있으므로 이와 관련된 것이 답이다.

18
정답 ④ 옷차림에 신경 쓰지 않아도 된다는

전략 [4-빈칸 앞뒤] 빈칸 다음 문장에 '무슨 옷을 입을지 고민하지 않아도 되므로'라는 내용이 있으므로 이와 관련된 것이 답이다.

19
정답 ③ 오히려

전략 [4-빈칸 앞뒤] 호응 표현을 알아 두면 유용하다. 빈칸 앞 문장에 '고향에서 노후를 보내기 원한다.'가 있고 빈칸 뒤에는 '도시 생활을 편하게 생각한다.'가 있으므로 이와 어울리는 단어는 예상과 다르다는 의미의 '오히려'이다.

20
정답 ① 도시에 건설하는 실버타운이 많아지고 있다.

전략 [3-연결하는 말] 역접 표현 '그러나' 다음에 이어지는 내용이 주제와 관련이 있다. '시대가 바뀌고 노인들의 생각도 바뀌어서 도시 한가운데에 실버타운을 짓는 경우가 늘고 있다'라는 내용이 있는데 이와 관련된 것이 답이다.

21
정답 ④ 허리띠를 졸라매고

전략 [4-빈칸 앞뒤] 빈칸 앞에 '물가가 오르고 가계 소득이 줄었다.'는 내용이 있으므로 '지출을 줄인다'를 의미하는 관용 표현 '허리띠를 졸라매다'가 답이다.
[9-필수 어휘] 관용 표현의 의미를 알아야 한다.

오답
① 손을 떼다: 중도에 그만두고 관여하지 않기로 하다.
② 등을 돌리다: 관계를 끊고 피하다.
③ 발뺌을 하다: 책임을 회피하다.

22
정답 ③ 공휴일 확대가 소비 활성화로 이어질지는 알 수 없다.

전략 [7-유사 어휘] 꽉 닫힌 지갑이 열릴지는
≒ ③ 소비 활성화로 이어질지는

오답
① 침체된 경기를 살리기 위해 물가를 인하했다.
→ 물가가 오르고 있는 상황이다.
② 올해 초부터 소비 지출이 점차 늘어나고 있다.
→ 소비 지출이 올해 초부터 급감했다.
④ 현재 공휴일이 많아서 정부가 공휴일 축소를 검토하고 있다.
→ 정부가 공휴일을 확대하는 방안을 검토하고 있다.

23
정답 ③ 불만스럽다

전략 [9-필수 어휘] '감정'을 나타내는 어휘를 알아야 한다. 홍철이가 왜 상을 받았는지 이해할 수 없는 상황이므로 '불만스럽다'가 답이다.

24
정답 ② 공책의 첫 장에 글씨를 예쁘게 쓰는 사람이 많다.

전략 [7-유사 어휘] 누구나 공책 첫 장에는 글씨를 정성스럽게 쓴다.
≒ ② 공책 첫 장에 글씨를 예쁘게 쓰는 사람이 많다.

오답
① 나는 홍철이가 상을 받을 것이라고 생각했다.
→ 나는 홍철이가 상을 받을 줄 몰랐다.
③ 아이들이 예상한 사람과 상을 받은 사람이 같았다.
→ 아이들은 은주나 내가 상을 받을 것이라 예상했다.
④ 선생님께서는 글씨를 예쁘게 쓴 사람에게 상을 주셨다.
→ 선생님께서는 공책 첫 장을 쓰던 마음으로 마지막 장까지 쓴 사람에게 상을 주셨다.

25
정답 ② 입시 제도가 자주 바뀌어서 학생과 교사들은 혼란스럽다.
전략 [7-유사 어휘] 자고 나면 달라지는 ≒ ② 자주 바뀌어서
교육 현장 ≒ ② 학생과 교사들
[9-필수 어휘] 의태어의 의미를 알아야 한다. '우왕좌왕'을 '혼란스럽다'로 설명한 것이 답이다.

26
정답 ④ 의류 포장에 비닐 대신 친환경 소재로 만든 포장재를 사용하게 되었다.
전략 [7-유사 어휘] 비닐 사라진다, 친환경 포장재로 교체
≒ ④ 비닐 대신 친환경 소재로 만든 포장재를 사용

27
정답 ① 20년 동안 뮤지컬 연기만 해 온 김수영 씨가 대상을 받았다.
전략 [9-필수 어휘] 관용 표현의 의미를 알아야 한다. '한 우물을 파다'를 '한 가지 일만 집중해서 한다.'로 설명한 것이 답이다.

28
정답 ① 스펀지를 눌러서 바를 수 있는
전략 [4-빈칸 앞뒤] 빈칸 앞에 있는 '이 점'이 가리키는 것은 앞 문장에 있는 '도장을 누르면 잉크가 나온다.'는 내용이므로 이와 관련된 것이 답이다.

29
정답 ① 가격과 성능은 비례한다는
전략 [4-빈칸 앞뒤] 빈칸 뒤에 '가격이 낮을수록 제품의 성능이 떨어진다.'는 내용이 있으므로 이와 관련된 것이 답이다.

30
정답 ② 자신이 원하는 목적에 맞게
전략 [4-빈칸 앞뒤] 빈칸 앞에는 '색깔마다 효능이 다르다.'는 내용이 있고 빈칸의 뒤에 색깔의 효능에 대한 예가 나오므로 이와 관련된 내용이 답이다.

31
정답 ③ 인물의 얼굴에 선이 생기게
전략 [4-빈칸 앞뒤] 빈칸 앞에 '지폐의 중앙에 얼굴이 배치되었다.'와 '반으로 접어서 사용하는 일이 많았다.'가 있고 빈칸의 뒤에 '다시 얼굴을 오른쪽으로 옮겼다.'가 있으므로 이와 관련된 내용이 답이다.

32
정답 ③ 부모 세대는 결혼식에 손님을 많이 초대하는 것을 더 좋아한다.
전략 [7-유사 어휘] 하객이 많은 결혼식을 선호하는 부모님들
≒ ③ 부모 세대는 손님을 많이 초대하는 것을 더 좋아한다.

오답 ① 소규모로 결혼식을 올리는 사람이 점점 증가하고 있다.
→ 실제로 소규모로 결혼식을 올린 사람은 많지 않았다.
② 작은 결혼식을 선호하는 사람이 많지 않은 것으로 조사되었다.
→ 작은 결혼식의 선호도가 높은 것으로 조사되었다.
④ 젊은 세대와 부모 세대를 대상으로 결혼 문화에 대한 인식을 조사하였다.
→ 20~30대 남녀를 대상으로 결혼 문화에 대한 인식을 조사하였다.

33
정답 ③ 미래 사회에서는 신용카드가 없어질지도 모른다.
전략 [7-유사 어휘] 신용카드를 들고 다니는 모습을 보기 어려워질 것이다.
≒ ③ 신용카드가 없어질지도 모른다.
오답 ① 스마트폰에서 결제 기능이 사라질 것이다.
→ 모바일 결제 시장이 급성장하고 있다.
② 현금으로 결제하는 것을 선호하는 사람이 많다.
→ 신용카드로 결제하는 사람이 가장 많다.
④ 화폐를 제작하는 비용이 증가해서 문제가 되고 있다.
→ 신용카드 결제가 늘어서 화폐 제작 비용을 절약하게 되었다.

34
정답 ③ 남자 간호사가 낯설어서 기피하는 환자도 있다.
전략 [7-유사 어휘] 익숙하지 않은 ≒ ③ 낯설어서
바꿔 달라는 요구 ≒ ③ 기피하다
오답 ① 남자 간호사에 대한 편견이 사라졌다.
→ 남자 간호사에 대한 편견이 아직도 있다.
② 남자 간호사의 비율이 감소하는 추세이다.
→ 남자 간호사의 비율이 늘고 있는 추세이다.
④ 남자 간호사들을 위한 편의 시설이 잘 마련되어 있다.
→ 남자 간호사들을 위한 편의 시설이 충분하지 않다.

35
정답 ③ 같은 실수를 반복하지 않으려는 노력이 중요하다.
전략 [3-연결하는 말] 역접 표현 '그러나' 다음에 이어지는 내용이 주제와 관련이 있다. '같은 실수를 되풀이하지 않는 것이 우리가 할 수 있는 일이다.'라는 내용이 있는데 이와 관련된 것이 답이다.
[7-유사 어휘] 같은 실수를 되풀이하지 않는 것
≒ ③ 같은 실수를 반복하지 않으려는 노력

36
정답 ④ 빅 데이터에 사용되는 개인 정보 보호에 노력을 기울여야 한다.

전략 [1-글의 구조], [5-태도 표현] 이 글은 마지막에 주제가 위치하는 구조이다. '기술 개발과 함께 제도의 강화도 필요하다.'에서 '~도 필요하다'라는 강조 표현을 사용해서 개인 정보 보호의 필요성을 강조하고 있는데 이와 관련된 것이 답이다.

[9-필수 어휘] '과학 기술'과 관련된 어휘를 알고 있으면 유용하다.

37
정답 ④ 외국어를 배울 때는 단순하게 받아들이는 것이 효과적이다.

전략 [1-글의 구조] 이 글은 먼저 주제를 간단히 제시한 후 마지막에 한 번 더 주제를 반복해서 강조하는 구조이다. 마지막 문장에 있는 '외국어를 배울 때는 많은 생각을 하지 않는 것이 도움이 된다.'는 내용과 관련된 것이 답이다.

[7-유사 어휘] 그대로 받아들이기 때문이다. 많은 생각을 하지 않는 것
≒ ④ 단순하게 받아들이는 것

38
정답 ③ 인재를 확보하려면 시대에 맞는 기업 문화가 필요하다.

전략 [1-글의 구조] 이 글은 젊은 세대의 직업관에 대해 설명한 후 주제인 '기업 문화도 함께 달라져야 한다.'는 내용을 마지막에 제시하는 구조이다.

[7-유사 어휘] 기업이 젊어지지 않으면 ≒ ③ 시대에 맞는 기업 문화
인재를 잡다 ≒ ③ 인재를 확보

39
정답 ② ⓛ

전략 [1-글의 구조], [3-연결하는 말] 앞 부분에는 소아 비만 관리가 음식에서 비롯된다는 문장이 나오고 그 뒤에는 구체적인 예가 나온다. 주어진 문장에는 소아 비만일 때 피해야 하는 음식의 예가 제시되어 있는데 '그리고'로 시작되는 문장부터는 식단과 식습관에 관한 설명이 이어지므로 주어진 문장이 들어갈 곳은 '그리고'의 앞인 ⓛ이다.

40
정답 ③ ⓒ

전략 [3-연결하는 말] 주어진 문장은 '반면에'로 시작되고 매출이 증가했다는 내용이므로 이 문장이 들어갈 곳은 매출 감소에 대한 내용 뒤인 ⓒ이다.

41
정답 ③ ⓒ

전략 [4-빈칸 앞뒤] 주어진 문장의 '이렇게 자원이 낭비된다는 점'이 가리키는 것은 '종이 영수증의 약 60%는 발급한 즉시 버려진다.'이고 '종이 영수증이 가진 또 다른 문제점'에 해당하는 것은 '생산 과정에서 막대한 양의 이산화탄소가 발생한다.'이다. 주어진 문장이 들어갈 곳은 이 내용 사이인 ⓒ이다.

42
정답 ② 억울하다

전략 [9-필수 어휘] '감정'을 나타내는 어휘를 알아야 한다. 밑줄 친 부분은 치킨을 볼 때마다 어렸을 때 형제 중에서 자신만 닭 다리를 못 먹은 일이 생각난다는 내용이므로 '억울하다'가 답이다.

43
정답 ④ 오빠는 부모님을 대신해서 동생들을 챙기려고 애썼다.

전략 [7-유사 어휘] 동생들을 돌보기 위해 노력했다.
≒ ④ 동생들을 챙기려고 애썼다.

오답 ① 언니는 둘째라서 힘든 점이 많지 않았다.
→ 언니는 둘째가 얼마나 힘든 입장인지 설명했다.
② 언니는 닭 다리를 별로 좋아하지 않는다.
→ 언니는 치킨 중에서 특히 닭 다리를 좋아한다.
③ 세 명 모두 닭 다리를 누가 먹었는지 기억하고 있다.
→ 언니는 기억하고 있지만 오빠와 나는 기억하지 못한다.

44
정답 ① 인터넷 기록의 삭제를 도와주는

전략 [4-빈칸 앞뒤] 빈칸에는 디지털 장의사에 대한 설명이 들어가야 한다. 빈칸 뒤에 '디지털 장의사가 인터넷 기록 삭제를 대신 요청한다.'는 내용이 있으므로 이와 관련된 것이 답이다.

45
정답 ④ 정보 삭제를 대행해 주는 것이 악용되지 않도록 법적 기준을 마련해야 한다.

전략 [1-글의 구조], [5-태도 표현] 역접 표현 '그러나'로 시작하는 마지막 문장이 주제 문장이다. '명확한 규정을 정하는 것이 중요하다.'에서 '-는 것이 중요하다'는 강조 표현을 사용해서 '디지털 장의사의 활동 기준 마련의 중요성'을 강조했는데 이와 관련된 것이 답이다.

46
정답 ③ 자율 주행차의 운행을 돕는 정밀 지도의 필요성을 강조하고 있다.

전략 [5-태도 표현] '자율 주행차의 안전성 확보를 위해서는 정밀 지도 구축이 먼저 이루어져야 한다.'에서 '-아/어야 한다'는 강조 표현을 사용해서 정밀 지도의 필요성을 강조하고 있는데 이와 관련된 것이 답이다.

47
정답 ④ 관련 법이 제정되어 공공 도로에서 자율 주행차를 운행할 수 있는 나라도 있다.

전략 [7-유사 어휘] 관련 법이 제정되어
≒ ④ 법제화를 마쳤다.

48
정답 ① 젠트리피케이션 현상의 피해 방지책을 제안하기 위해

전략 [1-글의 구조], [3-연결하는 말] 이 글은 역접 표현 '그러나' 뒤에 글을 쓴 목적이 나온다. '그러나' 뒤에 젠트리피케이션 현상의 부작용과 이를 방지할 수 있는 방안을 제시했는데 이와 관련된 것이 답이다.
[7-유사 어휘] 완화하는 하나의 방안
≒ ① 피해 방지책

49
정답 ① 삶의 터전을 잃는

전략 [4-빈칸 앞뒤] 빈칸의 뒤에 '피해'라는 단어가 있기 때문에 빈칸에는 '피해'의 구체적인 내용이 들어가야 한다. 즉 빈칸 앞에는 '기존에 거주하고 있던 주민들과 상인들'이라는 말이 있고 빈칸 뒤에서는 이들을 보호할 장치로 '대형 상점 입점과 임대료 상승을 제한하는 정책'을 제안하고 있으므로 이와 관련된 것이 답이다.
[7-유사 어휘] 다른 지역으로 이주하게 되는데
≒ ① 삶의 터전을 잃는

50
정답 ④ 젠트리피케이션 현상으로 인해 다른 지역과의 차별성이 사라질 수도 있다.

전략 [7-유사 어휘] 지역의 특색을 잃게 되는 수가 있다 ≒ ④ 다른 지역과의 차별성이 사라질 수도 있다.

오답 ① 젠트리피케이션 현상은 그 지역의 임대료 하락으로 가속화된다.
  → 주택과 상가의 임대료가 상승해서 젠트리피케이션 현상이 나타난다.
② 젠트리피케이션 현상으로 인해 지역 발전의 불균형이 심화된다.
  → 젠트리피케이션 현상은 균형적인 지역 발전에 긍정적으로 작용한다.
③ 젠트리피케이션 현상이 나타나면 지역 주민을 위한 시설이 확충된다.
  → 젠트리피케이션 현상으로 방문객 위주의 시설만 증가하게 된다.

제2회 읽기(01번~50번)

| 수준 | 중·고급 | 영역 | 읽기 | 점수 | _____ 점/100점 |

문항 번호	정답	배점	문항 번호	정답	배점
01	③	2	26	③	2
02	④	2	27	③	2
03	④	2	28	④	2
04	②	2	29	③	2
05	①	2	30	①	2
06	④	2	31	④	2
07	①	2	32	②	2
08	①	2	33	②	2
09	③	2	34	④	2
10	④	2	35	③	2
11	③	2	36	①	2
12	④	2	37	②	2
13	②	2	38	①	2
14	③	2	39	④	2
15	①	2	40	②	2
16	②	2	41	③	2
17	④	2	42	①	2
18	①	2	43	③	2
19	①	2	44	①	2
20	③	2	45	③	2
21	②	2	46	③	2
22	④	2	47	④	2
23	②	2	48	①	2
24	④	2	49	②	2
25	②	2	50	③	2

01
정답 ③ 운전하다가

전략 [8-필수 문법] '앞의 행동이 진행되는 중에'를 뜻하는 문법 표현 'V-다가'를 써야 한다.

02
정답 ④ 보고 나니까

전략 [8-필수 문법] '앞의 행동이 끝난 후에'를 뜻하는 문법 표현 'V-고 나니까'를 써야 한다.

03
정답 ④ 떨어질 거라고 생각했어요

전략 [7-유사 문법] 밑줄 친 부분의 의미는 '시험을 보기 전에는 떨어질 거라고 생각했다.'이다. 'A/V-(으)ㄹ 줄 알다'와 'A/V-(으)ㄹ 거라고 생각하다'는 모두 과거에 한 예상이 현재의 결과와 다를 때 사용할 수 있다.

04
정답 ② 먹어도 소용없어요

전략 [7-유사 문법] 밑줄 친 부분의 의미는 '먹든지 안 먹든지 상황이 달라지지 않는다.'이다. 'A/V-(으)나 마나 (소용없다)'와 'A/V-아/어도 (소용없다)'는 어떤 일을 하거나 하지 않거나 관계없이 상황이나 결과가 달라지지 않을 때 사용할 수 있다.

05
정답 ① 장갑

전략 [2-키워드] 키워드인 '추위', '손', '따뜻하게'와 관계있는 단어가 답이다.

06
정답 ④ 수목원

전략 [2-키워드] 키워드인 '나무', '정원', '자연'과 관계있는 장소가 답이다.

07
정답 ① 예절 교육

전략 [2-키워드] 키워드인 '욕설', '그만'과 관계있는 내용이 답이다.

08
정답 ① 대처 방법

전략 [2-키워드] 키워드인 '던지면 위험합니다', '숨으십시오'와 관계있는 내용이 답이다.

09
정답 ③ 온라인으로 미리 등록하면 입장료를 안 내도 된다.

전략 [7-유사 어휘] 온라인 사전 등록 시 – 무료
≒ ③ 온라인으로 미리 등록하면 입장료를 안 내도 된다.
[9-필수 어휘] 안내문에 자주 나오는 어휘를 알면 유용하다.

오답 ① 이 전시회는 평일에 이틀 동안 열린다.
→ 이 전시회는 주말인 토요일과 일요일에 열린다.
② 전시회장에서는 입장권을 구입할 수 없다.
→ 전시회 입장권을 현장에서 구매할 수 있다.
④ 오후 5시에 전시회장에 도착해도 관람이 가능하다.
→ 관람 시간이 오후 5시까지이기 때문에 오후 5시에 전시회장에 도착하면 관람이 불가능하다.

10

정답 ④ 가족과 보내고 싶다는 사람보다 쉬고 싶다는 사람이 더 많다.

전략 [7-유사 어휘] 가족과 함께 ≒ ④ 가족과 보내고 싶다.
휴식 ≒ ④ 쉬고 싶다
[9-필수 어휘] 그래프에 자주 나오는 어휘를 사용해서 각 항목을 맞게 비교한 것이 답이 된다.

오답 ① 아무 계획이 없다고 응답한 사람은 전체의 반을 넘는다.
→ 아무 계획이 없다고 응답한 사람은 전체의 3%이다.
② 취미 활동과 운동을 하고 싶어 하는 사람의 비율은 같다.
→ 취미 활동을 원하는 사람은 21%, 운동을 원하는 사람은 31%로 두 항목의 비율은 같지 않다.
③ 퇴근 후에 공부를 하고 싶다고 응답한 직장인이 가장 적다.
→ 아무 계획이 없다고 응답한 직장인이 가장 적다.

11

정답 ③ 선풍기를 지원받은 할머니는 시청 관계자에게 감사의 인사를 전했다.

전략 [7-유사 어휘] 할머니는 고맙다는 인사도 잊지 않았다.
≒ ③ 할머니는 감사의 인사를 전했다.
[9-필수 어휘] '복지'와 관련된 어휘를 알면 유용하다.

오답 ① 서울시는 작년부터 지역의 모든 노인들에게 선풍기를 지원 중이다.
→ 서울시는 올해부터 저소득층 노인들에게만 선풍기를 지원한다.
② 선풍기를 지원받은 할머니는 직접 시청에 가서 선풍기를 받아 왔다.
→ 시청 관계자가 할머니의 집을 방문해서 선풍기를 전달했다.
④ 서울시는 여름철 보양식인 삼계탕을 노인들에게 이미 지원하고 있다.
→ 서울시는 앞으로 삼계탕을 지원할 예정이다.

12

정답 ④ 혼자 캠핑을 가면 혼자만의 시간을 제대로 보낼 수 있다는 장점이 있다.

전략 [7-유사 어휘] 나만의 시간을 마음껏 즐길 수 있다.
≒ ④ 혼자만의 시간을 제대로 보낼 수 있다.

오답 ① 최근 혼자 캠핑을 떠나는 사람들이 감소하고 있다.
→ 최근 혼자 캠핑을 떠나는 사람들이 늘고 있다.

② 사람들은 캠핑을 혼자 가면 잘 쉴 수 없다고 생각한다.
→ 사람들은 캠핑을 혼자 가면 진정한 휴식을 취하고 재충전도 할 수 있다고 생각한다.
③ 다른 사람과 캠핑을 떠나면 혼자 갈 때보다 신경 쓸 것이 줄어든다.
→ 다른 사람과 캠핑을 떠나면 혼자 갈 때보다 일정이나 장비, 음식에 더 많이 신경을 써야 한다.

13 **정답** ② (가)–(다)–(나)–(라)
전략 [1-글의 구조] 일반적인 사실을 쓴 (가)가 도입 문장이다. 다음에는 '예전'과 '요즘'의 소비 경향에 대해서 쓴 (다)와 (나)가 이어져야 한다. 마지막으로 이런 변화의 이유에 대해서 쓴 (라)가 오면 된다.

14 **정답** ③ (다)–(라)–(가)–(나)
전략 [1-글의 구조] 일반적인 사실을 쓴 (다)가 도입 문장이다. 다음에는 도입 문장의 이유를 쓴 (라)가 뒤에 이어지고 문제 해결 방법인 (가)와 (나)가 차례로 오면 된다.

15 **정답** ① (다)–(나)–(가)–(라)
전략 [1-글의 구조] 글의 화제인 '돌잡이'를 소개한 (다)가 도입 문장이다. '돌잡이'의 진행 순서에 따라서 (나)와 (가)가 이어져야 한다. 마지막으로 돌잡이 결과에 대한 생각을 쓴 (라)가 오면 된다.

16 **정답** ② 무엇을 원하는지
전략 [4-빈칸 앞뒤] 빈칸의 앞에 '배고프거나 부모가 안아 주기를 원할 때 아기들이 하는 행동'에 대해서 나와 있으므로 이와 관련된 내용이 답이다.

17 **정답** ④ 동물의 정보를 등록해서 관리하면
전략 [4-빈칸 앞뒤] 빈칸의 앞에 '동물 등록'을 해야 한다는 내용이 있으므로 이와 관련된 내용이 답이다.

18 **정답** ① 생선을 튀기는
전략 [4-빈칸 앞뒤] 빈칸의 뒤에 '뜨거운 기름에 생선을 넣는 순간', '튀긴 생선'과 같은 내용이 있으므로 이와 관련된 내용이 답이다.

19 **정답** ① 그리
전략 [4-빈칸 앞뒤] 호응 표현을 알아 두면 유용하다. 빈칸의 뒤에 있는 '반기지 않는'의 '–지 않는'과 잘 어울리는 단어인 '그리'가 답이다.

20
정답 ③ 드론 규제 완화는 부작용을 고려해서 신중하게 검토되어야 한다.

전략 [1-글의 구조], [3-연결하는 말] 이 글은 마지막에 주제가 위치하는 구조이다. 역접 표현 '그러나' 다음에 이어지는 내용이 주제와 관련이 있다. '드론을 이용한 범죄가 세계적으로 급증하고 있기 때문에 국내에서 드론 규제가 완화되는 것을 반기지 않는 사람도 많다'라는 내용이 있는데 이와 관련된 것이 답이다.

21
정답 ② 발 벗고 나서서

전략 [4-빈칸 앞뒤] 빈칸 뒤에 '젊은 건축가들이 애쓰고 있다.'는 내용이 있으므로 '자기 일처럼 적극적인 태도'를 의미하는 관용 표현 '발 벗고 나서다'가 답이다.

[9-필수 어휘] 관용 표현의 의미를 알아야 한다.

오답
① 한 우물을 파다: 한 가지 일에만 집중해서 끝까지 하다.
③ 귓등으로 듣다: 잘 안 듣고 대충 듣다.
④ 찬물을 끼얹다: 좋았던 분위기를 망치다.

22
정답 ④ 젊은 건축가들은 골목을 재생시키려고 노력하고 있다.

전략 [7-유사 어휘] 골목과 골목 문화를 복원시키기 위해 애쓰고 있다.
≒ ④ 골목을 재생시키려고 노력하고 있다.

오답
① 도시화 때문에 골목이 점점 늘어나고 있다.
→ 도시화로 인해서 골목이 점점 사라지고 있다.
② 정부와 지역 주민들은 골목길 복원에 반대한다.
→ 정부와 지역 주민들과 협력해서 골목길을 복원하고 있다.
③ 골목이 사라지면 사람들끼리 소통하기 쉬워질 것이다.
→ 골목이 사라지면 소통 공간을 잃어 사람들끼리 소통하기 쉽지 않을 것이다.

23
정답 ② 부끄럽다

전략 [9-필수 어휘] '감정'을 나타내는 어휘를 알아야 한다. '얼굴을 들 수 없다'는 보통 부끄럽거나 창피할 때 하는 행동이므로 '부끄럽다'가 답이다.

24
정답 ④ 나중에 남편이 가게 아주머니께서 웃으신 이유를 말해 주었다.

전략 [7-유사 어휘] 나중에 남편에게 이야기를 들어 보니
≒ ④ 나중에 남편이 가게 아주머니께서 웃으신 이유를 말해 주었다.

오답
① 한국에 처음 왔을 때부터 한국어에 자신감이 넘쳤다.
→ 한국에 처음 왔을 때는 한국 사람과 이야기하는 것에 자신이 없었다.

② 나는 과일을 사고 나서 가게 아주머니께 고맙다고 말했다.
→ 나는 과일을 사고 나서 가게 아주머니께 사랑한다고 말했다.
③ 과일 가게 아주머니께서는 내 발음이 이상해서 크게 웃으셨다.
→ 내가 고맙다는 말 대신에 사랑한다고 말해서 아주머니께서 크게 웃으셨다.

25 **정답** ② 정부는 수도권에서 발생한 조류 독감이 다른 곳으로 퍼지지 않도록 애쓰고 있다.
전략 [7-유사 어휘] 수도권 발병 ≒ ② 수도권에서 발생한
정부 확산 방지 안간힘 ≒ ② 다른 곳으로 퍼지지 않도록 애쓰고 있다.

26 **정답** ③ 올해도 작년에 이어 출생률이 급격히 하락해서 30만 명 미만의 아기가 태어날 것이다.
전략 [7-유사 어휘] 2년 연속 추락 ≒ ③ 올해도 작년에 이어 급격히 하락
30만 명 선 무너질 듯 ≒ ③ 30만 명 미만의 아기가 태어날 것이다.

27 **정답** ③ 해외에서 한류 열풍이 불어 한국의 화장품 수출이 역사상 최고를 기록했다.
전략 [7-유사 어휘] 사상 최대 무역 흑자
≒ ③ 수출이 역사상 최고

28 **정답** ④ 다양한 사람들이 잘 어울린다는
전략 [4-빈칸 앞뒤] 빈칸의 뒤에 '각각의 개성이 다른 여러 재료를 밀전병에 싸서 먹는다.'와 '화합을 위한 모임'과 같은 내용이 있으므로 이와 관련된 내용이 답이다.

29 **정답** ③ 지구에서 멀어진다고
전략 [4-빈칸 앞뒤] 빈칸의 뒤에 '달과 지구의 거리는 처음보다 20배 정도 떨어진 거리이다.'와 '달이 지구에서 멀어지면서'와 같은 내용이 있으므로 이와 관련된 내용이 답이다.

30 **정답** ① 공기 질을 개선하기 위한
전략 [4-빈칸 앞뒤], [6-목적 표현] 빈칸의 뒤에 바람길의 뜻과 바람길을 만드는 목적 등의 내용이 있다. ①~④에는 모두 목적을 나타내는 표현(-하기 위한)이 있으므로 빈칸 뒤에 나오는 내용 중 '바람길을 만드는 목적'에 주목해야 한다. 즉, '공기의 순환 촉진'과 '공기의 질을 좋은 상태로 유지하는 것'과 관련된 내용이 답이다.

31 **정답** ④ 사물들이 인터넷에 연결돼서 움직이는
전략 [2-키워드] 이 글의 키워드는 '사물'과 '인터넷'이므로 이와 관련된 내용이 답이다.

32
정답 ② 온돌은 원래부터 한국에 있었던 난방 시설이다.

전략 [7-유사 어휘] 우리나라 고유의
≒ ② 원래부터 한국에 있었던

오답 ① 한옥을 지을 때 날씨를 별로 고려하지 않았다.
→ 한옥의 특징인 온돌과 마루는 한반도의 기후와 관련이 있다.
③ 마루는 높이가 낮아서 땅의 습기를 막을 수 없다.
→ 마루는 높이가 높아서 땅의 습기를 막을 수 있다.
④ 마루는 사방이 벽으로 둘러싸인 구조로 되어 있다.
→ 마루는 앞뒤가 트인 구조로 되어 있다.

33
정답 ② 신재생 에너지는 환경을 덜 오염시킨다.

전략 [7-유사 어휘] 신재생 에너지는 환경 오염이 심하지 않고
≒ ② 신재생 에너지는 환경을 덜 오염시킨다.

오답 ① 신에너지와 재생 에너지는 같은 것이다.
→ 신에너지는 연료 전지와 수소 에너지이고 재생 에너지는 태양광, 태양열, 풍력, 수력 등이다.
③ 석유나 석탄, 천연가스는 신재생 에너지이다.
→ 석유나 석탄, 천연가스는 화석 연료이다.
④ 신재생 에너지는 초기 비용이 저렴한 편이다.
→ 신재생 에너지는 개발과 설치에 드는 비용이 비싸다.

34
정답 ④ 이 프로그램에 참여하면 한국어를 포함한 외국어 설명도 들을 수 있다.

전략 [7-유사 어휘] 한국어를 비롯해서 ≒ ④ 한국어를 포함한
해설 ≒ ④ 설명

오답 ① 이 프로그램은 지역 상인들에 의해서 운영되고 있다.
→ 이 프로그램은 정부에 의해서 운영되고 있다.
② 이 프로그램은 전국의 명소를 버스를 타고 여행하는 것이다.
→ 이 프로그램은 전국의 명소를 걸으면서 여행하는 것이다.
③ 해설 서비스를 받으려면 미리 예약한 후 참가비도 내야 한다.
→ 이 프로그램의 참가비는 무료이다.

35
정답 ③ 성공적인 기업 경영을 위해서는 다양성을 존중하는 전략이 필요하다.

전략 [2-키워드], [3-연결하는 말] 역접 표현 '하지만' 다음에 이어지는 내용이 주제와 관련이 있다. '하지만' 다음에 '선택과 집중 전략은 다양성을 무시할 수 있다.'는 내용이 이어지고 그 후에도 주제와 관련된 키워드인 '다양한'이 반복적으로 나오고 있다. 이런 키워드와 관계있는 내용이 답이다.

36	**정답**	① 돼지가 멍청하고 지저분하다는 생각은 오해일 뿐이다.
	전략	[3-연결하는 말] 역접 표현 '그러나' 다음에 이어지는 내용이 주제와 관련이 있다. '그러나' 다음에 '동물학자들은 돼지는 부지런하고 깔끔하고 똑똑한 동물이라고 주장한다.'라는 내용이 있는데 이와 관련된 것이 답이다.

37	**정답**	② 숲이나 공원 근처에 있는 주거지에 대해서 전보다 큰 관심이 생겼다.
	전략	[3-연결하는 말] 역접 표현 '그런데' 다음에 이어지는 내용이 주제와 관련이 있다. '그런데' 다음에 '쾌적한 주거 환경이 주목받고 있다.'라는 내용이 있는데 이와 관련된 것이 답이다.

38	**정답**	① 인터넷상의 익명 댓글의 부작용이 나날이 심각해지고 있다.
	전략	[3-연결하는 말] 역접 표현 '반면에' 다음에 이어지는 내용이 주제와 관련이 있다. '반면에' 다음에 '댓글의 부정적인 측면'에 대한 내용이 있는데 이와 관련된 것이 답이다.

39	**정답**	④ ㉣
	전략	[4-빈칸 앞뒤] 주어진 문장은 '그것'으로 시작하고 '그것' 다음에 '근본적으로 스트레스에서 자유로워지는 방법'이 나와 있으므로 이 문장이 들어갈 곳은 ㉣이다.

40	**정답**	② ㉡
	전략	[3-연결하는 말] 주어진 문장은 '공유 사이트의 부정적인 면'에 대한 내용이며 '그런데'로 시작하고 있다. '그런데'는 앞의 내용과 반대되는 내용이 뒤에 올 때 사용하는 말이므로 주어진 문장이 들어갈 곳은 '공유 사이트의 긍정적인 면'에 대한 내용의 뒤인 ㉡이다.

41	**정답**	③ ㉢
	전략	[3-연결하는 말] 주어진 문장은 '뇌의 노폐물 청소가 잘 되는 경우'에 대한 내용이다. 이 문장이 들어갈 곳은 '반면에'로 시작하면서 '뇌의 노폐물 청소가 잘 되지 않는 경우'에 대한 내용의 앞인 ㉢이다.

42	**정답**	① 불안하다
	전략	[9-필수 어휘] '감정'을 나타내는 어휘를 알아야 한다. 밑줄 친 부분의 '속이 타다'는 불안한 감정을 나타내는 관용 표현이므로 '불안하다'가 답이다.

43	**정답**	③ 전쟁에 나간 남편은 종종 아내에게 편지를 보냈다.
	전략	[7-세부 어휘] 간간이 오는 남편의 편지 ≒ ③ 남편은 종종 아내에게 편지를 보냈다.

오답 ① 두 사람이 결혼하기 전에 전쟁이 일어났다.
→ 두 사람이 결혼한 후에 전쟁이 일어났다.
② 아내는 남편이 많이 다쳤다는 통보를 받았다.
→ 아내는 남편이 죽었다는 통보를 받았다.
④ 아내는 남편이 전쟁터로 떠나자 다른 남자와 결혼했다.
→ 아내는 남편이 돌아올 때까지 기다렸다.

44 정답 ① 노력을 기울였던 것이다
전략 [4-빈칸 앞뒤] 빈칸의 앞에는 뉴턴과 모차르트가 뛰어난 업적을 쌓기 위해 '오랜 시간 동안 노력했다.'는 내용이 있으므로 이와 관련된 것이 답이다.

45 정답 ③ 천재라도 노력해야 성공적인 결과물을 얻을 수 있다.
전략 [1-글의 구조], [5-태도 표현] 이 글은 마지막에 주제가 위치하는 구조이다. 마지막 부분의 '뛰어난 업적을 이루기 위해서는 재능 못지않게 노력도 중요하다.'와 '재능도 훈련과 연습(노력)을 통해 향상시킬 수 있다.'가 주제이며 '(-에) 못지않게 -이/가 중요하다'라는 강조 표현을 사용해서 주제를 강조하고 있다. 이와 관련된 내용이 답이다.

46 정답 ③ 해수면의 상승으로 인해 발생하게 될 여러 피해에 대해서 염려하고 있다.
전략 [5-태도 표현] '우려의 목소리를 내 왔다.'나 '경고했다'와 같은 표현을 사용해서 해수면 상승이 우리의 삶에 미칠 피해에 대해서 걱정하고 있는데 이와 관련된 것이 답이다.

47 정답 ④ 해수면 높이의 상승으로 미래에 해안가 도시들이 침수될지도 모른다.
전략 [7-유사 어휘] 해수면이 높아지면 해안과 접한 도시의 일부가 물에 잠겨 사라질 것이다.
≒ ④ 해수면 높이의 상승으로 해안가 도시들이 침수될지도 모른다.
[6-이유 표현] '-로 인해서', '-기 때문에'와 같은 이유 표현을 알아야 한다.
오답 ① 지구 온난화로 인해서 전 세계의 빙하가 늘었다.
→ 지구 온난화로 인해서 전 세계의 빙하가 줄었다.
② 빙하가 녹고 있기 때문에 바닷물의 높이가 낮아지고 있다.
→ 빙하가 녹고 있기 때문에 바닷물의 높이가 높아지고 있다.
③ 온실가스를 효과적으로 줄이면 21세기 말에 해수면이 내려갈 것이다.
→ 온실가스를 효과적으로 줄여도 21세기 말에 해수면이 올라갈 것이다.

48 **정답** ① 식량 확보의 중요성을 강조하기 위해서

전략 [1-글의 구조], [3-연결하는 말] 보통 주제 문장에 글의 목적이 들어 있다. 역접을 나타내는 표현 '그러나' 뒤에 나오는 내용이 주제 문장이며 이와 관련된 것이 답이다.

[7-유사 어휘] 식량을 안정적으로 공급할 수 있는 기반을 시급히 마련해야 한다고 강조한다.

≒ ① 식량 확보의 중요성을 강조하기 위해서

49 **정답** ② 수입 의존도가 높은

전략 [4-빈칸 앞뒤] 빈칸 바로 뒤에 있는 문장의 내용 '주요 곡물을 생산하는 국가들이 수출을 제한할 경우, 콩이나 밀, 옥수수 등을 국내로 공급하는 것 자체가 불가능해질 수도 있음'과 관련된 것이 답이다.

50 **정답** ③ 현재 한국이 곡물을 수입하는 나라는 다양하지 않은 편이다.

전략 [7-유사 어휘] 소수의 국가에 의존하고 있는 곡물의 수입 구조

≒ ③ 현재 한국이 곡물을 수입하는 나라는 다양하지 않은 편이다.

오답 ① 최근 세계적으로 식량 가격이 안정세를 보이고 있다.
→ 올해 들어 세계의 식량 가격은 지난해와 비교해서 30% 이상 올랐다.

② 국내의 곡물 생산량은 국내 수요를 충족시키고 있다.
→ 한국의 곡물 자급률은 약 20%에 불과하다.

④ 전문가들은 정부의 식량 대책에 대해서 긍정적으로 평가했다.
→ 전문가들은 식량 위기에 대비하는 국가의 대응 체계가 매우 취약하다고 지적했다.

제3회 읽기(01번~50번)

수준: 중·고급 **영역**: 읽기 **점수**: _____ 점/100점

문항 번호	정답	배점	문항 번호	정답	배점
01	②	2	26	②	2
02	②	2	27	④	2
03	③	2	28	②	2
04	④	2	29	③	2
05	②	2	30	④	2
06	④	2	31	③	2
07	①	2	32	②	2
08	④	2	33	④	2
09	③	2	34	①	2
10	④	2	35	①	2
11	②	2	36	④	2
12	④	2	37	③	2
13	②	2	38	②	2
14	④	2	39	②	2
15	①	2	40	③	2
16	④	2	41	②	2
17	②	2	42	③	2
18	②	2	43	①	2
19	②	2	44	①	2
20	③	2	45	②	2
21	③	2	46	①	2
22	③	2	47	③	2
23	④	2	48	④	2
24	④	2	49	②	2
25	①	2	50	④	2

01
정답 ② 바빠도

전략 [8-필수 문법] '앞의 행동이나 상태와 관계없이 일어나는 상황'을 뜻하는 문법 표현 'A/V-아/어도'를 써야 한다.

02
정답 ② 났나 보다

전략 [8-필수 문법] '추측'을 뜻하는 문법 표현 'A-(으)ㄴ가 보다 / V-나 보다'를 써야 한다.

03
정답 ③ 보호하고 싶으면

전략 [7-유사 문법] 밑줄 친 부분의 의미는 '보호하고 싶으면'이다. 'V-(으)려면'과 'V-고 싶으면'은 모두 의도를 나타낼 때 사용할 수 있다.

04
정답 ④ 교육하기 나름이다

전략 [7-유사 문법] 밑줄 친 부분의 의미는 '교육하기 나름이다'이다. '어떻게 V-느냐에 달려 있다'와 'V-기 나름이다'는 모두 조건을 나타낼 때 사용할 수 있다.

05
정답 ② 안경

전략 [2-키워드] 키워드인 '눈', '볼 수 있어요'와 관계있는 단어가 답이다.

06
정답 ④ 극장

전략 [2-키워드] 키워드인 '화면', '영화'와 관계있는 장소가 답이다.

07
정답 ① 화재 예방

전략 [2-키워드] 키워드인 '가스레인지', '타기 쉬운', '건조한'과 관계있는 내용이 답이다.

08
정답 ④ 교환 안내

전략 [2-키워드] 키워드인 '고객 센터', '바꾸실 상품'과 관계있는 내용이 답이다.

09
정답 ③ 동영상을 보내면 음료 쿠폰을 받을 수 있다.

전략 [7-유사 어휘] 참가하신 모든 분께 음료 쿠폰을 드립니다.
≒ ③ 동영상을 보내면 음료 쿠폰을 받을 수 있다.
[9-필수 어휘] 안내문에 자주 나오는 어휘를 알면 유용하다.

오답 ① 이 행사는 일주일 동안 진행한다.
→ 이 행사는 4월 1일부터 5월 31일까지 2달 동안 진행한다.
② 제주도에서 찍은 여행 사진을 내면 된다.
→ 제주도에서 찍은 동영상을 내야 한다.
④ 참가 신청을 하려면 제주시청에 직접 가야 한다.
→ 제주시청 홈페이지에서 참가 신청을 해야 한다.

10 **정답** ④ 직장인들은 찌개보다 치킨을 더 많이 배달해서 먹었다.
전략 [9-필수 어휘] 그래프에 자주 나오는 어휘를 사용해서 각 항목을 맞게 비교한 것이 답이 된다.
오답 ① 분식을 주문한 비율이 가장 높았다.
→ 치킨을 주문한 비율이 가장 높았다.
② 중식 배달이 피자보다 두 배 이상 많았다.
→ 중식 배달이 18%, 피자 배달이 15%이므로 중식 배달이 피자보다 3%만 많았다.
③ 치킨을 가장 많이 주문했다는 응답이 절반을 넘는다.
→ 치킨을 가장 많이 주문했다는 응답은 32%이므로 절반을 넘지 않는다.

11 **정답** ② 하 교수는 한국 수학자 중에서 처음으로 이 상을 받았다.
전략 [7-유사 어휘] 한국 수학자 최초로
≒ ② 한국 수학자 중에서 처음으로
오답 ① 하 교수가 받은 상은 4년 전에 만들어졌다.
→ 하 교수가 받은 상은 1936년에 만들어졌다.
③ 하 교수가 받은 상은 마흔 살 이상의 수학자만 받을 수 있다.
→ 하 교수가 받은 상은 마흔 살 미만의 수학자에게 주는 상이다.
④ 하 교수는 난제를 못 풀었지만 오랫동안 연구해서 상을 받았다.
→ 하 교수는 오랫동안 풀리지 않았던 난제를 증명해서 상을 받았다.

12 **정답** ④ 발굴된 화석으로 1억 년 전에 한국에서 살았던 동물들을 연구할 수 있다.
전략 [7-유사 어휘] 한반도에 살았던 ≒ ④ 한국에서 살았던
동물들에 대한 정보를 담고 있어서 연구 가치가 크다 ≒ ④ 동물들을 연구할 수 있다.
오답 ① 최근 진주시에 화석들을 잘 보관할 수 있는 시설이 지어졌다.
→ 진주시는 화석들을 잘 보관할 수 있는 시설을 만들기 위해 노력 중이다.
② 최근 진주 지역에서 세계에서 제일 많은 동물의 발자국이 발견됐다.
→ 최근 진주 지역에서 많은 동물의 발자국이 발견됐지만 그 발자국 수가 세계에서 제일 많은지는 알 수 없다.

③ 발자국 화석의 종류는 다양하지만 보존 상태는 별로 좋지 않은 편이다.
→ 다양한 동물의 발자국들이 잘 보존된 상태로 발굴되었다.

13 **정답** ② (가)-(다)-(나)-(라)

전략 [1-글의 구조] 무릎의 역할에 대한 일반적인 사실을 쓴 (가)가 도입 문장이고 다음에는 그 예를 소개한 (다)가 이어져야 한다. '그런데'로 시작하면서 무릎 통증으로 화제를 전환한 (나)와 그 예방법을 소개한 (라)가 차례로 오면 된다.

14 **정답** ④ (다)-(나)-(가)-(라)

전략 [1-글의 구조] 생활의 어려움을 겪고 있는 상황을 소개한 (다)가 도입 문장이다. 다음에는 아들의 생일에 피자를 사 줘야 하는 상황에 대해 쓴 (나)와 (가)가 이어져야 한다. 마지막으로 사장님의 도움으로 피자를 먹었다는 내용인 (라)가 오면 된다.

15 **정답** ① (나)-(다)-(라)-(가)

전략 [1-글의 구조] 일반적인 사실을 쓴 (나)가 도입 문장이다. 다음에는 나침반의 바늘의 개수와 기능을 소개한 (다)와 (라)가 차례로 이어져야 한다. 마지막으로 결론을 쓴 (가)가 오면 된다.

16 **정답** ④ 코를 고는 습관을 측정하는

전략 [4-빈칸 앞뒤] 빈칸의 뒤에 '코골이를 녹음해서 코를 얼마나 심하게 고는지 분석해 준다'와 같은 내용이 있으므로 이와 관련된 것이 답이다.

17 **정답** ② 안전하게 집에 갈 수 있게

전략 [4-빈칸 앞뒤] 빈칸의 앞에 '귀갓길 안심 동행 서비스'라는 내용이 있으므로 이와 관련된 것이 답이다.

18 **정답** ② 앞을 보지 못하도록 하는

전략 [4-빈칸 앞뒤] 빈칸의 앞에 '먹물은 적의 시야를 가려서'라는 내용이 있으므로 이와 관련된 것이 답이다.

19 **정답** ② 만약

전략 [4-빈칸 앞뒤] 호응 표현을 알아 두면 유용하다. 빈칸의 뒤에 있는 '경계하지 않고 무의식적으로 계속 본다면'의 '-다면'과 잘 어울리는 단어인 '만약'이 답이다.

20 **정답** ③ 동영상을 너무 오랫동안 보지 않도록 주의해야 한다.

전략 [3-연결하는 말] 역접 표현 '그러나' 다음에 이어지는 내용이 주제와 관련이 있다. '그러나' 다음에 '짧은 동영상에 대해 우려의 목소리가 커지고 있다'와 '이런 동영상을 계속 본다면 중독으로 이어질 수 있다'는 내용이 있는데 이와 관련된 것이 답이다.

21 **정답** ③ 열을 올리는

전략 [4-빈칸 앞뒤] 빈칸 앞에 '은퇴자들이 계속 일을 해야 한다.'와 '자격이 있으면 재취업과 창업에 유리하다.'라는 내용이 있으므로 '노력해서 집중하다.'를 의미하는 관용 표현 '열을 올리다'가 답이다.

[9-필수 어휘] 관용 표현의 의미를 알아야 한다.

오답 ① 손을 떼다: 중도에 그만두고 관여하지 않기로 하다.

② 발목을 잡다: 어떤 상황에서 벗어나지 못하게 하다.

④ 등을 떠밀다: 남에게 억지로 일을 하게 만들다.

22 **정답** ③ 은퇴 후에도 재취업이 필요한 사람이 많다.

전략 [7-유사 어휘] 다수의 은퇴자들은 퇴직 후에도 계속 일해야 한다.

≒ ③ 은퇴 후에도 재취업이 필요한 사람들이 많다.

오답 ① 직장에서 퇴직하는 연령이 높아지고 있다.

→ 퇴직하는 평균 나이는 점점 어려지고 있다.

② 은퇴 후에 연금만으로 편하게 살 수 있다.

→ 연금만으로는 남은 노후를 경제적으로는 편하게 살기 어렵다.

④ 중장년층은 은퇴 후의 경제 활동에 대해 관심이 없다.

→ 중장년층은 은퇴 후의 경제 활동과 관련된 재취업과 창업에 관심이 있다.

23 **정답** ④ 설레고 만족스럽다

전략 [9-필수 어휘] '감정'을 나타내는 어휘를 알아야 한다. 밑줄 친 부분은 열심히 아르바이트를 해서 산 새 카메라를 들고 사진을 찍으러 간 상황이므로 '설레고 만족스럽다'가 답이다.

24 **정답** ④ 나는 새 카메라를 받은 날 하루 종일 사진을 찍었다.

전략 [7-유사 어휘] 아침부터 사진을 찍다 보니 해가 지고 있었다.

≒ ④ 하루 종일 사진을 찍었다.

오답 ① 나는 휴대 전화로 사진을 찍는 것에 만족한다.

→ 나는 휴대 전화로만 사진을 찍어야 했는데 좀 아쉬웠다.

② 나는 친구에게 돈을 빌려서 카메라를 사기로 했다.

→ 나는 열심히 아르바이트를 해서 모은 돈으로 카메라를 샀다.

③ 나는 여섯 달 동안 사진을 찍는 아르바이트를 했다.
→ 나는 편의점에서 아르바이트를 시작했고 6개월 후에 카메라를 샀다.

25 **정답** ① 정부가 폭설로 생긴 피해를 늦게 복구하자 시민들이 화가 났다.
전략 [7-유사 어휘] 늦장 대응 ≒ ① 피해를 늦게 복구
부글부글 ≒ ① 화가 났다

26 **정답** ② 국제 에너지 값이 오르면서 음식 가격도 치솟았다.
전략 [7-유사 어휘] 가격 상승 ≒ ② 값이 오르면서
식품 물가 고공 행진 ≒ ② 음식 가격도 치솟았다

27 **정답** ④ 인공 지능으로 인해 인류가 위험해질지도 모르는데 이에 대한 정부의 준비가 미흡하다.
전략 [7-유사 어휘] 인류 위험 가능성 ≒ ④ 인류가 위험해질지도 모르는데
대비 부족 ≒ ④ 준비가 미흡하다

28 **정답** ② 추석에 음식을 많이 차려 놓고
전략 [4-빈칸 앞뒤] 빈칸 앞에 '일 년 중 가장 먹을 것이 넘치는 때'가 있고, 빈칸 뒤에 '부족함 없이 넉넉하게 지내고 싶은 마음'이 있으므로 이와 관련된 것이 답이다.

29 **정답** ③ 출퇴근에 소요되는 시간을 줄여서
전략 [4-빈칸 앞뒤] 빈칸 앞에 '직장과 주거지가 가까운 것이 주거지 선택에서 중요해질 것이다.'라는 내용이 있으므로 이와 관련된 것이 답이다.

30 **정답** ④ 공기 중의 산소와 접촉하지 않도록
전략 [4-빈칸 앞뒤] 글의 처음에 '과일이나 채소에 포함된 성분이 공기 중의 산소와 만나서 갈변 현상이 일어난다.'라는 내용이 있고, 빈칸 바로 앞에 '설탕물이 사과의 표면을 덮어'가 있으므로 이와 관련된 것이 답이다.

31 **정답** ③ 초보 운전 스티커를 한눈에 알아보기 어렵다는
전략 [4-빈칸 앞뒤] 빈칸 뒤에 '이런 이유로'와 '다른 운전자들이 쉽게 알아볼 수 있도록'이 있으므로 '다른 운전자들이 쉽게 알아볼 수 없다.'라는 내용과 관련된 것이 답이다.

32
정답 ② 대학과 정부가 비용을 공동으로 부담해서 '천 원의 아침'을 제공했다.

전략 [7-유사 어휘] 대학과 정부가 협력해서
≒ ② 대학과 정부가 비용을 공동으로 부담해서

오답 ① '천 원의 아침'이 시작된 날에 모든 학생이 '천 원의 아침'을 먹었다.
→ 100인분의 식사를 준비했다.
③ 한 대학에서 '천 원의 아침'을 과거부터 꾸준히 제공해서 화제가 되었다.
→ 한 대학이 최근에 '천 원의 아침'을 제공하기로 했다.
④ 교내 식당은 '천 원의 아침'이 시작되기 전에도 매일 아침 학생들로 붐볐다.
→ '천 원의 아침'이 시작되기 전 평소에는 교내 식당이 한산했다.

33
정답 ④ 나중에 자신도 도움을 받을 수 있다고 믿고 품앗이로 이웃을 도와준다.

전략 [7-유사 어휘] 이웃 간의 신뢰와 인정을 바탕으로
≒ ④ 나중에 자신도 도움을 받을 수 있다고 믿고

오답 ① 품앗이를 통해서 도울 수 있는 일은 농사일로 한정된다.
→ 품앗이는 농사일뿐만 아니라 집 수리, 잔치 음식 장만 등에도 활용된다.
② 품앗이로 노동력을 빌려 썼다면 정해진 기간 내에 갚아야 한다.
→ 품앗이로 빌려 쓴 노동력을 갚아야 하는 때가 정해져 있는 것은 아니다.
③ 이웃에게 요청해서 부족한 노동력을 빌릴 수 있는 시기가 정해져 있다.
→ 일손이 부족할 때 언제든지 이웃 사람에게 요청할 수 있다.

34
정답 ① 혈액량 감소로 뇌에 산소가 부족해지면 집중력이 떨어진다.

전략 [7-유사 어휘] 산소가 충분히 공급되지 않으면
≒ ① 산소가 부족해지면

오답 ② 식사를 하고 나면 뇌와 소화 기관으로 가는 혈액이 증가하게 된다.
→ 소화 기관으로 가는 혈액은 증가하고 뇌로 가는 혈액은 감소하게 된다.
③ 각 기관으로 가는 혈액의 양이 달라져도 공급되는 산소의 양은 전과 같다.
→ 혈액의 양이 감소하면 공급되는 산소의 양도 감소한다.
④ 뇌에 공급되는 산소의 양의 변화는 뇌의 활동량에 영향을 주지 않는다.
→ 뇌에 산소가 충분히 공급되지 않으면 뇌의 활동량이 현저히 줄어든다.

35
정답 ① 초식 동물과 육식 동물의 눈의 위치는 생존 방식과 관련이 있다.

전략 [1-글의 구조] 이 글은 처음에 주제를 제시하고 그것을 자세하게 설명하는 구조이다. 첫 번째 문장인 '초식 동물과 육식 동물은 각자가 살아가기에 적합한 눈을 가졌다.'와 관련된 것이 답이다.

[7-유사 어휘] 살아가기에 적합한 눈을 가졌다.
≒ ① 눈의 위치는 생존 방식과 관련이 있다.

36
정답 ④ 무인 매장 운영의 어려움과 문제점을 알고 신중하게 창업을 결정할 필요가 있다.

전략 [3-연결하는 말] 역접 표현 '그러나' 다음에 이어지는 내용이 주제와 관련이 있다. '무인 매장 운영을 만만하게 봐서는 안 된다.'는 내용과 '매장 간의 치열한 경쟁, 매장 관리의 어려움'에 대한 내용이 있는데 이와 관련된 것이 답이다.

37
정답 ③ 생태 관광은 관광과 자연환경 보존을 함께 추구하는 미래 지향적인 관광이다.

전략 [1-글의 구조] 이 글은 마지막에 주제가 위치하는 구조이다. 마지막 문장인 '생태 관광은 자연환경의 보호를 통해 미래 세대가 관광할 수 있는 기회를 보장한다는 점에서 현재만이 아닌 미래를 위한 관광이라고 할 수 있다.'가 주제 문장이며 이와 관련된 것이 답이다.

[7-유사 어휘] 현재만이 아닌 미래를 위한
≒ ③ 미래 지향적인

38
정답 ② 카공족이 늘어나면서 카공족의 방문을 꺼리는 카페가 생기고 있다.

전략 [3-연결하는 말] 역접 표현 '그런데' 다음에 이어지는 내용이 주제와 관련이 있다. '카페를 운영하는 사람의 입장에서 카공족은 반갑지 않은 손님이다.'라는 내용과 '카공족을 쫓아내기 위한 방법'이 있는데 이와 관련된 것이 답이다.

39
정답 ② ⓒ

전략 [1-글의 구조] 주어진 문장은 '맨발 걷기의 효과'에 대한 내용이다. 이 문장이 들어갈 곳은 맨발 걷기의 '효과'에 대한 소개와 '위험성'에 대한 설명의 사이인 ⓒ이다.

40
정답 ③ ⓒ

전략 [3-연결하는 말], [4-빈칸 앞뒤] 주어진 문장은 '예를 들어'로 시작하면서 '디드로 효과가 광고에 활용되는 예'를 제시하고 있다. 따라서 주어진 문장이 들어갈 곳은 '디드로 효과가 기업의 판매 전략에 활용된다.'는 내용과 '이런 광고 방식'으로 시작하는 문장의 사이인 ⓒ이다.

41
정답 ② ⓒ

전략 [4-빈칸 앞뒤] 주어진 문장의 '이런 의문'이 가리키는 것은 '수학을 왜 배워야 하고 어디에 쓸 수 있을까?'이므로 이 문장이 들어갈 곳은 그 문장의 뒤인 ⓒ이다.

42
정답 ③ 섭섭하다

전략 [9-필수어휘] '감정'을 나타내는 어휘를 알아야 한다. 밑줄 친 부분은 태효가 민아보다 세희를 먼저 만났다는 것을 알고 한 말이므로 '섭섭하다'가 답이다.

43
정답 ① 태호는 한국에 돌아온 후에 누나와 함께 살고 있다.

전략 [7-유사 어휘] 누나의 집에 그가 있다는 사실
≒ ① 누나와 함께 살고 있다.

오답 ② 민아는 태호가 귀국한 것을 세희보다 먼저 알고 있었다.
→ 태호가 귀국한 것을 세희가 먼저 알고 있었다.
③ 태호는 유학을 떠나기 전에 민아에게 그 사실을 알렸다.
→ 민아는 태호가 유학을 떠난다는 것을 세희를 통해 알았다.
④ 민아는 태호가 한국에 온 사실을 알자마자 연락을 했다.
→ 민아는 며칠 동안 망설이다가 태호에게 연락을 했다.

44
정답 ① 햇빛이 가장 먼저 들어오기

전략 [4-빈칸 앞뒤] 빈칸 뒤에 '일찍 기상해야 하는 학생이나 직장인에게 좋다.'라는 내용이 있으므로 이와 관련된 이유가 답이다.

45
정답 ② 거주자의 상황과 특성을 고려해서 집의 방향을 선택하는 것이 좋다.

전략 [1-글의 구조], [3-연결하는 말] 이 글은 처음에 주제를 제시하고 그것을 자세하게 설명하는 구조이다. 역접 표현 '그러나' 다음에 있는 '개개인의 생활 방식에 따라 각자에게 맞는 집의 방향이 다를 수 있다.'가 주제 문장이며 이와 관련된 것이 답이다.

46
정답 ① 공유경제의 가치를 인정하고 긍정적으로 전망하고 있다.

전략 [1-글의 구조], [3-연결하는 말] 마지막 문장에서 필자의 태도를 알 수 있다. 역접 표현 '그러나' 다음에 '환경 보호의 중요성이 강조되고, 전 세계가 환경 문제의 해결을 공동의 과제로 인식하고 있는 만큼 공유경제는 시대적인 흐름이 될 것으로 보인다.'라는 내용이 있는데 이와 관련된 것이 답이다.

47
정답 ③ 공유경제로 물건을 공유해서 쓰면 자원 절약의 효과를 얻을 수 있다.

전략 [7-유사 어휘] 자원의 낭비를 막고
≒ ② 자원 절약의 효과를 얻을 수 있다.

오답 ① 앞으로 숙박과 교통 관련 서비스에 공유경제가 도입될 예정이다.
→ 숙박과 교통 관련 서비스에 이미 공유경제가 활용되고 있다.
② 공유경제에서는 다수의 사람이 공유할 목적으로 물건을 생산한다.
→ 공유경제는 이미 생산된 제품을 다수의 사람이 공유해서 쓰는 것이다.
④ 물건에 대한 사람들의 개념이 바뀌면서 합리적 소비를 지향하게 되었다.
→ 합리적 소비를 지향하는 분위기의 확산으로 물건에 대한 사람들의 개념이 바뀌었다.

48 **정답** ④ 인공 지능 창작물의 저작권 인정을 부정적으로 보는 근거를 제시하려고

전략 [3-연결하는 말] 인공 지능 창작물의 저작권을 인정해야 한다는 주장 다음에 역접 표현 '그러나'가 나온다. '그러나' 뒤에 '인공 지능 창작물의 저작권 인정으로 발생할 문제들'에 대한 내용이 있으므로 이와 관련된 것이 답이다.

49 **정답** ② 관련 분야의 투자가 확대되어서

전략 [4-빈칸 앞뒤] 빈칸 앞에는 '창작에 대한 대가를 받게 되면'이 있고 빈칸 뒤에는 '인공 지능 기술의 발전과 산업의 활성화로 이어지게 된다.'라는 내용이 있으므로 이와 관련된 것이 답이다.

50 **정답** ④ 인공 지능 창작물이 저작권을 인정받으면 인간의 창작 활동이 위축될 수 있다.

전략 [7-유사 어휘] 제약을 받을 우려가 있다.
≒ ④ 위축될 수 있다.

오답 ① 인공 지능 창작물의 저작권자는 저작권법에서 확인할 수 있다.
→ 저작권법에는 인공 지능의 창작물의 저작권자가 명확하게 규정되어 있지 않다.
② 인공 지능이 만든 작품의 등장이 인공 지능 기술의 발전을 촉진하였다.
→ 인공 지능 기술의 발전으로 인공 지능이 만든 작품들이 등장하기 시작했다.
③ 인공 지능의 창작 방식은 저작권 침해의 위험을 줄이는 데 효과적이다.
→ 인공 지능의 창작 방식에는 타인의 저작권을 침해할 가능성이 항상 존재한다.

CHAPTER 02 실제 기출문제

제91회 읽기(01번~50번)

| 수준 | 중·고급 | | 영역 | 읽기 | | 점수 | _____ 점/100점 |

문항 번호	정답	배점	문항 번호	정답	배점
01	④	2	26	③	2
02	④	2	27	①	2
03	①	2	28	①	2
04	④	2	29	②	2
05	②	2	30	③	2
06	③	2	31	③	2
07	①	2	32	④	2
08	①	2	33	②	2
09	④	2	34	②	2
10	②	2	35	④	2
11	③	2	36	④	2
12	②	2	37	①	2
13	②	2	38	④	2
14	③	2	39	①	2
15	②	2	40	③	2
16	①	2	41	③	2
17	③	2	42	②	2
18	①	2	43	①	2
19	③	2	44	③	2
20	①	2	45	④	2
21	③	2	46	②	2
22	④	2	47	②	2
23	①	2	48	④	2
24	④	2	49	②	2
25	①	2	50	④	2

01 **정답** ④ 등산한 적이 있다
   전략 [8-필수 문법] '경험'을 뜻하는 문법 표현 'V-(으)ㄴ 적이 있다'를 써야 한다.

02 **정답** ④ 이사하고 나서
   전략 [8-필수 문법] '행동이 끝난 후'를 뜻하는 문법 표현 'V-고 나다'를 써야 한다.

03 **정답** ① 돕기 위해서
   전략 [7-유사 문법] 밑줄 친 부분의 의미는 '돕기 위해(서)'이다. 'V-고자'와 'V-기 위해(서)'는 모두 목적을 나타낼 때 사용할 수 있다.

04 **정답** ④ 본 거나 마찬가지이다
   전략 [7-유사 문법] 밑줄 친 부분의 의미는 '거의 안 본 거나 마찬가지이다'이다. 'A/V-(으)ㄴ 셈이다'와 'A/V-(으)ㄴ 거나 마찬가지이다'는 모두 (앞의 상황이나 결과와) 거의 같음을 나타낼 때 사용할 수 있다.

05 **정답** ② 칫솔
   전략 [2-키워드] 키워드인 '치아', '닦여요'와 관계있는 단어가 답이다.

06 **정답** ③ 유치원
   전략 [2-키워드] 키워드인 '아이들', '보살핍니다'와 관계있는 장소가 답이다.

07 **정답** ① 건강 관리
   전략 [2-키워드] 키워드인 '운동하기', '몸', '실천하세요'와 관계있는 내용이 답이다.

08 **정답** ① 관람 규칙
   전략 [2-키워드] 키워드인 '공연장 내', '사진 촬영', '휴대 전화', '금지합니다'와 관계있는 내용이 답이다.

09 **정답** ④ 이 버스를 타려면 미리 신청해야 한다.
   전략 [7-유사 어휘] 예약 방법: 출발 하루 전까지 홈페이지에서 신청
   ≒ ④ 미리 신청해야 한다.
   [9-필수 어휘] 안내문에 자주 나오는 어휘를 알면 유용하다.
   오답 ① 성인과 학생이 버스 요금이 같다.
   → 성인의 요금은 10,000원, 학생의 요금은 5,000원이다.

② 이 버스는 별빛공원에서 출발한다.
→ 버스의 출발 장소는 인주역 광장이다.
③ 매일 오전에 이 버스를 탈 수 있다.
→ 인주시 야경 관광버스는 매일 18시(=오후 6시)에 출발한다.

10 **정답** ② 걸어서 출퇴근하는 직장인은 2012년보다 2022년이 더 적었다.

전략 [9-필수 어휘] 그래프에 자주 나오는 어휘를 사용해서 각 항목을 맞게 비교한 것이 답이 된다.

오답 ① 자가용으로 출퇴근한다고 응답한 직장인들의 비율이 줄었다.
→ 자가용으로 출퇴근하는 직장인들은 2012년에는 31%, 2022년에는 39%이므로 비율이 늘었다.
③ 2022년에는 지하철을 타고 출퇴근하는 직장인이 가장 많았다.
→ 2022년에는 자가용으로 출퇴근하는 직장인이 39%로 가장 많았다.
④ 2012년에 직장인들은 출퇴근할 때 버스를 제일 많이 이용했다.
→ 2012년에는 자가용으로 출퇴근하는 직장인이 31%로 가장 많았다.

11 **정답** ③ 주말에는 인주공원에서 수리를 받을 수 있다.

전략 [7-유사 어휘] 수리 서비스를 제공한다.
≒ ③ 수리를 받을 수 있다.

오답 ① 이 서비스는 일 년 내내 운영된다.
→ 이 서비스는 10월 한 달간 운영된다.
② 올해 처음으로 이 센터가 운영되기 시작했다.
→ 이 센터는 인주시가 작년에 이어 올해도 운영하는 것이다.
④ 이 수리 센터에서는 무료로 부품을 교체해 준다.
→ 부품 교체가 필요한 경우에는 저렴한 가격으로 바꿔 준다.

12 **정답** ② 사고가 생겨서 배달 중이던 피자가 망가졌다.

전략 [7-유사 어휘] 사고를 당했다. ≒ ② 사고가 생겨서
배달하러 가다가 ≒ ② 배달 중이던

오답 ① 고객은 주문한 피자를 취소하겠다고 말했다.
→ 고객은 배달을 천천히 와도 된다고 말했다.
③ 오토바이가 빗길에 미끄러져서 김 씨가 다쳤다.
→ 사람이 다치는 피해는 없었다.
④ 김 씨는 피자를 시킨 고객에게 연락하다 사고가 났다.
→ 김 씨는 빗길에 미끄러져서 사고가 난 후 고객에게 연락했다.

13 **정답** ② (나)-(가)-(다)-(라)

전략 [1-글의 구조] 글의 화제인 '사람이 붐비는 장소에서 짧은 기간 운영하는 매장'에 대해 소개한 (나)가 도입 문장이다. 다음에는 임시 매장의 운영 방식을 설명한 (가)가 이어지고, 기업이 임시 매장을 어떻게 활용하는지 설명한 (다)와 (라)가 차례로 오면 된다.

14 **정답** ③ (다)-(나)-(가)-(라)

전략 [1-글의 구조] 친구에게 전화한 상황을 설명한 (다)가 도입 문장이다. 다음에는 친구의 반응을 쓴 (나)가 이어져야 한다. 전화를 끊고 미안함을 느꼈다는 내용의 (가)와 그 이유를 설명한 (라)가 차례로 오면 된다.

15 **정답** ② (다)-(가)-(나)-(라)

전략 [1-글의 구조] 일반적인 사실을 쓴 (다)가 도입 문장이다. 다음에는 구체적인 예를 들고 그것의 장점을 소개한 (가)와 (나)가 차례로 이어져야 한다. 마지막으로 추가 설명인 (라)가 오면 된다.

16 **정답** ① 적의 움직임을 알기

전략 [4-빈칸 앞뒤] 빈칸의 뒤에 '발소리를 듣고 적이 오는지를 파악하려는 것'과 같은 내용이 있으므로 이와 관련된 것이 답이다.

17 **정답** ③ 흡수력을 떨어뜨리기

전략 [4-빈칸 앞뒤] 빈칸의 앞에 '물기를 빠르게 흡수해야 하는 소재에는 유연제를 넣는 것이 좋은 것만은 아니다.'라는 내용이 있으므로 이와 관련된 것이 답이다.

18 **정답** ① 뇌를 덜 사용한다고

전략 [3-연결하는 말], [4-빈칸 앞뒤] 빈칸의 뒤에 오는 문장이 '그런데'로 시작하고, '뇌의 사용량이 줄어든 것이 아니다.'라는 내용이 있으므로 이와 관련된 것이 답이다.

19 **정답** ③ 비록

전략 [4-빈칸 앞뒤] 호응 표현을 알아 두면 유용하다. 빈칸의 뒤에 있는 '그 움직임은 느리지만'의 '-지만'과 잘 어울리는 단어인 '비록'이 답이다.

20
정답 ① 황제펭귄은 서로 도우면서 추위에 맞서 생존해 왔다.

전략 [1-글의 구조] 이 글은 황제펭귄들이 추위를 견디는 방법을 자세히 설명하고 마지막에 내용을 정리해서 주제를 제시하는 구조이다. '그렇게' 다음에 '쉼 없이 둥글게 돌면서 펭귄들은 다 함께 살아남는다.'는 내용이 있는데 이와 관련된 것이 답이다.

21
정답 ③ 발목을 잡을

전략 [4-빈칸 앞뒤] 빈칸 뒤에 '우려한다'와 '미술에 대한 관심을 아예 끊을 수 있기 때문이다.'라는 내용이 있으므로 '어떤 상황에서 벗어나지 못하게 하다.'를 의미하는 관용 표현 '발목을 잡다'가 답이다.

[9-필수 어휘] 관용 표현의 의미를 알아야 한다.

오답 ① 입맛에 맞다: 음식이나 물건, 활동 등이 취향에 맞다.
② 가슴을 울리다: 깊게 감동시키다.
④ 손을 맞잡다: 서로 잘 협력하다.

22
정답 ④ 복제품 전시회인지 모르고 전시회를 방문한 관람객들이 있다.

전략 [7-유사 어휘] 전시장을 찾아와서야 이런 사실을 알게 된
≒ ④ 복제품 전시회인지 모르고 전시회를 방문한

오답 ① 복제품 전시회는 입장료를 받지 않는다.
→ 일부 전시 관계자들이 복제품 전시회로 입장료 수입을 챙겼다.
② 최근 미술 전시회를 찾는 사람들이 많지 않다.
→ 최근 미술 전시회 수요가 증가하였다.
③ 전시회에서 복제품을 전시하는 일이 점점 줄고 있다.
→ 돈벌이에 급급해서 복제품 전시임을 밝히지 않는 전시회가 늘고 있다.

23
정답 ① 의심스럽다

전략 [9-필수 어휘] '감정'을 나타내는 어휘를 알아야 한다. 밑줄 친 부분은 꽃씨를 심은 사람이 싹이 튼 모습이 상상과 달라서 의문을 가지는 내용이므로 '의심스럽다'가 답이다.

24
정답 ④ 내가 금잔화 화분을 옮긴 곳은 햇볕이 잘 들었다.

전략 [7-유사 어휘] 창문으로 들어오는 풍성한 햇볕
≒ ④ 햇볕이 잘 들었다

오답 ① 내 책상 위에 둔 금잔화는 금방 말라 죽었다.
→ 금잔화를 창가로 옮겼더니 튼튼해졌다.
② 나는 금잔화 화분에 물을 제대로 주지 못했다.
→ 사무실의 책상 위에 두고 때맞춰 물을 주었다.

③ 나는 꽃집에서 금잔화가 피어 있는 화분을 샀다.
→ 꽃집에서 금잔화 꽃씨를 사서 화분에 심었다.

25 **정답** ① 가수 진영이 3년 만에 콘서트를 열자 수많은 관중이 몰렸다.
전략 [7-유사 어휘] 구름 관중
≒ ① 많은 관중이 몰렸다

26 **정답** ③ 한국의 대표 탁구 선수 김수미가 올해 국제 대회에서 모두 금메달을 땄다.
전략 [7-유사 어휘] 간판 ≒ ③ 대표
금메달 싹쓸이 ≒ ③ 모두 금메달을 땄다.

27 **정답** ① 대출 금리가 떨어지면서 부동산 시장이 살아나기 시작했다.
전략 [7-유사 어휘] 하락세 ≒ ① 떨어지면서
기지개 ≒ ① 살아나기 시작했다.

28 **정답** ① 렌즈를 바꿔 주는
전략 [4-빈칸 앞뒤] 빈칸 앞에 '선글라스의 렌즈는 사용 기한이 있다.', '5년 정도 쓰고 나면'이 있으므로 이와 관련된 것이 답이다.

29 **정답** ② 안정적인 느낌을 주기
전략 [4-빈칸 앞뒤] 빈칸 뒤에 '삼각형 구도', '편안하고 균형 잡힌 분위기'가 있으므로 이와 관련된 것이 답이다.

30 **정답** ③ 경제 발전을 이루지 못하는
전략 [4-빈칸 앞뒤] 빈칸 앞에는 '풍부한 자원이 경제 성장의 충분조건은 아니다.'라는 내용이 있고 빈칸의 뒤에는 '풍부한 자원에만 의존해 제조업이나 서비스업 등에 투자하지 않게 되는 것이다.'라는 내용이 나오므로 이와 관련된 내용이 답이다.

31 **정답** ③ 오염이 쉽게 눈에 띄도록
전략 [4-빈칸 앞뒤] 빈칸 앞에 '검은색 옷은 세균으로 오염된 얼룩이 잘 보이지 않았다.'가 있으므로 이와 관련된 것이 답이다.

32	**정답**	④ 살리초의 잎에는 혈당을 떨어뜨리는 성분이 들어 있다.
	전략	[7-유사 어휘] 혈당을 낮추는 성분이 10배 이상 많이 함유돼 있어 ≒ ④ 혈당을 떨어뜨리는 성분이 들어 있다.
	오답	① 살리초는 해충에 취약하다는 단점이 있다. → 살리초는 병해충에도 강하다. ② 살리초의 열매는 크고 영양 성분이 풍부하다. → 살리초는 열매가 없다. ③ 살리초는 생육 기간이 길어 관심을 받지 못하고 있다. → 살리초는 생육 기간이 짧아서 농가의 고소득 작물로 주목받고 있다.

33	**정답**	② 서유구는 집필하면서 참고한 문헌을 이 책에 기록해 놓았다.
	전략	[7-유사 어휘] 인용한 책들을 밝혀 놓아 ≒ ② 참고한 문헌을 이 책에 기록해 놓았다.
	오답	① 이 책은 각 분야의 전문가가 모여 만든 책이다. → 이 책은 조선 시대 서유구가 쓴 백과사전이다. ③ 서유구는 객관적인 책을 쓰기 위해 자신의 의견은 배제했다. → 서유구는 이 책을 쓸 때 자신의 논평을 첨부했다. ④ 이 책은 내용이 특정 분야에 한정되어 서지학적 가치는 크지 않다. → 이 책은 내용이 방대하고 서지학적 가치도 크다.

34	**정답**	② 어미 코알라는 유칼립투스의 독성을 분해하는 효소를 가지고 있다.
	전략	[7-유사 어휘] 코알라는 유칼립투스의 독을 해독하는 효소가 있어서 ≒ ② 어미 코알라는 유칼립투스의 독성을 분해하는 효소를 가지고 있다.
	오답	① 다양한 동물들이 유칼립투스 잎을 차지하기 위해 경쟁한다. → 코알라는 다른 동물들과 경쟁할 필요 없이 유칼립투스 잎을 충분히 먹을 수 있다. ③ 코알라는 태어난 직후부터 많은 양의 유칼립투스 나뭇잎을 먹는다. → 새끼 코알라는 잎 대신 어미의 배설물을 먹는다. ④ 새끼 코알라는 유칼립투스의 독성 때문에 어미의 배설물을 먹지 않는다. → 새끼 코알라는 독성을 분해하는 효소가 없어서 어미의 배설물을 먹는다.

35	**정답**	④ 미래 자원 확보를 위해 소행성 탐사에 대한 노력을 기울여야 한다.
	전략	[1-글의 구조] 이 글은 마지막에 주제가 위치하는 구조이다. 마지막 문장인 '미래 자원을 확보하기 위해서 적극적으로 소행성 탐사에 대한 투자와 기술 개발에 나설 필요가 있다.'가 주제 문장이며 이와 관련된 것이 답이다.

36
정답 ④ 경기 침체 시에는 저축이 국가 경제 전체에 부정적인 영향을 줄 수 있다.

전략 [1-글의 구조], [3-연결하는 말] 이 글은 역접 표현 '그런데' 다음에 주제와 관련된 내용이 이어지고 마지막에 주제가 위치하는 구조이다. 마지막 문장인 '개인 차원에서는 저축이 합리적인 행동이지만 경제 전체적으로는 비합리적인 상황을 초래하게 되는 것이다.'가 주제 문장이며 이와 관련된 것이 답이다.

37
정답 ① 국가별 상황에 따라 참치 쿼터제를 현실에 맞게 수정해야 한다.

전략 [1-글의 구조] 이 글은 마지막에 주제가 위치하는 구조이다. 마지막 문장인 '국가별 개체 수 증감을 반영한 융통성 있는 조정이 필요하다.'가 주제 문장이며 이와 관련된 것이 답이다.

[7-유사 어휘] 국가별 개체 수 증감을 반영한 ≒ ① 국가별 상황에 따라
조정이 필요하다. ≒ ① 수정해야 한다.

38
정답 ④ 기술 혁신은 고객이 쉽게 받아들일 수 있을 때 성공할 가능성이 높다.

전략 [3-연결하는 말] 역접 표현 '하지만' 다음에 이어지는 내용이 주제와 관련이 있다. '아무리 획기적인 혁신이라도 고객에게 낯설고 커다란 행동 변화를 요구한다면 외면당하기 쉽다.'라는 내용이 있는데 이와 관련된 것이 답이다.

39
정답 ① ㉠

전략 [3-연결하는 말], [4-빈칸 앞뒤] 주어진 문장은 역접 표현 '그런데'로 시작하고 있으며 '심판이 볼 수 없는 사각지대'에 대한 내용이다. 따라서 이 문장이 들어갈 곳은 '판정이 심판에 의해서 이루어진다'는 내용과 '이렇게 보이지 않는 곳'으로 시작하면서 사각지대에 대해서 다시 언급하고 있는 내용의 사이인 ㉠이다.

40
정답 ③ ㉢

전략 [4-빈칸 앞뒤] 주어진 문장은 '지중해의 소금 퇴적층'에 대한 내용이다. 이 문장이 들어갈 곳은 '이 소금 퇴적층'으로 시작되는 내용의 앞인 ㉢이다.

41
정답 ③ ㉢

전략 [4-빈칸 앞뒤] 주어진 문장은 '이런 상소문'으로 시작하고 있다. 따라서 이 문장이 들어갈 곳은 '왕의 잘못을 지적한 상소문'에 대한 내용의 뒤인 ㉢이다.

42
정답 ② 불만스럽다

전략 [9-필수 어휘] '감정'을 나타내는 어휘를 알아야 한다. 밑줄 친 부분은 집 단장이 덜 되어서 손님을 초대하기에는 이르다고 아내가 남편에게 말하는 내용이므로 '불만스럽다'가 답이다.

43
정답 ① 미연은 민욱과 성재를 통해 연주를 알게 되었다.

전략 [7-유사 어휘] 민욱과 성재를 통해 만난 미연과 연주
≒ ① 민욱과 성재를 통해 연주를 알게 되었다.

오답 ② 민욱은 주변 도움을 받아 E시의 새 아파트를 샀다.
→ 민욱과 미연은 누구의 도움도 받지 않고 새 아파트를 샀다.
③ 미연은 육 개월 전에 산 아파트로 이사 갈 계획이다.
→ 미연은 육 개월 전에 아파트를 사서 이사했다.
④ 민욱은 인테리어를 완성한 후에 마트에 장을 보러 갔다.
→ 인테리어가 완성되려면 아직 부족했고 미연이 마트에 갔다.

44
정답 ③ 수로에 이어 알에서 태어난

전략 [4-빈칸 앞뒤] 빈칸 앞에는 '황금알 여섯 개가 하늘에서 내려왔고 먼저 알을 깨고 나온 수로가 지상의 첫 번째 왕이 되었다.'는 내용이 있고 빈칸의 뒤에는 '다섯 아이 역시 왕이 되었다.'가 있으므로 이와 관련된 내용이 답이다

45
정답 ④ 이 신화는 강력한 왕권 국가를 이루려고 한 통합 의식을 반영한다.

전략 [1-글의 구조] 이 글은 마지막에 주제가 위치하는 구조이다. 마지막 문장인 '수로가 알에서 최초로 탄생했다는 부분은 수로왕이 중심이 되어 하나의 강력한 국가로 통합하려 했다는 것을 말해 준다.'가 주제 문장이며 이와 관련된 것이 답이다.

46
정답 ② 경제 사범에 대한 처벌을 강화하도록 촉구하고 있다.

전략 [5-태도 표현] '경제 사범을 엄벌할 필요가 있다.'에서 '-(으)ㄹ 필요가 있다'는 강조 표현을 사용해서 경제 범죄에 대한 처벌 강화의 필요성을 강조하고 있는데 이와 관련된 것이 답이다.

47
정답 ② 공금을 불법으로 가로채는 범죄는 경제 범죄에 포함된다.

전략 [7-유사 어휘] 공금 횡령
≒ ② 공금을 불법으로 가로채는 범죄

오답 ① 경제 범죄로 생긴 부당 이익을 문제없이 잘 환수해 왔다.
→ 지금까지 부당 이익의 환수는 미진했다.

③ 개인이 저지른 주가 조작 범죄는 국가 경제와 큰 관련이 없다.
→ 경제 범죄는 국가 경제와도 직결될 수 있다.
④ 경제 범죄 수법이 교묘해졌지만 사회에 미치는 충격은 크지 않다.
→ 경제 범죄가 사회에 미치는 충격이 막심하다.

48 **정답** ④ 예술인 생활 보장의 필요성을 강조하려고

전략 [5-태도 표현] '예술인이 활동을 포기하지 않도록 해야 할 것이다.'에서 '–아/어야 할 것이다'라는 표현을 사용해서 예술인의 생활 보장의 필요성을 강조하고 있는데 이와 관련된 것이 답이다.

49 **정답** ② 생계의 어려움을 겪고 있다

전략 [4-빈칸 앞뒤] 빈칸 앞에는 '생활고로 한 작가가 사망한 것이 계기가 되어 예술인 복지법이 시행되었다.'는 내용과 '그 법이 실상과 맞지 않아서 예술인들이 여전히'라는 내용이 있으므로 빈칸에 들어갈 내용은 '복지법 시행 전과 같이 생활이 어렵다.'와 관련된 것이다.

50 **정답** ④ 2012년의 예술인 복지법은 현장의 실상을 반영하는 데 한계가 있었다.

전략 [7-유사 어휘] 예술 현장의 실상에 맞지 않아
≒ ④ 현장의 실상을 반영하는 데 한계가 있었다.

오답 ① 예술인 복지법은 한 번 신설된 후 개정된 적이 없다.
→ 예술인 복지법은 올해 개정되었다.
② 전국에서 예술 분야에 종사하는 사람들 수가 늘고 있다.
→ 기본 생활이 불가능한 적은 수입 탓에 예술인의 수가 감소하고 있다.
③ 올해부터 예술인은 활동을 반드시 증명해야 지원을 받을 수 있다.
→ 올해부터 예술인도 일반 직업인과 같이 권리를 보호받을 수 있는 대상이 되었다.

제83회 읽기(01번~50번)

| 수준 | 중·고급 | 영역 | 읽기 | 점수 | _____점/100점 |

문항 번호	정답	배점	문항 번호	정답	배점
01	①	2	26	③	2
02	②	2	27	①	2
03	③	2	28	④	2
04	④	2	29	①	2
05	③	2	30	③	2
06	②	2	31	④	2
07	②	2	32	④	2
08	①	2	33	①	2
09	①	2	34	④	2
10	③	2	35	②	2
11	②	2	36	④	2
12	②	2	37	④	2
13	①	2	38	②	2
14	④	2	39	①	2
15	②	2	40	②	2
16	③	2	41	③	2
17	②	2	42	②	2
18	③	2	43	①	2
19	④	2	44	③	2
20	①	2	45	④	2
21	③	2	46	①	2
22	③	2	47	③	2
23	①	2	48	③	2
24	④	2	49	②	2
25	①	2	50	④	2

01
정답 ① 읽으면

전략 [8-필수 문법] '조건'을 뜻하는 문법 표현 'A/V-(으)면'을 써야 한다.

02
정답 ② 온 모양이다

전략 [8-필수 문법] '추측'을 뜻하는 문법 표현 'A/V-(으)ㄴ/는 모양이다'를 써야 한다.

03
정답 ③ 들릴 정도로

전략 [7-유사 문법] 밑줄 친 부분의 의미는 '들릴 정도로'이다. 'A/V-(으)ㄹ 만큼'과 'A/V-(으)ㄹ 정도'는 모두 일정한 수준이나 한도를 나타낼 때 사용할 수 있다.

04
정답 ④ 꾸미기에 달려 있다

전략 [7-유사 문법] 밑줄 친 부분의 의미는 '꾸미기에 달려 있다'이다. 'V-기 나름이다'와 'V-기에 달려 있다'는 모두 조건을 나타낼 때 사용할 수 있다.

05
정답 ③ 운동화

전략 [2-키워드] 키워드인 '신다', '길'과 관계있는 단어가 답이다.

06
정답 ② 식당

전략 [2-키워드] 키워드인 '맛있게', '신선한', '재료'와 관계있는 장소가 답이다.

07
정답 ② 생활 예절

전략 [2-키워드] 키워드인 '웃는 얼굴', '인사', '기분 좋은'과 관계있는 내용이 답이다.

08
정답 ① 안전 규칙

전략 [2-키워드] 키워드인 '뛰지 마세요', '무리하게 타지 마세요'와 관계있는 내용이 답이다.

09
정답 ① 이 행사는 한 달 동안 진행된다.

전략 [7-유사 어휘] 기간: 2022년 9월 1일(목) ~ 9월 30일(금)

≒ ① 한 달 동안 진행

[9-필수 어휘] 안내문에 자주 나오는 어휘를 알면 유용하다.

오답 ② 사진은 이메일로 제출해야 한다.

→ 인주 시청 홍보실로 방문해서 제출해야 한다.

③ 인주시에서 올해 찍은 사진을 내면 된다.
→ 1980년 이전에 찍은 사진을 내야 한다.
④ 이 행사에 참여하면 인주시의 옛날 사진을 받는다.
→ 사진을 제출한 사람은 문화 상품권을 받는다.

10 정답 ③ 대학생들은 용돈의 절반 이상을 식비로 지출했다.

전략 [7-유사 어휘] 식비 53%

≒ ③ 절반 이상을 식비로

[9-필수 어휘] 그래프에 자주 나오는 어휘를 사용해서 각 항목을 맞게 비교한 것이 답이 된다.

오답 ① 용돈 중 물건 구입비의 비율이 가장 낮았다.
→ 문화생활비가 3%로 물건 구입비보다 낮았고 기타도 1%로 조사되었다.
② 학원비 사용은 교통비보다 두 배 이상 많았다.
→ 학원비 사용 비율은 21%, 교통비 사용 비율은 16%이므로 학원비 사용이 교통비보다 두 배 이상 많은 것은 아니다.
④ 대학생들은 문화생활비보다 교통비를 더 적게 사용했다.
→ 문화생활비는 3%, 교통비는 16%로 대학생들은 문화생활비보다 교통비를 더 많이 사용했다.

11 정답 ② 이 작가는 한국인 중 처음으로 이 상을 받았다.

전략 [7-유사 어휘] 한국인 최초로

≒ ② 한국인 중 처음으로

[9-필수 어휘] '예술 문화'와 관련된 어휘를 알면 유용하다.

오답 ① 이 작가가 받은 상은 작년에 만들어졌다.
→ 이 상은 1956년에 만들어진 상이다.
③ 이 작가는 자신이 직접 경험한 이야기를 그림으로 표현했다.
→ 이 작가는 어린이들이 꿈꾸고 상상하는 세계를 그림으로 잘 표현한다.
④ 이 작가는 자신의 작품 중 한 편을 골라 심사 대상으로 제출했다.
→ 이 상은 작가가 발표한 모든 작품을 대상으로 심사한다.

12 정답 ② 시민들이 지진을 느껴 상황실에 신고를 했다.

전략 [7-유사 어휘] 119 상황실에는 지진을 느낀 시민들의 신고가 접수됐다.

≒ ② 시민들이 지진을 느껴 상황실에 신고를 했다.

오답 ① 이번 지진은 늦은 밤에 일어났다.
→ 이번 지진은 오전에 발생했다.
③ 이번 지진으로 큰 피해를 입은 사람들이 많다.
→ 이번 지진으로 입은 큰 피해는 없는 것으로 조사됐다.

④ 이번 주에는 더 이상 지진이 일어나지 않을 것이다.
→ 기상청은 이번 주 내로 지진이 몇 번 더 발생할 것으로 보고 있다.

13 **정답** ① (나)–(가)–(다)–(라)

전략 [1-글의 구조] 일반적인 사실을 쓴 (나)가 도입 문장이다. 다음에는 '그러나'로 시작되는 주제 문장인 (가)와 이에 대한 추가 설명을 쓴 (다)가 이어져야 한다. 마지막으로 왜 (다)와 같이 해야 하는지 그 이유에 대해서 쓴 (라)가 오면 된다.

14 **정답** ④ (다)–(나)–(라)–(가)

전략 [1-글의 구조] 글의 화제인 '회사를 그만두는 것'에 대해 소개한 (다)가 도입 문장이다. 다음에는 이에 대한 친구들의 반응을 쓴 (나)가 이어지고 친구들의 생각과는 다른 나의 계획을 쓴 (라)와 그 계획에 대한 추가 설명을 쓴 (가)가 차례로 오면 된다.

15 **정답** ② (가)–(라)–(나)–(다)

전략 [1-글의 구조] '모래시계'라는 화제를 소개한 (가)가 도입 문장이다. 다음에는 '모래 시계의 시간을 조절하는 방법'에 대한 내용이 이어지는데 (라)가 먼저 나오고 '또한'으로 시작되는 (나)가 그 뒤에 이어져야 한다. 마지막으로 (나)에 대한 추가 설명을 쓴 (다)가 오면 된다.

16 **정답** ③ 다양한 물건에 붙여

전략 [4-빈칸 앞뒤] 빈칸의 뒤에 '컴퓨터 화면이나 액자뿐만 아니라 벽이나 천장에서도'와 '옷이나 커튼에 달아도'와 같은 내용이 있으므로 이와 관련된 것이 답이다.

17 **정답** ② 디자인을 신중하게

전략 [4-빈칸 앞뒤] 빈칸의 뒤에 '색깔'과 '문양'이라는 단어가 나오는데 이와 관련된 내용이 답이다.

18 **정답** ③ 일본의 텃새가 관찰된

전략 [4-빈칸 앞뒤] 빈칸의 앞에 '일본에서만 사는 텃새 두 마리가 한국의 작은 섬에서 발견됐다.'와 같은 내용이 있으므로 이와 관련된 내용이 답이다.

19 **정답** ④ 오히려

전략 [4-빈칸 앞뒤] 호응 표현을 알아 두면 유용하다. 빈칸의 앞에 '흥미와 재미 요소를 내세워 홍보하는 대에 못 미치자 판매가 감소한 경우가 있었다.'가 있으므로 이와 어울리는 단어는 '예상과 다르다.'라는 의미의 '오히려'이다.

[3-연결하는 말] '그러나'와 같은 연결하는 말을 알아두면 유용하다.

20 정답 ① 마케팅도 중요하지만 제품의 품질이 더 중요하다.

전략 [3-연결하는 말] 역접 표현 '그러나' 다음에 이어지는 내용이 주제와 관련이 있다. '그러나' 다음에 '품질이 기대에 못 미치는 경우 브랜드 이미지까지 나빠지기도 한다.'는 내용이 있는데 이와 관련된 것이 답이다.

21 정답 ③ 발 벗고 나섰다

전략 [4-빈칸 앞뒤] 빈칸 뒤에 소방관의 정신 건강 문제 해결을 위해 인주시가 세운 여러 가지 계획에 대한 내용이 있으므로 '어떤 일에 적극적인 태도로 행동한다.'를 의미하는 관용 표현 '발 벗고 나서다'가 답이다.

[9-필수 어휘] 관용 표현의 의미를 알아야 한다.

오답 ① 등(을) 떠밀다: 남에게 억지로 일을 하게 만들다.
② 눈을 맞추다: 서로 눈을 마주 보다.
④ 손에 땀을 쥐다: 긴박한 상황으로 인해 마음이 매우 긴장되다.

22 정답 ③ 인주시는 소방관 심리 안정 프로그램을 운영할 계획이다.

전략 [7-유사 어휘] 심리 안정 프로그램 개발을 위한 예산을 확보
≒ ③ 심리 안정 프로그램을 운영할 계획

[9-필수 어휘] '건강'과 관련된 어휘를 알면 유용하다.

오답 ① 소방관의 심리적 어려움은 최근 많이 해소되었다.
→ 최근 소방관의 정신 건강 문제가 더욱 심각해졌다.
② 인주시는 소방관의 정신 건강 조사를 모두 마쳤다.
→ 인주시는 빠른 시일 내에 정신 건강 조사를 실시하기로 했다.
④ 소방관이 정신 건강 상담을 받으려면 상담사를 찾아가야 한다.
→ 인주시는 정신 건강 문제를 겪고 있는 소방관에게 상담사를 보내기로 했다.

23 정답 ① 반갑고 감격스럽다

전략 [9-필수 어휘] '감정'을 나타내는 어휘를 알아야 한다. '눈물이 나오다'는 보통 감동이 크거나 아주 슬플 때 나타나는 행동인데 두근거리는 마음으로 돌아가신 아버지의 일기장을 보는 상황이므로 '반갑고 감격스럽다'가 답이다.

24
정답 ④ 나는 아버지가 자주 가시던 빵집에 가 보려고 한다.

전략 [7-유사 어휘] 일기장에 적혀 있는 곳에 한번 찾아가 보려고 한다.
≒ ④ 아버지가 자주 가시던 빵집에 가 보려고 한다.

오답 ① 나는 아버지의 물건을 많이 가지고 있다.
→ 나는 아버지의 물건이 집에 남아 있을 줄은 전혀 생각하지 못했다.
② 나는 전에 아버지의 일기장을 자주 꺼내 읽었다.
→ 나는 별 생각 없이 공책을 펼쳐 봤는데 그것은 아버지의 일기장이었다.
③ 나는 거실에 아버지의 일기장을 보관하고 있었다.
→ 창고 선반 위에 올려 둔 가방을 꺼내는데 공책 한 권이 떨어졌다.

25
정답 ① 드라마 '진실'이 인기를 얻으면서 원작이 판매량 1위를 차지했다.

전략 [7-유사 어휘] 인기 효과 ≒ ① 인기를 얻으면서
베스트셀러 1위 ≒ ① 판매량 1위

26
정답 ③ 갑자기 많이 쏟아진 비로 차들이 천천히 운행하면서 출근길이 막혔다.

전략 [7-유사 어휘] 기습 폭우 ≒ ③ 갑자기 많이 쏟아진 비
출근길 정체 ≒ ③ 출근길이 막혔다
[9-필수 어휘] 의태어의 의미를 알아야 한다. '엉금엉금'을 '천천히 운행하다'로 설명한 것이 답이다.

27
정답 ① 온라인 거래 사기가 늘었지만 정부의 대책 마련은 충분하지 않다.

전략 [7-유사 어휘] 급증 ≒ ① 늘었지만
미흡 ≒ ① 충분하지 않다

28
정답 ④ 한국 편의점을 그대로 재현하는

전략 [4-빈칸 앞뒤] 빈칸 뒤에 있는 '이와 반대되는'에서 '이'가 가리키는 것은 '현지인의 취향에 맞추려고 한다.'이므로 이것과 반대되는 내용이 답이다.

29
정답 ① 적정량의 물을 뿌리는

전략 [4-빈칸 앞뒤] 빈칸 뒤에 '모래에 수분이 일정하게 유지되면', '물을 뿌리고 있는 장면'이 있으므로 이와 관련된 것이 답이다.

30
정답 ③ 눈의 피로감을 줄이려는

전략 [4-빈칸 앞뒤] 빈칸 뒤에 '공이 바닥의 색과 많이 다르면', '부담을 느낄 수 있기 때문'이라는 내용이 있으므로 이와 관련된 것이 답이다.

31
정답 ④ 자신의 능력을 의심하면서

전략 [4-빈칸 앞뒤] 빈칸 앞에는 '사회적으로 인정을 받고 있지만 그것이 자신의 진짜 실력 때문이 아니라는 생각'이라는 내용이 있고 빈칸 뒤에는 '불안해하는 것'이라는 내용이 나오므로 이와 관련된 내용이 답이다.

32
정답 ④ 오보에는 오케스트라에서 소리를 맞출 때 기준 역할을 한다.

전략 [7-유사 어휘] 기준 음을 낸다.
≒ ④ 소리를 맞출 때 기준 역할을 한다.

오답 ① 오보에는 다른 악기와 달리 리드 하나로 음을 낸다.
→ 오보에는 다른 악기와 달리 '리드'를 두 장 겹쳐 사용한다.
② 오보에의 첫 음과 함께 오케스트라 연주가 시작된다.
→ 오보에는 오케스트라 연주 전에 악기들의 음을 맞출 때 기준 음을 낸다.
③ 오보에는 소리가 작아서 오케스트라의 앞쪽에 위치한다.
→ 오보에는 오케스트라의 한가운데 자리 잡고 있다.

33
정답 ① 애기장대는 세계 곳곳에서 볼 수 있는 식물이다.

전략 [7-유사 어휘] 전 세계에 고루 분포하고
≒ ① 세계 곳곳에서 볼 수 있는

오답 ② 애기장대의 유전체 해독을 위한 연구가 진행 중이다.
→ 애기장대의 유전체 해독이 완료되었다.
③ 애기장대가 씨앗을 만드는 데에 곤충의 역할이 필요하다.
→ 애기장대는 곤충의 도움 없이 씨앗을 맺을 수 있다.
④ 애기장대는 성장 기간이 길어 유전자 연구에 효율적이다.
→ 애기장대는 성장 기간이 6주 정도밖에 되지 않는다.

34
정답 ④ 지시어는 상대방과 상황을 공유해야 의미를 전달할 수 있다.

전략 [7-유사 어휘] 대화하는 상황을 타인과 공유해야
≒ ④ 상대방과 상황을 공유해야

오답 ① 아기는 혼잣말을 할 때 지시어를 자주 사용한다.
→ 아기들은 지시어를 사용해 자연스럽게 부모의 관심을 끈다.
② 아기는 엄마라는 단어보다 지시어를 먼저 습득한다.
→ 지시어는 아이가 '엄마' 다음으로 빨리 배우는 말 중 하나이다.
③ 지시어를 습득하는 시기는 언어권마다 다르게 나타난다.
→ 대부분의 아기들이 생후 12~18개월 무렵에 지시어를 사용한다.

35 **정답** ② 작품 자체에 대해 충실히 소개하는 예술 입문서가 많아져야 한다.

전략 [3-연결하는 말] 역접 표현 '그러나' 다음에 이어지는 내용이 주제와 관련이 있다. '작품에 초점을 두고 작품의 구성 요소, 표현 방식 등을 충분히 설명하는 입문서가 늘어나기를 희망한다.'는 내용이 있는데 이와 관련된 것이 답이다.

[7-유사 어휘] 작품에 초점을 두고 ≒ ② 작품 자체에 대해
충분히 설명하는 ≒ ② 충실히 소개하는

36 **정답** ④ 다양한 제품에 적용할 점자 표기 규정이 마련되어야 한다.

전략 [1-글의 구조] 이 글은 마지막에 주제가 위치하는 구조이다. 마지막 문장인 '관계 기관은 더 많은 제품을 대상으로 점자 표기에 대한 규정을 정해야 한다.'가 주제 문장이며 이와 관련된 것이 답이다.

37 **정답** ④ 호모 사피엔스는 높은 친화력 덕분에 생존할 수 있었다.

전략 [3-연결하는 말] 역접 표현 '반면' 다음에 이어지는 내용이 주제와 관련이 있다. '반면' 다음에 '호모 사피엔스는 서로를 포용하고 보호하는 친화력을 무기로 살아남았다.'는 내용이 있는데 이와 관련된 것이 답이다.

[7-유사 어휘] 친화력을 무기로 ≒ ④ 높은 친화력 덕분에
살아남았다 ≒ ④ 생존할 수 있었다

38 **정답** ② 중도층은 사회가 균형을 이루며 발전하도록 돕는 역할을 할 수 있다.

전략 [3-연결하는 말] 역접 표현 '그러나' 다음에 이어지는 내용이 주제와 관련이 있다. '중도층의 의견이 합리적으로 사회적 합의가 도출되도록 이끄는 토대가 될 수 있다.'는 내용이 있는데 이와 관련된 것이 답이다.

39 **정답** ① ㉠

전략 [4-빈칸 앞뒤] 주어진 문장은 '이 책'으로 시작하고 '책을 구성하는 두 부분 중 첫 번째 부분'에 대해 소개하는 내용이다. 따라서 이 문장이 들어갈 곳은 책 제목을 밝힌 문장과 첫 번째 부분에 대해 설명한 내용의 사이인 ㉠이다.

40 **정답** ② ㉡

전략 [3-연결하는 말] 주어진 문장은 '장 신경계가 장에서 하는 역할'에 대한 내용이다. 따라서 이 문장이 들어갈 곳은 '한편'으로 시작하면서 '장 신경계가 장에만 관여하는 것이 아님'을 설명한 내용의 앞인 ㉡이다.

41
정답 ③ ⓒ

전략 [4-빈칸 앞뒤] 주어진 문장은 '이처럼'으로 시작하고 '동궐도와 같은 그림이 침입을 목적으로 사용될 수 있는 가능성'에 대해 설명하고 있다. 따라서 이 문장이 들어갈 곳은 '동궐도'에 대해 설명한 내용과 '이러한 이유로 그림 관련 정보 일체가 왕실 기밀이 되었을 것으로 추정된다.'는 내용의 사이인 ⓒ이다.

42
정답 ② 의심스럽다

전략 [9-필수 어휘] '감정'을 나타내는 어휘를 알아야 한다. 밑줄 친 부분은 동쪽 방향을 알려 주는 아들에게 부모님이 하는 질문이므로 '의심스럽다'가 답이다.

43
정답 ① 준은 여행지에서 해 뜨는 방향을 한 번에 찾았다.

전략 [7-유사 어휘] 동쪽
≒ ① 해 뜨는 방향

오답 ② 준의 부모님은 아들과 같은 능력을 가지고 있었다.
→ 준의 부모님은 동쪽이 아닌 반대 방향으로 가려고 했으므로 아들과 같은 능력이 없는 것으로 보인다.
③ 준은 공부를 잘해서 학교에서 모르는 사람이 없었다.
→ 준은 공부를 그럭저럭했다.
④ 준의 부모님은 아들의 재능을 발견한 후 걱정하기 시작했다.
→ 준의 부모님은 아들의 능력을 확인하고 천재를 낳았다며 즐거워했다.

44
정답 ③ 미지의 땅을 찾아 떠났기

전략 [4-빈칸 앞뒤] 빈칸 앞에는 15·16세기를 '위대한 발견의 시대'라고 부른다는 내용이 있고 빈칸의 뒤에는 '대륙의 발견'이 있으므로 '위대한 발견의 시대'로 불리는 이유와 관련된 내용이 답이다

45
정답 ④ 유럽인들의 탐험은 항로를 만들어 세계를 연결시켰다는 데 의의가 있다.

전략 [3-연결하는 말] 역접 표현 '그러나' 다음에 이어지는 내용이 주제와 관련이 있다. '그러나' 다음에 '유럽인들이 탐험을 통해 다양한 해상 항로를 발견했다.'는 내용과 '바닷길이 열려 전 세계가 하나의 지구가 되었고 교류가 이루어지는 계기가 마련되었다.'는 내용이 있는데 이와 관련된 것이 답이다.

[7-유사 어휘] 바닷길을 열었고 ≒ ④ 항로를 만들어
전 세계가 하나의 지구가 되었고 ≒ ④ 세계를 연결시켰다는 데

46
정답 ① 과학 정책에 대한 정부의 지나친 개입을 경계하고 있다.

전략 [5-태도 표현] 마지막 문장인 '이때 정부는 모든 과정에 지원은 하되 과도하게 관여하는 일은 없어야 할 것이다.'에서 '-아/어야 한다'는 강조 표현을 사용해서 정부가 과학 정책에 과도하게 개입해서는 안 된다는 것을 강조하고 있는데 이와 관련된 것이 답이다.

47
정답 ③ 정부가 우주 산업에 대한 규제를 풀어 성장한 민간 기업이 있다.
전략 [7-유사 어휘] 규제 완화를 한
≒ ③ 규제를 풀어
오답 ① 많은 국가들이 신에너지 개발에 대한 투자를 줄이고 있다.
→ 세계 각국은 신에너지 개발에 대한 정부 보조금을 늘리고 있다.
② 과학 정책이 빠르게 변해서 과학 기술이 발전할 수 있었다.
→ 빠른 정책 변화로 과학 기술이 발전했다는 내용은 글에 나오지 않는다.
④ 우주 개발에 참여 중인 민간 기업이 화성에 호텔을 건설하고 있다.
→ 한 민간 기업이 화성 여행이 가능한 호텔급 우주여행선을 제작했다.

48
정답 ③ 행복에 대한 관점의 변화를 유도하려고
전략 [1-글의 구조], [3-연결하는 말] 글의 마지막에 있는 '따라서' 뒤에 글을 쓴 목적이 나온다. '따라서' 뒤에 '행복하려면 행복이 무한한 것이라는 믿음을 가질 필요가 있다.'는 내용이 있는데 이와 관련된 것이 답이다.

49
정답 ② 총량이 정해져 있다고
전략 [4-빈칸 앞뒤] 빈칸 앞에는 '행복에 대한 태도가 행복의 유한성과 무한성 중 어느 한쪽을 선택함으로써 결정된다.'는 내용이 있고 빈칸 뒤에는 '남이 행복하면 내 행복이 줄어든다고 생각하는'이라는 내용이 있다. 따라서 빈칸에는 행복의 '유한성'을 믿는 사람들을 가리키는 말이 들어가야 하며 이와 관련된 내용이 답이다.

50
정답 ④ 행복이 무한하다고 믿는 사람들은 자신을 남과 잘 비교하지 않는다.
전략 [7-유사 어휘] 타인의 행복에 관심을 가지지 않는다.
≒ ④ 자신을 남과 잘 비교하지 않는다.
오답 ① 행복에 대한 사람들의 태도는 대체로 유사하다.
→ 행복의 유한성을 믿는 사람과 무한성을 믿는 사람의 태도는 각각 다르게 나타났다.
② 행복은 결혼 여부나 수입 정도의 영향을 많이 받는다.
→ 결혼 여부나 수입 정도는 행복의 이유를 10% 정도밖에 설명할 수 없다.
③ 행복의 양이 유한하다고 믿는 사람들은 더 많이 행복할 수 있다
→ 행복하려면 행복이 무한한 것이라는 믿음을 가질 필요가 있다.

제64회 읽기(01번~50번)

| 수준 | 중·고급 | 영역 | 읽기 | 점수 | _____점/100점 |

문항 번호	정답	배점	문항 번호	정답	배점
01	②	2	26	④	2
02	①	2	27	③	2
03	④	2	28	④	2
04	④	2	29	④	2
05	①	2	30	②	2
06	②	2	31	①	2
07	④	2	32	②	2
08	①	2	33	③	2
09	②	2	34	②	2
10	③	2	35	①	2
11	①	2	36	④	2
12	③	2	37	③	2
13	①	2	38	④	2
14	③	2	39	①	2
15	③	2	40	③	2
16	④	2	41	②	2
17	②	2	42	①	2
18	④	2	43	①	2
19	③	2	44	④	2
20	③	2	45	③	2
21	②	2	46	④	2
22	③	2	47	③	2
23	①	2	48	④	2
24	②	2	49	②	2
25	①	2	50	②	2

01 **정답** ② 보거나
   전략 [8-필수 문법] '선택'을 뜻하는 문법 표현 'A/V-거나'를 써야 한다.

02 **정답** ① 닮아 간다
   전략 [8-필수 문법] '상태의 변화가 계속됨'을 뜻하는 문법 표현 'A/V-아/어 가다'를 써야 한다.

03 **정답** ④ 늘리기 위해
   전략 [7-유사 문법] 밑줄 친 부분의 의미는 '늘리기 위해(서)'이다. 'V-고자'와 'V-기 위해(서)'는 모두 목적을 나타낼 때 사용할 수 있다.

04 **정답** ④ 고향이나 마찬가지이다
   전략 [7-유사 문법] 밑줄 친 부분의 의미는 '고향이나 마찬가지이다'이다. 'N인 셈이다'와 'N(이)나 마찬가지이다'는 모두 '(앞의 상황이나 결과와) 거의 같음'을 나타낼 때 사용할 수 있다.

05 **정답** ① 에어컨
   전략 [2-키워드] 키워드인 '더위', '바람'과 관계있는 단어가 답이다.

06 **정답** ② 은행
   전략 [2-키워드] 키워드인 '모으자', '쌓여 가는'과 관계있는 장소가 답이다.

07 **정답** ④ 환경 보호
   전략 [2-키워드] 키워드인 '쓰레기', '건강한 산'과 관계있는 내용이 답이다.

08 **정답** ① 이용 안내
   전략 [2-키워드] 키워드인 '문을 엽니다', '빌릴 수 있습니다'와 관계있는 내용이 답이다.

09 **정답** ② 이 대회에는 누구나 참가할 수 있다.
   전략 [7-유사 어휘] 참가 대상: 제한 없음
   ≒ ② 이 대회에는 누구나 참가할 수 있다.
   [9-필수 어휘] 안내문에 자주 나오는 어휘를 알면 유용하다.
   오답 ① 이 대회는 이번에 처음으로 열린다.
   → 이 대회는 이번이 제3회이다.

③ 이 대회에 참가하려면 돈을 내야 한다.
→ 이 대회의 참가비는 무료이다.

④ 이 대회의 출발 장소는 인주기념관이다.
→ 이 대회의 출발 장소는 시민공원이다.

10 정답 ③ 군인이 새롭게 5위 안에 들었다.

전략 **[9-필수 어휘]** 그래프에 자주 나오는 어휘를 사용해서 각 항목을 맞게 비교한 것이 답이 된다.

오답 ① 1위 순위의 직업이 바뀌었다.
→ 1위 순위의 직업은 두 해 모두 교사이다.

② 공무원은 순위의 변화가 없었다.
→ 공무원은 3위에서 4위로 순위의 변화가 있었다.

④ 간호사는 4위로 순위가 떨어졌다.
→ 간호사는 2위로 순위가 올라갔다.

11 정답 ① 소비자가 수상 브랜드를 선정했다.

전략 **[7-유사 어휘]** 소비자의 온라인 투표로 수상 브랜드가 선정되어
≒ ① 소비자가 수상 브랜드를 선정했다.

오답 ② 기업들이 직접 온라인 투표에 참여했다.
→ 소비자가 온라인 투표에 참여했다.

③ 지난해보다 더 많은 브랜드가 선정됐다.
→ 지난해와 같이 100개 브랜드가 상을 받았다.

④ 친환경 화장품 브랜드는 상을 못 받았다.
→ 친환경 화장품 브랜드 두 개가 상을 받았다.

12 정답 ③ 무덤 안의 그림은 색의 상태가 좋은 편이다.

전략 **[7-유사 어휘]** 색이 거의 그대로 보존되어 있어
≒ ③ 색의 상태가 좋은 편이다.

오답 ① 무덤의 주인이 누구인지 찾고 있다.
→ 무덤의 주인은 당시 왕으로 밝혀졌다.

② 무덤 안을 구경하는 사람들이 많아졌다.
→ 무덤의 일부가 일반인에게 곧 공개될 예정이다.

④ 무덤 바닥에서 다양한 문자와 그림이 발견됐다.
→ 무덤 벽에서 고대 문자와 다양한 색의 그림이 발견됐다.

13 정답 ① (가)-(다)-(나)-(라)

전략 [1-글의 구조] 글의 화제인 '회사의 1층 로비 개방'을 소개한 (가)가 도입 문장이다. 다음에는 로비를 어떤 용도로 개방했고 그 로비를 사람들이 어떻게 이용하고 있는지에 대해서 추가 설명을 쓴 (다)와 (나)가 차례로 이어져야 한다. 마지막으로 로비 개방의 효과에 대해서 쓴 (라)가 오면 된다.

14 정답 ③ (라)-(가)-(나)-(다)

전략 [1-글의 구조] 앞차와 부딪쳐 사고가 난 상황을 설명한 (라)가 도입 문장이다. 다음에는 앞차 주인과 주고받은 이야기인 (가)와 (나)가 이어져야 한다. 마지막으로 그 일의 결말에 대해 쓴 (다)가 오면 된다.

15 정답 ③ (라)-(가)-(다)-(나)

전략 [1-글의 구조] '소비자가 겪고 있는 선택의 어려움'에 대한 일반적인 사실을 쓴 (라)가 도입 문장이며 다음에는 이에 대한 추가 설명을 쓴 (가)가 이어져야 한다. 이런 이유 때문에 '마트 매장에는 몇 가지 제품만 진열된다.'는 내용인 (다)가 그 뒤에 따라오고 이에 대한 추가 설명을 한 (나)가 마지막으로 오면 된다.

16 정답 ④ 손님의 상황에 맞는

전략 [4-빈칸 앞뒤] 빈칸의 뒤에 상처 받은 사람과 자신감이 부족한 사람에게 '위로가 되거나 용기를 주는 책을 추천한다.'는 내용이 있으므로 이와 관련된 내용이 답이다.

17 정답 ② 식품을 저렴하게 살 수 있어서

전략 [4-빈칸 앞뒤] 빈칸의 앞에 '할인된 가격으로 판매하는 서비스'와 같은 내용이 있으므로 이와 관련된 내용이 답이다.

18 정답 ④ 각 배우들의 개성이 담긴

전략 [4-빈칸 앞뒤] 빈칸의 앞에 '배우에 따라 연기나 분위기가 다르다.'는 내용이 있으므로 이와 관련된 내용이 답이다.

19 정답 ③ 게다가

전략 [4-빈칸 앞뒤] 빈칸이 있는 문장과 그 앞 문장의 내용은 모두 해파리가 많은 동물들에게 좋은 먹잇감인 이유이다. 이유를 나타내는 두 문장을 연결하는 말은 '추가'를 나타내는 '게다가'이다.

[6-이유 표현] '-기 때문이다'와 같은 이유 표현을 알아두면 유용하다.

20
정답 ③ 해파리는 여러 동물의 먹이가 되고 있다.

전략 [7-유사 어휘] 많은 동물들에게 해파리는 좋은 먹잇감이다.
≒ ③ 해파리는 여러 동물의 먹이가 되고 있다.

오답 ① 해파리는 바다 생태계에 피해를 준다.
→ 이 글을 읽고 해파리가 바다 생태계에 피해를 주는지는 알 수 없다.
② 해파리는 잡기 어려운 먹이 자원이다.
→ 해파리는 바다 어디에나 있고 도망치지 않아 사냥하기 쉬운 먹이이다.
④ 해파리는 대부분 콜라겐으로 이루어져 있다.
→ 해파리는 몸의 95%가 물로 구성되어 있다.

21
정답 ② 진땀을 흘려

전략 [4-빈칸 앞뒤] 빈칸 앞에 '낯선 곳에 갔다가 길을 못 찾아'라는 내용이 있으므로 '힘들고 당황스러워서 땀이 날 정도로 애를 쓴다.'를 의미하는 관용 표현 '진땀을 흘리다'가 답이다.
[9-필수 어휘] 관용 표현의 의미를 알아야 한다.

오답 ① 앞뒤를 재다: 신중하게 따지고 계산하다.
③ 발목을 잡다: 어떤 상황에서 벗어나지 못하게 하다.
④ 귀를 귀울이다: 관심을 가지고 이야기를 듣다.

22
정답 ③ 스스로 정보를 찾고 기억하려는 노력을 해야 한다.

전략 [1-글의 구조] 이 글은 마지막에 주제가 위치하는 구조이다. 마지막 문장에 있는 '지나치게 디지털 기기에 의존하면 정보를 찾고 기억하는 능력을 사용할 수 없게 될 수 있다.'는 내용과 관련된 것이 답이다.

23
정답 ① 걱정스럽다

전략 [9-필수 어휘] '감정'을 나타내는 어휘를 알아야 한다. 밑줄 친 부분은 실수를 한 매표소 직원이 고객과 통화 중에 고객이 화를 낼까 봐 걱정하는 내용이므로 '걱정스럽다'가 답이다.

24
정답 ② 카드 회사는 그 가족에게 연락을 했다.

전략 [7-유사 어휘] 카드 회사 상담원은 내 연락처를 고객에게 전달해 주겠다고 했다.
≒ ② 카드 회사는 그 가족에게 연락을 했다.

오답 ① 그 가족은 나에게 화를 냈다.
→ 그 가족은 나에게 따뜻하게 말해 주었다.
③ 나는 그 가족에게 직접 전화를 걸었다.
→ 그 가족이 나에게 직접 전화를 했다.
④ 나는 그 가족을 찾아다니느라고 일을 못 했다.

→ 나는 일이 손에 잡히지 않았지만 일을 했다.

25 **정답** ① 관광버스가 추락했지만 승객들이 안전벨트 덕분에 모두 살았다.
전략 [7-유사 어휘] 안전벨트로 ≒ ① 안전벨트 덕분에
승객 전원 목숨 건져 ≒ ① 승객들이 모두 살았다.

26 **정답** ④ 김 의원이 대통령 선거에 나간다는 것이 사실이 아니라고 입장을 밝혔다.
전략 [7-유사 어휘] 침묵 깬 김민수 의원 ≒ ④ 김 의원이 입장을 밝혔다.
대통령 선거 출마설 부인 ≒ ④ 대통령 선거에 나간다는 것이 사실이 아니라고

27 **정답** ③ 민간 우주선이 무사히 돌아오면서 우주여행의 가능성이 더욱 높아졌다.
전략 [7-유사 어휘] 무사 귀환 ≒ ③ 무사히 돌아오면서
우주여행 시대 '성큼' ≒ ③ 우주여행의 가능성이 더욱 높아졌다.

28 **정답** ④ 실천 가능한 계획을 세울 수 있기
전략 [4-빈칸 앞뒤] 빈칸에는 '한 주 단위로 계획을 세우면 좋은 이유'가 들어가야 한다. 빈칸 뒤에 '구체적인 계획으로 바뀐다.'와 '작은 목표를 달성하는 횟수가 는다.'와 같은 내용이 있으므로 이와 관련된 내용이 답이다.
[6-이유 표현] '-기 때문이다'와 같은 이유 표현을 알아 두면 유용하다.

29 **정답** ④ 공기가 깨끗하지
전략 [4-빈칸 앞뒤] 빈칸에 들어갈 내용은 '무지개가 만들어지기 어려운 조건'에 대한 것이다. 빈칸의 뒤에 '공기에 먼지 등의 오염 물질이 섞이면 빛이 통과하는 것을 막기 때문이다.'와 같은 내용이 있으므로 이와 관련된 내용이 답이다.
[6-이유 표현] '-기 때문이다'와 같은 이유 표현을 알아 두면 유용하다.

30 **정답** ② 취재 경계선이 무너지는
전략 [4-빈칸 앞뒤] 빈칸에 들어갈 내용은 취재 경계선을 지키려고 노력하는 이유에 대한 것이다. 빈칸 뒤에 '원활한 보도가 어려워진다.'는 내용이 있으므로 이와 관련된 내용이 답이다.
[6-이유 표현] '-기 때문이다'와 같은 이유 표현을 알아 두면 유용하다.

31 **정답** ① 환자가 아픔을 더 내세

전략 [2-키워드] 이 글의 키워드는 '병원의 규모', '약값', '부담'이므로 이와 관련된 내용이 답이다.

32

정답 ② 석주명은 나비 이름을 고유어로 바꾸려고 노력하였다.

전략 [7-유사 어휘] 고유어 이름을 지어 주는 데 앞장섰다.

≒ ② 나비 이름을 고유어로 바꾸려고 노력하였다.

오답 ① 석주명은 한국의 나비를 총 844종으로 분류하였다.
→ 석주명은 한국의 나비 분류를 총 248종으로 수정하였다.
③ 석주명은 자신의 배추흰나비 연구에 문제가 있음을 알았다.
→ 석주명은 배추흰나비 연구를 통해 기존의 나비 분류가 틀렸음을 밝혔다.
④ 석주명은 나비의 날개 모양이 다르면 종이 달라짐을 밝혔다.
→ 석주명은 나비의 날개 모양이 조금만 달라도 다른 종으로 본 기존의 분류법이 틀렸음을 밝혔다.

33

정답 ③ 저축의 목적이 다양하면 가로 저축이 유용하다.

전략 [7-유사 어휘] 다양한 목적에 따라 자금을 저축하는 것을 가로 저축이라고 한다.

≒ ③ 저축의 목적이 다양하면 가로 저축이 유용하다.

오답 ① 노후 준비에는 세로 저축이 유리하다.
→ 은퇴 후의 생활까지 고려한다면 가로 저축을 선택하는 것이 좋다.
② 세로 저축보다 가로 저축을 하는 것이 더 좋다.
→ 목적에 맞게 저축 방식을 선택하는 것이 좋다.
④ 가로 저축은 단기적인 계획이 있을 때 효율적이다.
→ 가로 저축은 장기적인 계획이 있을 때 효율적이다.

34

정답 ② 점차 다양한 계층에서 책가도를 즐기게 되었다.

전략 [7-유사 어휘] 상인과 농민 계층으로도 확산되면서

≒ ② 점차 다양한 계층에서

오답 ① 왕은 책가도에 대해 부정적 인식이 강했다.
→ 책가도는 학문을 중요시하는 왕의 바람으로 인해 발전했다.
③ 초기의 책가도에는 일상 용품이 주로 그려졌다.
→ 초기의 책가도에는 책장과 책을 중심으로 각종 문방구가 그려졌다.
④ 책가도는 왕의 바람으로 그림의 형식이 바뀌었다.
→ 책가도는 다양한 계층으로 확산되면서 그림의 형식이 자유로워졌다.

35

정답 ① 첨단 장비 덕분에 문화재 복원이 수월해졌다.

전략 [1-글의 구조] 이 글은 마지막에 주제가 위치하는 구조이다. 마지막 부분에 '3D 스캐너와 프린터가 등

장하여 정밀하고 안전한 문화재 복원이 가능해졌다.'는 내용이 있는데 이와 관련된 것이 답이다.
[9-필수 어휘] '문화재 관리'와 관련된 어휘를 알고 있으면 유용하다.

36 **정답** ④ 유아의 발달을 위해서는 피부 접촉이 중요하다.
전략 [2-키워드] 글에 반복적으로 나오는 '발달', '피부 접촉'이 주제를 나타내는 키워드이므로 이와 관련된 내용이 답이다.

37 **정답** ③ 버섯은 숲에서 나무들의 정보 교환을 돕는 역할을 한다.
전략 [3-연결하는 말] 역접 표현 '하지만' 다음에 이어지는 내용이 주제와 관련이 있다. '하지만' 다음부터 '나무의 메시지를 다른 나무에게 전달하는 버섯의 역할'이 소개되어 있고 이와 관련된 것이 답이다.

38 **정답** ④ 새 법안은 실질적 효과를 거두는 데 미흡한 점이 있다.
전략 [3-연결하는 말] 역접 표현 '하지만' 다음에 이어지는 내용이 주제와 관련이 있다. '하지만' 다음부터 '음주 운전자 처벌 강화 법안'의 문제점을 설명하고 있으므로 이와 관련된 것이 답이다.
[7-유사 어휘] 반쪽짜리 법안, 본래의 취지에는 맞지 않는 것
≒ ④ 실질적 효과를 거두는 데 미흡한 점이 있다.

39 **정답** ① ㉠
전략 [3-연결하는 말], [4-빈칸 앞뒤] 〈보기〉는 '그래서'로 시작되고 '왕관이 백성들이 구하기 힘든 재료로 만들어졌다.'는 내용이므로 〈보기〉가 들어갈 곳은 '왕관은 과거 지배 계층이 착용했던 장신구'라는 내용의 뒤인 ㉠이다.

40 **정답** ③ ㉢
전략 [4-빈칸 앞뒤] 〈보기〉는 한 단체가 관심 밖에 있는 멸종 동물들을 알리는 활동을 한다는 내용이다. 〈보기〉가 들어갈 곳은 그 단체를 소개한 문장과 '단체가 하고 있는 활동'을 '이러한 노력'이라고 가리킨 문장의 사이인 ㉢이다.

41 **정답** ② ㉡
전략 [4-빈칸 앞뒤] 〈보기〉는 소설의 소재가 '오해와 잘못으로 관계가 멀어진 사람들'이라고 밝히고 있다. 〈보기〉가 들어갈 곳은 서로 관계가 멀어진 사람들을 '그들처럼'이라고 가리킨 문장 앞인 ㉡이다.

42 **정답** ① 복잡하다

|전략| [9-필수 어휘] '감정'을 나타내는 어휘를 알아야 한다. 밑줄 친 부분은 엄마가 집을 나가 돌아오지 않은 상황에서 동생이 외출하는 언니에게 한 행동이므로 '불안하다'가 답이다.

43 |정답| ① 본희는 밤늦게 소희에게 연락을 줬다.
|전략| [7-유사 어휘] 한밤중에 언니가 문자를 했다.
≒ ① 본희는 밤늦게 소희에게 연락을 줬다.
|오답| ② 엄마는 이사하는 날에 집으로 돌아왔다.
→ 엄마는 이사를 앞두고 집을 나가 돌아오지 않았다.
③ 본희는 소희를 데리고 친구 집에 놀러 갔다.
→ 본희는 소희를 집에 두고 혼자 친구 집으로 갔다.
④ 소희는 엄마를 기다리며 휴대 전화를 놓지 못했다.
→ 소희는 언니를 기다리며 휴대 전화를 놓지 못했다.

44 |정답| ④ 유교 예법에서 중요한 것은 정성을 다해 예를 갖추는 것이다.
|전략| [1-글의 구조] 이 글은 마지막에 주제가 위치하는 구조이다. 마지막 부분의 '유서 깊은 집안에서는 형식보다 정성이 중요하다는 유교의 가르침을 지키고 있는 것이다.'와 관련된 내용이 답이다.
[9-필수 어휘] '전통 문화'와 관련된 어휘를 알고 있으면 유용하다.

45 |정답| ③ 유교의 본뜻을 살리지 못한
|전략| [2-키워드], [4-빈칸 앞뒤] 빈칸 뒤에 '잘못된 예법'이라는 말이 있으므로 빈칸에는 잘못된 예법을 꾸미는 말이 들어가야 한다. 이 글의 키워드인 '유교', '정성', '본질'과 관계된 내용이면서 잘못된 예법을 꾸밀 수 있는 것이 답이다.

46 |정답| ④ ㉣
|전략| [3-연결하는 말] 역접 표현 '하지만'으로 시작하는 마지막 문장에 개인 방송을 이용한 시장 형태가 앞으로 성장할 것이라고 예상한 내용이 있다. 〈보기〉의 내용은 개인 방송을 이용한 시장 형태의 영향력이 아직 크지 않다는 것이므로 〈보기〉가 들어갈 곳은 '하지만'의 앞인 ㉣이다.

47 |정답| ③ 1인 미디어 시청자는 방송을 보다가 제품을 구매할 수 있다.
|전략| [7-유사 어휘] 그 운영자에게서 물건을 산다.
≒ ③ 방송을 보다가 제품을 구매할 수 있다.
|오답| ① 1인 미디어 운영자는 이 시장의 운영에 참여할 수 없다.
→ SNS 계정만 있으면 누구든지 판매를 시작할 수 있다.

② 이 시장의 운영자들은 시장 경제에 부정적인 영향을 미친다.
→ 이 글을 읽고 이 시장의 운영자들이 시장 경제에 어떤 영향을 미치는지 알 수 없다.
④ 이 시장을 처음 시작할 때는 충분한 자본 투자가 필수적이다.
→ 이 사장은 초기 사업 비용이 거의 들지 않는다는 장점이 있다.

48
정답 ④ 제도 시행 후 생길 수 있는 문제를 지적하기 위해서

전략 [1-글의 구조], [3-연결하는 말] 이 글은 역접 표현 '그러나' 뒤부터 글을 쓴 목적이 나온다. '그러나' 뒤에 자치경찰제의 취약점이나 부작용에 대한 내용이 이어지고 있는데 이와 관련된 것이 답이다.

[7-유사 어휘] 제도적 취약점과 예측되는 부작용이 있을 수 있다.
≒ ④ 제도 시행 후 생길 수 있는 문제를 지적하기 위해서

49
정답 ② 업무의 충돌과 혼선으로

전략 [4-빈칸 앞뒤] 빈칸에는 치안의 질을 떨어뜨리는 원인이 들어가야 한다. 빈칸의 앞 부분에 새 제도의 시행으로 예상되는 '현장에서의 혼선', '자치경찰과 국가 경찰의 업무 충돌'과 같은 내용이 있으므로 이와 관련된 것이 답이다.

50
정답 ② 자치경찰제가 주민에게 미칠 긍정적 영향을 기대하고 있다.

전략 [1-글의 구조], [3-연결하는 말] 이 글은 '자치경찰제' 제도를 소개하고 그 제도가 주민에게 어떤 영향을 미칠지에 대해서 설명하고 있다. 밑줄 친 부분 뒤에는 역접 표현 '그러나'가 있고 제도의 부정적인 면에 대한 설명이 이어지므로 밑줄 친 부분은 이와 반대되는 제도의 긍정적인 면에 대한 것임을 알 수 있다.

좋은 책을 만드는 길, 독자님과 함께하겠습니다.

한국어능력시험 TOPIK Ⅱ 읽기 전략 마스터

개정5판1쇄 발행	2025년 03월 10일 (인쇄 2025년 02월 28일)
초 판 발 행	2020년 06월 05일 (인쇄 2020년 04월 23일)
발 행 인	박영일
책 임 편 집	이해욱
저　　자	김지민 · 조아라
편 집 진 행	구설희
표지디자인	조혜령
편집디자인	홍영란 · 김휘주
발 행 처	(주)시대고시기획
출 판 등 록	제10-1521호
주　　소	서울시 마포구 큰우물로 75 [도화동 538 성지 B/D] 9F
전　　화	1600-3600
팩　　스	02-701-8823
홈 페 이 지	www.sdedu.co.kr
I S B N	979-11-383-8305-9(14710)
	979-11-383-8304-2(세트)
정　　가	22,000원

※ 이 책은 저작권법의 보호를 받는 저작물이므로 동영상 제작 및 무단전재와 배포를 금합니다.
※ 잘못된 책은 구입하신 서점에서 바꾸어 드립니다.
※ 한국어능력시험(TOPIK)의 저작권과 상표권은 대한민국 국립국제교육원에 있습니다.
　TOPIK, Trademark® & Copyright© by NIIED(National Institute for International Education), Republic of Korea.